Frankreich

Frankreich

Fotos: Bernard & Catherine Desjeux
Text: Guy Gouëzel

UNIPART

Unipart-Verlag · Stuttgart

Text und Bildlegenden: Guy Gouëzel, Paris
Fotos: Catherine und Bernhard Desjeux, Paris
mit Ausnahme der folgenden:
S. 134/135, 136/137 Nationalmuseum, Paris
S. 146, 147 Französisches Filmarchiv, Paris
S. 150 Henri Cartier-Bresson, Paris
S. 210 Peter Frey, Pernes-les-Fontaines

Lizenzausgabe für den Unipart-Verlag-GmbH,
Remseck bei Stuttgart, 1984

Kartographie und Gesamtgestaltung:
Kümmerly + Frey, Bern

Printed in Germany

ISBN 3 8122 0147 X

Inhaltsverzeichnis

Frankreich ist zweifellos eines der reizvollsten Länder Europas; es ist vor allen Dingen die landschaftliche Vielfalt, die den Besucher in ihren Bann zieht. Daneben sind es die Baudenkmäler und natürlich die Bewohner, aber auch das reiche geschichtliche Erbe, was Frankreich zu einem der attraktivsten Touristenländer überhaupt macht. Diese Vielfalt umfaßt auch den Weg vom alten, traditionsreichen Land zum modernen, aufstrebenden Staat, der im Begriff ist, innerhalb der weltweiten politischen und wirtschaftlichen Verflechtungen seine Identität neu zu bestimmen.
Frankreich ist im Umbruch begriffen. Die heutige Jugend stellt das eigene Land mit seinen alten Lebensgewohnheiten immer mehr in Frage. Viele derjenigen, die 1968, im Jahr der Unruhen und des Aufbruchs, zwanzig Jahre alt waren, bekleiden heute verantwortungsvolle Posten, und inzwischen kommen bereits ihre Kinder mit jener Zivilisation in Berührung, deren geschichtliche Wurzeln so tief in die Vergangenheit reichen.
Wer Frankreich verstehen will, muß versuchen, sich vom Fleiß der Generationen und von ihrer schöpferischen Kraft ein Bild zu machen. Er muß auch die Einflüsse berücksichtigen, die die verschiedenen geographischen Eigenheiten und das Klima mit seinen einzelnen Faktoren auf Denkweise und Temperament der Bewohner ausüben, so schwierig dieses Unterfangen auch erscheinen mag. Er muß – um es kurz zu sagen – in der Lage sein, die Vielfalt in Lebensweise und Geisteshaltung aufzudecken, wie sie sich im Laufe der Jahrhunderte herausgebildet hat, wenn auch häufig unter Opfern. Denn lange waren die Völker unfähig, sich gegenseitig das Recht auf Verschiedenheit zuzuerkennen.
Könige und Bettler, Marschälle und Soldaten, Geistliche und Revolutionäre zogen einst im festen Glauben an ihre Sendung aus, um zunächst ihre Nachbarn und schließlich die ganze Menschheit von der Vortrefflichkeit ihrer jeweiligen Ideen und Systeme zu überzeugen. Ganze Enzyklopädien legen dar, daß die meisten Nationen sich selbst als auserwähltes Volk auf Erden betrachten – sei es kraft der Größe ihres Landes, des hohen Sozialprodukts, ihrer Bevölkerungszahl, ihrer Tradition, des kulturellen Niveaus, der staatlichen Selbständigkeit oder der Lebensqualität. Leider ist auch in der Welt von heute der Nationalismus und seine schlimme Karikatur, der Chauvinismus, noch nicht überwunden, und möglicherweise tragen die internationalen Beziehungen unter den Völkern nicht bloß zur Milderung nationalistischer Tendenzen bei, sondern verschärfen diese im Gegenteil sogar noch. Gewiß erlauben die Überschallflugzeuge, Schnellzüge, Autos und Schiffe den Managern, jenseits der Grenzen, ja sogar der Ozeane Geschäfte abzuschließen, und Millionen von Touristen lassen sich auf dem Luftweg bis in die entferntesten Länder befördern. Aber so ehrlich sämtliche Bemühungen zur Völkerverständigung auch gemeint sein mögen, der Bereitschaft, einander näherzukommen, bleiben doch Grenzen gesetzt.
Frankreich bleibt «La douce France», wo es sich gut leben läßt, ein gemäßigtes Klima vorherrscht, höchste Gipfel zu den Ebenen einen eindrücklichen Kontrast bilden und die Gewässer gemächlich dahinfließen – ein so kleines Land (mit knapp 0,4% der gesamten Landoberfläche der Erde) und doch so vielfältig: Man denke an die gleißenden Gletscher des Mont-Blanc, die glitzernden Seen des Juras und der Vogesen, die Sturzbäche in den Pyrenäen oder die an eine Mondlandschaft erinnernden Vulkane der Auvergne. In dieser sogenannten «französischen

Frankreich, im weltweiten Vergleich ein recht kleines Land, besitzt eine ausgezeichnete Lage, die seine Entwicklung zu einer Weltmacht begünstigte: im Industriegürtel der Erde in mittlerer nördlicher Breitenlage und dort fast im Herzen der Landhalbkugel, aber gegen alle Welt offen dank seiner Küsten.

Wüste» gibt es immer noch wilde, für Umweltschützer vielversprechende Naturlandschaften. Und überall findet man Denkmäler, Städte und Dörfer, die vom Fleiß der Bewohner und ihrer Verbundenheit mit der Heimat oder von ihrer Religiosität Zeugnis ablegen.

Für den Reisenden gibt es viele gute Gründe, dieses Land zu besuchen und darin zu verweilen. In Saint-Malo beispielsweise kann er die Wellen des smaragdgrünen Meeres erleben, wie sie auf den weiten Sandflächen des Watts auflaufen, in Dünkirchen mag er das Meer grau vorfinden, in Collioure dagegen in der Farbe blauen Emails schimmernd, ebenso bei Marseille, wo es sich in den kleinen Buchten von der weißen Einfassung der Kalksteinküste abhebt. Auf einer Reise vom nordafrikanisch anmutenden, wilden Gebiet der Corbières bis zu den grünen, saftigen Weiden der Normandie kann man Bekanntschaft machen mit dem Haut Languedoc, wo die Katharer-Schlösser stehen, mit dem kargen und doch prächtigen Zentralmassiv, mit dem edlen Limousin, der wildreichen Landschaft Sologne und schließlich mit den weiten Getreideebenen des Pariser Beckens. Andere Ausflüge wiederum machen den Besucher mit den riesigen Wäldern der Landes bekannt, dem Blumenreichtum in den Alpen, der Lieblichkeit der Sümpfe von Poitou und der Fauna in den Lagunen und Strandseen der Camargue. Diese außerordentliche Mannigfaltigkeit findet sich auch in den französischen Kunstschätzen wieder: in Reihen aufgestellte Menhire in Carnac, prähistorische Höhlenmalereien im Périgord, römische Ruinen in der Provence, romanische Kirchen im Roussillon und in der Auvergne, die mystische Ausstrahlungskraft der Kathedralen der Ile-de-France und der Champagne und die in voller Blüte stehende Renaissance, die in den Loire-Schlössern mit ihren weißen Mauern und rosafarbenen Backsteinen so lebhaft zum Auge spricht.

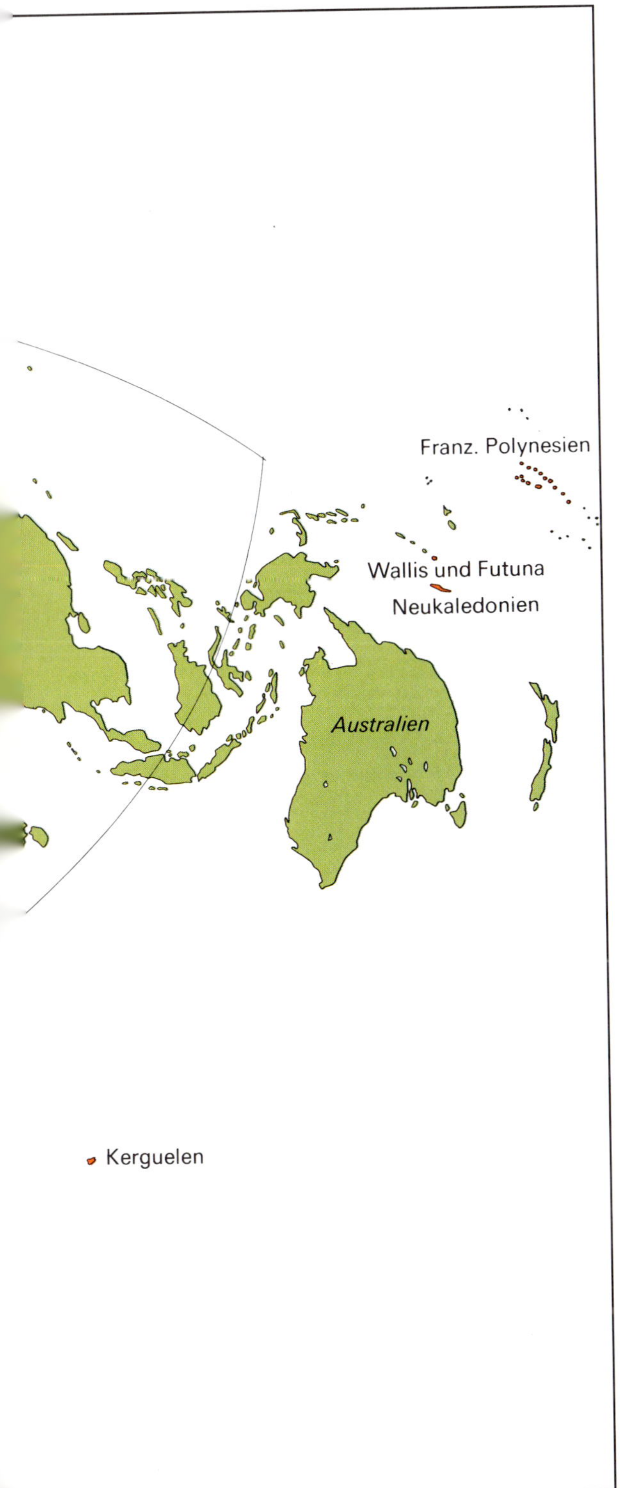

All die Landschaften Frankreichs sind so reichhaltig, daß hier und dort viel Sehenswertes in der Fülle untergeht und auch nicht aufgezählt werden kann. Dazu gesellen sich erstrangige Bauwerke, die Meilensteine der Entwicklung der Architektur und der Geschichte darstellen: Versailles, das Wahrzeichen der absolutistischen Herrschaft und des Prunks, in dem der Sonnenkönig lebte; der Arc de Triomphe, ein steinernes Zeugnis aus der napoleonischen Zeit und Fanal des französischen Patriotismus; der Eiffelturm, Zeichen des Erfinder- und Unternehmergeistes, um nur wenige Beispiele zu geben. Von der schöpferischen Kraft am Ende des 20. Jahrhunderts kündet das vor kurzem errichtete nationale Kunst- und Kulturzentrum Georges Pompidou, trotz aller Kontroversen, die es hervorgerufen hat.

Dieses Land ist in hohem Maße von seiner Kultur geprägt, und wenn die letzten Feinheiten der Sprache, die Ausdruck des Denkens und Fühlens ist, dem Ausländer naturgemäß entgehen, so offenbaren sich ihm doch die vielfältigen Kunstwerke, die ein französisches Kulturerbe darstellen und die in den zahlreichen Museen zu besichtigen sind – allen voran die großartigen Galerien des Louvre und des Jeu de Paume. Sowohl Kaiser als auch Republikaner sind dem Besucher hier vorausgegangen. In der feierlichen Stille dieser Räume, denen der Staub der Vergänglichkeit nichts anhaben konnte, verraten die Gemälde und Skulpturen ihr Geheimnis jedem, der sich nachempfindend-intuitiv in sie versenkt.

Frankreich besitzt eine große geschichtliche Vergangenheit und einen beachtlichen Legendenreichtum, aber ebenso vielfältig sind die regionalen Volksbräuche des Landes: in Flandern der Karneval, im Elsaß die Märkte, in der Bretagne die Bitt-Wallfahrten («les pardons»), im Languedoc die Férias, im Roussillon die Prozessionen, auf Korsika das Casamaccioli und in der Provence die Korsos. Welch bezauberndes Land, in dem die verschiedenen kulturellen Strömungen und Völker sich miteinander vermischt haben: Kelten, Römer, Germanen mitteleuropäischer und skandinavischer Provenienz. Es ist nicht zu leugnen: Diese Völkermischung hat den heutigen Franzosen in seiner Unterschiedlichkeit geprägt, sowohl in der äußeren Erscheinung als auch im Charakter. Ohne verallgemeinern zu wollen, stellt man doch häufig fest, daß im Norden die Männer häufig flachsblondes Haar haben, das dem Getreide ihrer weiten Felder ähnlich sieht, während oftmals die hübschen Frauen des Südens mit ihrem weichen, wohlgestalteten Körperbau dem dunklen, mediterranen Typus angehören und sich für Maillol als Modelle geeignet hätten. Es wäre müßig, darüber zu streiten, wer nun eigentlich der «typische Franzose» ist, der Mann aus dem Département Creuse oder der Katalane, Baske, Korse, Flame, Elsässer, Bretone – weil gerade die Vielfalt ein Hauptmerkmal des Landes ist. Das hinderte die Regierungen – ob royalistisch, revolutionär, kaiserlich oder republikanisch – allerdings nicht daran, Frankreich in den Schranken eines ausgeprägten Zentralismus zu halten. So dominieren in der Geschichte des Landes auch die einheitsbildenden Kräfte und Persönlichkeiten: Hugo Capet, Philipp August, Jeanne d'Arc, Ludwig XI., Heinrich IV., Richelieu, Ludwig XIV., Napoleon, Jules Ferry, Clemenceau oder de Gaulle.

Seit einigen Jahren ist festzustellen, daß die Hauptstadt die Franzosen aus der Provinz nicht mehr so sehr anzieht. Nur unter wirtschaftlichem Druck und aufgrund der Arbeitslosigkeit begeben sie sich nach «Panama» (wie Paris salopp von den Nichtparisern genannt wird). Viele Bewohner von Paris dagegen neigen immer mehr dazu, in die regionalen Metropolen abzuwandern, wo sich ihnen ein neuer Lebenswert erschließt. Bordeaux, Toulouse, Marseille, Straßburg, Lyon, aber auch Grenoble und Montpellier sind Teil einer Landschaft, in der ländliche Fluren, Wälder, das Meer oder die Berge ein reizvolles Umland bilden. Sie bieten die Alternative zur überdimensionierten Megalopolis Paris und erfahren nun eine vielfältige Belebung auf wirtschaftlichem und kulturellem Gebiet.

«La douce France», ein Land, das zur Erhaltung des Überlieferten neigt und alten Traditionen treu bleibt. Tradition geworden ist nicht zuletzt die schon in seiner Verfassung formulierte Bereitschaft, Fremde aufzunehmen. Verschiedentlich aufgetretene rassistische Tendenzen gegenüber arabischen und afrikanischen Einwanderern aus den ehemaligen französischen Kolonien können dieser Grundeinstellung nichts anhaben. So hat Frankreich schon vor dem Zweiten Weltkrieg Flüchtlinge aus Rußland, Italien und Spanien aufgenommen und so seine Erfahrungen als Schmelztiegel verschiedener Völker gemacht.

Die vielfach konservative Haltung in Frankreich steht nicht im Gegensatz zur toleranten Einstellung gegenüber Einwanderern und auch im sittlichen Bereich. Zweifellos schafft die philosophische Ader der Franzosen einen begrüßenswerten Ausgleich zu starren Denkkategorien. Die Liebe zu den großen Ideen und vornehmen Maximen, die beispielsweise zur Erklärung der Menschenrechte von 1789 führten, ist den Franzosen eigen. Schon in der Schule wird der Förderung der streng rationalen Fähigkeiten bereits in den unteren Klassen eine besonders starke Bedeutung beigemessen – zum Nachteil des Praktischen? Vielleicht hat Charles Morazé recht, wenn er meint, daß Frankreich das Land feierlicher, kühner, lautstarker Verkündigungen sei, während die Umsetzung in die Tat oft Mühe bereite und nicht immer Erfolg verspreche. So sind Dampfmaschine, Luftschiff, Automobil und Flugzeug zwar in der Gegend von Paris erprobt, aber erst im Ausland wirklich industriell und kommerziell ausgewertet worden. Noch heute scheint es, als ob viele französische Ingenieure und Wissenschaftler die Gabe hätten, geniale Erfindungen zu machen, die sich jedoch nur ganz selten gut vermarkten lassen. So hat Frankreich das von ihm entwickelte SECAM-Farbfernsehsystem nur in den Ostblock, nicht jedoch in die westeuropäischen Länder verkaufen können. Ähnliches gilt für das Überschallverkehrsflugzeug «Concorde», ein technisches Wunderwerk, das finanziell jedoch fast nicht zu verkraften ist.

Wenn oben gesagt worden ist, in Frankreich werde das Traditionelle gepflegt, so gilt dies auch für die gesellschaftlichen Strukturen. Dagegen hat die Jugend im Jahre 1968 aufbegehrt und ist dafür auf die Straße gegangen. Ihr Ruf ist nicht ungehört verhallt, vor allem nicht bei den Frauen, die zunehmend an Einfluß in der Wirtschaft und innerhalb der arbeitenden Bevölkerung gewinnen und dadurch auch auf politischer Ebene immer mehr Gewicht erhalten. Die Forderungen fortschrittlicher Frauen sind vor allem auf bessere Lebensbedingungen sowie auf Erhöhung der Lebensqualität ausgerichtet. Auch die Beziehungen zwischen Ehepaaren sowie zwischen Eltern und Kindern erfahren eine Wandlung. Die Jugend – heute weniger am Gängelband als früher – zollt zwar der gesellschaftlichen Hierarchie weniger Respekt, aber dafür erweist sie sich als hellsichtiger, weltoffener und auch kritischer gegenüber althergebrachten Wertvorstellungen, gegenüber dem Wettbewerbsdenken und in bezug auf die moderne Konsumgesellschaft. Aber trotz aller Zugeständnisse an die zeitgemäßen Forderungen vergessen die Franzosen nicht, daß die überlieferten kulturellen Werte ein Gut sind, das es zu schützen und zu pflegen gilt.

Mit seinen 54 Millionen Menschen bildet Frankreich eine Wesenheit, eine «Person». Im Laufe einer langen Geschichte von den verschiedenen Einflüssen geprägt, ist dieses Land noch heute in stetem Wandel begriffen.

Ouessant, der äußerste Westen, wo das Land aufhört (finis terrae) und der Ozean beginnt. ▷

Die Hauptader von Paris ist die Seine, ein friedlich dahinziehender Fluß, der von den Gewässern Burgunds, der Champagne, der Ile-de-France und der Normandie gespeist wird. ▷▷

Die natürliche Einheit der bäuerlichen Landschaft dieses alten Agrarstaates ist das Feld. In Lothringen (unser Bild) wechseln Wälder und weite Äcker miteinander ab. ▷▷▷

RESTAURANT
LA BOUTEILLE D'OR

Frankreich als natürliches Verbindungsland

Frankreich hat in der Entwicklung des europäischen Staatensystems und in der Weltpolitik eine führende Rolle gespielt, was weniger in der Größe als vielmehr in der Lage des Landes begründet ist: Die riesige «Landenge» Frankreichs bildet den Übergang von der Iberischen Halbinsel nach Mittel- und Westeuropa. Deshalb lassen sich auch im Klima die Einflüsse sowohl des Atlantik und des Mittelmeers als auch des Kontinentinneren nachweisen. Bodengestaltung, Klima, Bevölkerung und Geschichte haben das Land im Lauf von Jahrtausenden zu dem gemacht, was es heute ist. Frankreich, ein Bindeglied zwischen Nord- und Südeuropa und seit Anbeginn an den Beziehungen unseres Kontinents zur Neuen Welt beteiligt, kennt innerhalb seiner Grenzen einen gewissen Nord-Süd-Gegensatz. Frankreich als Ganzes nähert sich laufend etwas mehr der politischen und wirtschaftlichen Gemeinschaft an, die Europa heißt.

Aus der Perspektive eines Raumschiffs erscheint Frankreich auf der Erdoberfläche als verschwindend kleiner Punkt, dessen Lage aber so beschaffen ist, daß sie die Entfaltung vielfältiger menschlicher Tätigkeiten begünstigt.

Frankreich liegt zwischen dem 42. und dem 51. nördlichen Breitengrad sowie dem 4. östlichen und dem 8. westlichen Längengrad. So abstrakt sich diese Koordinaten auch ausnehmen, sie zeigen doch an, daß das Land sich in einer außerordentlich gemäßigten Zone befindet.

Diese besonders vorteilhaften geographischen Voraussetzungen liefern – wenigstens teilweise – die Erklärung dafür, daß jener Fleck Erde von 551695 km² (knapp 0,4% der Landfläche unseres Globus), auf dem 1,25% der gesamten Menschheit leben, weltweit berühmt ist. Geographische, historische und kulturelle Gegebenheiten verleihen Frankreich ein Gewicht und eine Ausstrahlungskraft, die weit über das hinausreichen, was die äußere Erscheinung des Landes erwarten läßt.

Frankreich bestreitet etwa 6% der Gesamtproduktion aller 150 UNO-Länder und zählte im Jahre 1980 mit einem Bruttosozialprodukt von annähernd 2200 Milliarden Francs zu den größten Wirtschaftsmächten (fünfter Rang hinter den Vereinigten Staaten, Japan, der UdSSR und der Bundesrepublik Deutschland).

Es ist dasselbe Land, dessen Bewohner stets bereit sind, Kritik zu üben, und es dabei nicht lassen können, das eigene Land als im tiefsten Sumpf steckend darzustellen; dennoch: Die UdSSR als eigentliche Weltmacht produziert ungeachtet ihrer fünfmal größeren Einwohnerzahl nur doppelt soviel wie Frankreich. China, politisch gesehen ein Riese, wenn auch auf wirtschaftlicher Ebene ein Entwicklungsland, hat ungefähr zwanzigmal soviele Einwohner wie Frankreich; und doch liegt die Produktion dieses Kolosses um 10% unter dem französischen Niveau.

Frankreich gehört demzufolge zu den Ländern mit höchstem Lebensstandard, bei einem durchschnittlichen Jahreseinkommen von rund 9000 $ pro Kopf.

Wer also Frankreich im Verhältnis zu den übrigen Ländern betrachtet, stellt fest, daß dieser Staat trotz seiner verhältnismäßig geringen Ausdehnung und Bevölkerungszahl zu den führenden Wirtschaftsmächten gehört. Im Laufe der Geschichte und vor allem in den letzten 200 Jahren hat das Land auf schöpferischem, organisatorischem und praktischem Gebiet Leistungen hervorgebracht, die sich von jenen der meisten anderen Nationen unterscheiden. Neben dem menschlichen Geist und der Arbeit der Hände waren es aber auch klimatische Bedingungen und die Bodenbeschaffenheit, die geholfen haben, das Land zu dem zu machen, als das es heute erscheint.

Einem Schneckenhaus im Grundriß nicht unähnlich, erhebt sich das alte Dorf Gruissan mit seinen roten Dächern über dem Mittelmeer (Aude).

◁ Das Nebeneinander von Weinbergen, blühenden Kirschbäumen und duftendem Lavendel verleiht der üppig fruchtbaren Bergkette des Luberon ihren Reiz.

Innerhalb des europäischen Kontinents nimmt das französische Territorium abermals eine Vorzugsstellung ein. Zwischen der Iberischen Halbinsel und Mitteleuropa bildet Frankreich eine mächtige Landenge. Historisch gesehen ist diese Lage von viel größerer Wichtigkeit als die räumliche Ausdehnung des Gebiets, das die Franzosen entsprechend der vereinfachten Form des Landes gern als «Hexagon» (mit rund 1000 km Durchmesser) bezeichnen, in welchem kein Punkt weiter als 450 km vom Meer entfernt liegt. Eigentlich nur eine intellektuelle Spielerei, ist diese hübsche geometrische Konstruktion – die «Gleichgewichtsfigur», der Paul Valéry einen so großen Wert beimaß – für den Geographen kaum relevant. Viel wichtiger für ihn ist die Öffnung des Landes in drei Richtungen: zum Atlantik, zum Mittelmeer und nach Europa.

Ein 5500 km langer Küstenstreifen verschafft Frankreich im Norden und Westen den Zugang zum Atlantik sowie zu den Gewässern des Ärmelkanals und der Nordsee. Diese Zahl entspricht der offiziellen Angabe des staatlichen «Ministère de l'Environnement». Die Küstenlänge kann indessen von 3100 km bis 7189 km variieren und ist sowohl vom Maßstab der Karte als auch von der Meßmethode abhängig. Nordsee und Ärmelkanal erstrecken sich von der belgischen Grenze bis zum Kap Finistère («finis terrae») im gleichnamigen bretoni-

schen Département. Heute herrscht in dieser Meerenge der dichteste Schiffsverkehr der Welt. Einige Meilen von der französischen Küste entfernt verläuft eine wichtige «Meeresstraße», die von Passagier- und Frachtdampfern, Handelsschiffen und riesigen Öltankern befahren wird. Dünkirchen, Dieppe, Rouen, Le Havre und Cherbourg sind zugleich Stationen des Welthandels und romantikumwitterte, literaturträchtige Häfen.

Saint-Malo, einst Stützpunkt für Freibeuter, ist auch die Vaterstadt von Jacques Cartier, der in den Jahren nach 1535 im Namen von König Franz I. Kanada eroberte. Sämtliche Atlantikhäfen wie Brest, Nantes, La Rochelle und Bordeaux verdankten ihren Reichtum der Entdeckung Amerikas. Lorient, der bretonische Hafen, der im 17. Jahrhundert auf Anregung Colberts von der Ostindischen Kompanie gegründet wurde, erinnert mit seinem Namen daran, daß diese Stadt vor allem mit den Ländern des Fernen Ostens Beziehungen unterhielt (l'Orient). Über Jahrhunderte hinweg sicherten die französischen Schiffe dem handeltreibenden Bürgertum längs des Atlantik beträchtliche Gewinne, und zwar mittels eines dreifachen Handels: mit Glaswaren sowie gewerblichen und industriellen Erzeugnissen aus Europa, ferner mit afrikanischen Sklaven, die nach Südamerika, Louisiana und auf die Antillen deportiert wurden, wo wiederum das Geschäft mit Zucker und Rum winkte.

Wenn man von Réunion (2511 km²) im Indischen Ozean, Französisch-Polynesien, Neukaledonien, Wallis und Futuna sowie den Terres Australes et Antarctiques Françaises (Kerguelen usw.) absieht, so läßt sich sagen, daß die wichtigsten fünf überseeischen Départements, die zum Territorium der Französischen Republik gehören, vom Atlantik umspült werden: Guadeloupe (1779 km²), Martinique (1102 km²), Französisch-Guayana (91 000 km²) sowie die der kanadischen Küste vorgelagerten Inseln Saint-Pierre und Miquelon (242 km²). Auch wenn es nicht sehr offen zutage tritt, so begünstigt die romanische Sprachverwandtschaft zweifellos seit Jahrhunderten die Beziehungen Frankreichs zu Zentralamerika und dem unter spanisch-portugiesischem Einfluß stehenden Südamerika. So ist es wohl auch kein Zufall, daß es gerade französische Flieger waren, die schon in der Pionierzeit des Frachtfluges unter strapaziösen Bedingungen den Flugverkehr mit Brasilien und den Anden aufnahmen. Antoine de Saint-Exupéry hat in seinen Romanen – in *Nachtflug* sowie in *Wind, Sand und Sterne* – diese heroische Zeit der Flugpioniere gefeiert, die den Luftraum über dem südlichen Atlantik erschlossen und Wegbereiter des heutigen Fortschritts waren.

Im Süden grenzt Frankreich an ein Meer, das seit dem Altertum die Menschen einander näherbringt. Das Land unterhält daher nicht nur jahrhundertealte Beziehungen zu den Völkern des Atlantik, son-

Schloß Chambord, zweifellos das schönste der Loireschlösser, ist das Meisterwerk der französischen Frührenaissance. Mögen die dicken Türme noch so sehr an die mittelalterliche Burgarchitektur erinnern – die spielerischen Dachelemente des Mitteltraktes (Laternen, Giebel, Türme, Kamine) strafen ihren feierlichen Ernst Lügen.

Die abweisende Kälte dieses Glasungetüms im Part-Dieu-Viertel von Lyon wird vom Blau des Himmels, das es widerspiegelt, noch verstärkt.

dern auch bis in die Antike zurückreichende Verbindungen mit den Anrainern des Mittelmeeres. Die Zugehörigkeit zum Mittelmeergebiet hat bewirkt, daß Frankreich schon sehr früh mit der griechischen Kultur in Berührung kam, wobei die Römer als Vermittler eine entscheidende Rolle spielten. Frankreich, dessen Bevölkerung sich einst gezwungen sah, vor den Überfällen maurischer Piraten in ihren befestigten Dörfern Zuflucht zu suchen, hat auch die Scharen der christlichen Kreuzzüge vorbeiziehen sehen, die sich zur Eroberung Jerusalems und Palästinas aufgemacht hatten. Vor allem der Süden des Landes bildete zur Zeit der Renaissance das Bindeglied zwischen Frankreich und Italien. Die königlichen Galeeren, überhaupt der Unterhalt einer starken Flotte (wobei dem Arsenal von Toulon entscheidende Bedeutung zukam) schufen die Voraussetzungen für eine mächtige französische Kriegsmarine im Mittelmeer. An seinen Ufern schiffte sich Napoleon zu seiner ägyptischen Expedition ein. Jahrzehnte später fuhren Kolonisten von der französischen Mittelmeerküste aus zu den Maghreb-Staaten Algerien, Marokko und Tunesien, und noch heute unterhält Frankreich enge politische, wirtschaftliche und kulturelle Beziehungen zu diesen Ländern.

Ähnliches trifft für Asien zu, das Ferdinand de Lesseps mit dem Bau des Suezkanals Europa angenähert hat. An dieser gewaltigen Pionierleistung war Frankreich maßgeblich beteiligt.

Wenn Atlantik und Mittelmeer natürliche Grenzen bilden, welche die Einheit des Landes unterstreichen, so gilt dies nicht für die rein geographische Abtrennung im Nordosten. Es ist gerade dieses Fehlen einer natürlichen Grenze, das Frankreich vollends zu einem Teil Europas macht. Die willkürliche und lange Zeit umstrittene Festlegung dieser 600 km langen Linie war häufig die Ursache der großen Kriegstragödien, für die Frankreich den Schauplatz abgab. Jene Grenze ist die Kommunikations- und Handelsverbindung des Landes mit der Europäischen Gemeinschaft. Straßburg, die Hauptstadt des Elsaß, ist Sitz des Europarats und des Europäischen Parlaments.

Jahrtausendelang hat das offene Territorium Frankreichs unter den Einbrüchen fremder Völkerscharen gelitten. Mit der flämischen Ebene, den Tälern der Mosel, der Maas, der Sambre und der Schelde seien nur einige jener Gebiete genannt, die den Eindringlingen als Durchgang dienten. Die dortigen Schlachtfelder erinnern nicht nur an die Kämpfe der Monarchie, der Revolution sowie des Kaiserreichs, sondern auch an die fürchterlichen Kriege von 1870, 1914–1918 und 1939–1945. Heute wird dieses Gebiet von Autobahnen durchzogen, welche Frankreich mit der Bundesrepublik

Das rustikale Ockerbraun als Grundton der Häuserfassaden der «Petite France» in Straßburg strahlt menschliche Wärme aus.

Endlose, von Baumalleen gesäumte Straßen durchziehen das lothringische Flachland, das sich schon dem weit ausladenden Raum des europäischen Kontinentinneren entgegenstreckt.

Deutschland und dabei vor allem mit dem Ruhrgebiet verbinden.
Gewisse Kreise wollten in Frankreich nicht nur einen natürlichen Kreuzpunkt sehen, in dem die Einflüsse von außen zusammentrafen, sondern die Drehscheibe Europas. So übertrieben ein solches Geschichtsbild auch ist, es bleibt jedoch unbestritten, daß Frankreich tatsächlich ein Zentrum des wirtschaftlichen und kulturellen Austausches zwischen den Nationen des Atlantik, des Nordens und des Südens ist.
Unter den Provinzen führt jedoch diese privilegierte Stellung zu einer gewissen Gespaltenheit. Denn die Loire grenzt den Norden Frankreichs vom südlichen Landesteil ab. Schon früh hat man diese Teilung akzeptiert, da sich die beiden Hälften auch in zahlreichen Äußerlichkeiten voneinander unterscheiden. Da steht zum Beispiel dem Apfelbaum des Nordens die südliche Rebe gegenüber, das Gewächs, das die Römer in Frankreich einführten. Dazu gesellt sich auch eine unterschiedliche Bauweise: Die starkgeneigten (45°), mit Schiefer oder hakenförmigen Flachziegeln gedeckten Dächer des Nordens werden im Süden von leichtgeneigten (30°) und farbenfrohen Dächern aus rosaroten, runden Tonziegeln abgelöst. Im weiteren sind die in beiden Landesteilen völlig unterschiedlichen Lichtverhältnisse hervorzuheben, genau wie der klimatische Unterschied zwischen dem eher feuchten Norden und dem «subtropischen», trockenen Süden. In früheren Zeiten waren dies die Hauptgegensätze der beiden Gebiete, wenn man davon absieht, daß in dem einen das Gewohnheitsrecht germanischer Überlieferung galt, während im anderen das römische Recht Gültigkeit besaß. Dem unterschiedlichen Klima entsprach auch die Aufteilung in fränkische – also germanische – und mediterrane Bevölkerung, wobei die erste dem Sprachraum der Langue d'oil angehörte, die zweite dagegen dem der melodiöseren Langue d'oc. Im Laufe der Zeit haben Kriege sowie verbesserte Verkehrs- und Kommunikationsmittel diese Unterschiede allmählich verwischt, ohne sie indessen gänzlich zu beseitigen. Heute besinnen sich die Provinzen im Norden, Süden, Osten und Westen dieser Nation, die seit der Mitte des 20. Jahrhunderts nicht mehr zu den «Weltmächten» zählt, stärker auf ihre Eigenständigkeit. Indessen dürfen die regionalistischen Tendenzen nicht als Rückzug in provinzielle Selbstgenügsamkeit gedeutet werden. Vielmehr drücken sie das Bestreben aus, zur unverfälschten Urtümlichkeit zurückzukehren. So gesehen bildet der Regionalismus eine ergänzende Parallelbewegung zu den Kräften, die den Staat notwendigerweise der großen Europäischen Gemeinschaft annähern. Frankreich muß jetzt also einen Weg finden, den Zusammenschluß Europas aufrichtig zu begrüßen, ohne dabei sein eigenes geschichtliches Erbe zu vernachlässigen.

Zur Zeit, da Räuberbanden Südwestfrankreich heimsuchten, bot das auf einer Bergspitze erbaute Dörfchen Cordes den Bewohnern der Gegend einen wirksamen Schutz. Heute ist es eine Hochburg des Kunsthandwerks und der Künstler, die sich von seinem mittelalterlichen Baustil und den Überresten altprovenzalischen Lebens faszinieren lassen.

Im Norden und Osten dehnt sich eine weite Ebene aus, die den Feind während Jahrtausenden zu Überfällen verlockte. Es ist dieselbe Ebene, die zur Spätsommerzeit im Gold der Ernte erglänzt. ▷

Einheit in der Vielfalt

Das Licht des Südens und der Nebel des Nordens machen augenfällig, daß Frankreich ein Land mit unterschiedlichem Klima ist. Zieht man ferner die Vielfalt der Bodengestalt und der landschaftlichen Gliederung in Betracht, so erweist sich Frankreich bis ins Detail als Spiegel des europäischen Kontinents. Wer die Naturwunder dieses Landes entdecken will, muß viele Reisen unternehmen und seine Augen offenhalten. Die Natur ist oft noch ursprünglich und wild, in der Regel aber in Kulturland umgewandelt, und zwar dank den Bemühungen von Bauern, die während vieler Generationen in geduldiger Arbeit den Wald rodeten, die Sumpfgebiete trockenlegten und sich die Wasserläufe dienstbar machten. Heute versuchen die Umweltschutzbewegungen, die für regionale Fragen offene Bevölkerung zu alarmieren, weil diese Naturgüter zunehmend durch Industrie und Verstädterung bedroht werden.

Die Vielfalt ist zweifellos das Hauptmerkmal Frankreichs. André Gide, in Paris geboren, aber ein Kind des warmen Südens und des feuchten Westens, hat die vielfältige Landschaft Frankreichs mit folgenden Worten beschrieben: «Es gibt rauhere Gebiete als die Bretagne, grünere Weiden als jene der Normandie, heißere Felsen als die der Gegend von Arles, grünere Meere als den Ärmelkanal und solche mit tieferen Azurfarben als die unserer südlichen Küsten. Aber in Frankreich sind all diese Gegensätze vereinigt. Und so besteht der französische Charakter nicht ausschließlich aus Heide, Ackerland oder Wald, ist nicht von Schatten oder Licht allein geprägt, sondern verbindet in harmonischem Einklang diese Elemente zu einem organischen Ganzen.»

Diese Mannigfaltigkeit der Natur verlockt ihren Liebhaber, der sich nach Erholung sehnt, zu abenteuerlichen Exkursionen, läßt ihn die verschiedenartigsten Landschaften Frankreichs durchstreifen. Schluchten, Gebirgsfalten, abgeschliffene Hügel und Verwerfungen künden dem Wanderer vom gewaltigen Wirken der Erosion und den gestaltenden Kräften der Erde, die dem heutigen Frankreich während vier Schöpfungsphasen (im Paläozoikum, Mesozoikum, Tertiär und Quartär) die geologische Architektonik verliehen haben. In tiefen Höhlen offenbart sich ihm vielerorts eine märchenhafte Gesteinswelt mit phantastischen und gelegentlich alptraumhaften Formen, welche durch die unablässige Einwirkung des Wassers entstanden sind. Tritt der Wanderer aus diesen Tiefen ans Tageslicht, so leuchtet ihm vielleicht das bunte Kleid der von Sonne und Hitze erfüllten Landschaften des Mittelmeergebiets entgegen. Oder aber er atmet die Brise des Ozeans ein, die sich teils in den Ebenen verliert, teils von den Pyrenäen und dem Massif Central zum Aufsteigen gezwungen wird, so daß sich Wolken bilden und Regen und Schnee fallen. Der Reisende kann sich auch von der träge dahinfließenden Seine, der abwechslungsreichen Loire, der üppigen Garonne oder der ungestümen Rhône verlocken lassen. Dies vor allem dann, wenn er sich an die Küsten Südfrankreichs begibt, zu den seit der Antike genutzten Olivenbäumen, den Steineichen und einer unermeßlich reichen Flora. Im Osten dehnen sich über weite Gebiete Berge und Wälder aus, wo eine vielfältige Fauna gedeiht.

Dies alles – ob Waldgebiet, Küstenstreifen, Fluß- und Seeufer oder aber den Reichtum an Vegetation und geologischen Schätzen – wollen die Befürworter von National- und Regionalparks, öffentlichen und privaten Reservaten vor der Zerstörung bewahren. Mit einer Leidenschaft, die sich durch die Beschränktheit der Mittel anscheinend nicht beirren läßt, versuchen zahlreiche Vereinigungen und Arbeitsgruppen, die öffentliche Meinung für den Naturschutz zu mobilisieren.

In der monumentalen Ausformung der Erdkruste haben jene ungeheuren Kräfte ihre Handschrift hinterlassen, die in Jahrmillionen unsere Erde formten (Isère).

Die Kräfte der Erde

Nach neuen geophysikalischen Erkenntnissen driften die Kontinente auf dem Magma des Erdmantels, lösen und entfernen sich voneinander und stoßen zum Teil wieder zusammen. So hat etwa Afrika, das bei seiner Nordwärtswanderung mit Europa zusammengestoßen ist, zur Bildung der Alpen beigetragen. Von den großen, Veränderung bewirkenden Kräften im Innern der Erde zeugen die häufigen und oft sehr starken Erdbeben im Mittelmeerraum und in den Pyrenäen. Fast alle wesentlichen Strukturelemente Europas finden sich in Frankreich. Die Pyrenäen und die Alpen sind Ausläufer eines riesengroßen Gebirgssystems, das in den Karpaten, im Balkan und im Kaukasus seine Fortsetzung findet und sich bis zur gewaltigen Himalayakette erstreckt. Im Gebiet von Flandern trifft man auf den letzten Ausläufer der riesigen nordeuropäischen Tiefebene. Von den Vogesen bis Armorika (Bretagne) liegen Berg- und Hügelländer als Überreste des alten variskischen Faltengebirges von Mitteleuropa. Den Abschluß bildet dabei die große Spitze der Bretagne, die unserem Kontinent auf der Erdkarte jenes charakteristische Profil verleiht.

Wie für die Gestaltung der Erde überhaupt, so waren auch für Frankreich drei Erdzeitalter entscheidend: Paläozoikum, Mesozoikum und Neozoikum.

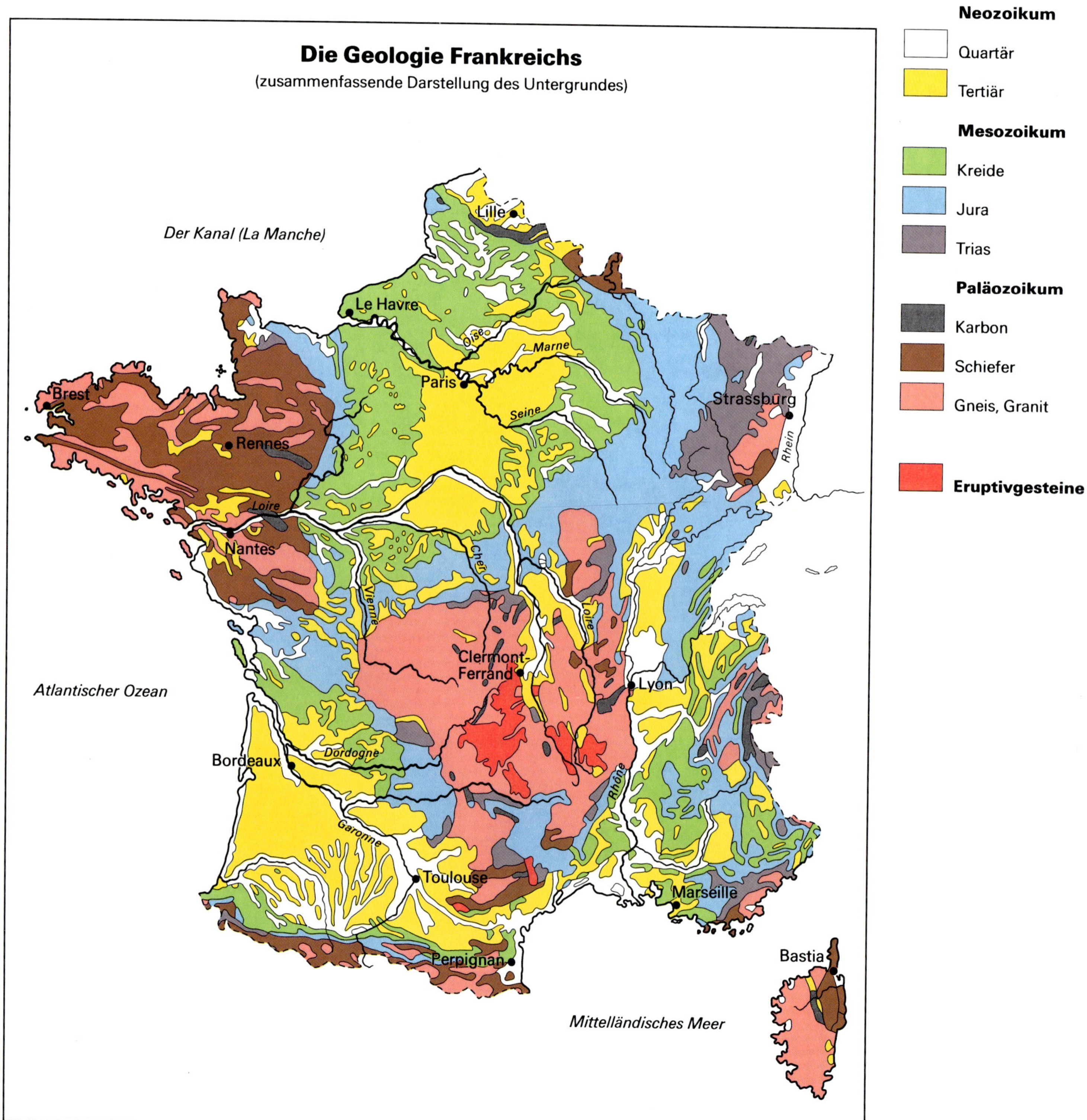

Im Paläozoikum, das 225 bis 570 Millionen Jahre zurückreicht, ist es zur Bildung der ersten Großform gekommen. Es handelt sich um die variskische Gebirgsfaltung, aus der riesige Bergketten hervorgegangen sind, die zu einem gewaltigen V angeordnet waren mit dem Zentrum an der Stelle des heutigen Massif Central. Im Laufe der nächsten Dekaden von Jahrmillionen haben die Gebirgsketten vor allem infolge der Erosion ihre Höhe und ihre Verbindung untereinander allmählich eingebüßt. Es blieb ein sogenannter Rumpf aus kristallinem, zum Teil metamorphem (umgewandeltem) Gestein übrig. Hebung oder Senkung einzelner Teile des Rumpfes veränderten später die Erdoberfläche abermals. Dabei waren besonders Hebungen im Tertiär für die Topographie Frankreichs von Bedeutung, da noch einmal beachtliche Gebirge entstanden sind, wie anhand des Zentralmassivs oder der Vogesen heute noch ersichtlich ist. Andere variskische Gebirgsrümpfe wiederum wurden in die Gebirgsbildung der Alpen und verwandter junger Gebirge mit einbezogen; sie sind heute deshalb Bestandteile hoher Gebirgsmassive wie Mont-Blanc, Pelvoux, Maladeta in den Pyrenäen und andere.

Doch vorher, im Mesozoikum (vor 65 bis 225 Millionen Jahren), wird der größte Teil des Landes und der alten Gebirge von Meeren überschwemmt. Diese sind im Süden und Südosten sehr tief. In ihren Senkungströgen entstehen Ablagerungsgesteine, die später zur Bildung der Alpen und der Pyrenäen beitragen werden. Weiter nördlich füllen diese Meere weniger tiefe Becken auf (zum Beispiel Pariser Becken), wo die Sedimente großflächige Schichten bilden: Mergel, Tonschiefer, Kalk und oft Sand. Während dieser Periode, da das Meer in die tiefer gelegenen oder in Senkung begriffenen Zonen eindringt, kommt es zu keinem wesentlichen gebirgsbildenden Ereignis.

Der dritte Zeitabschnitt der Erdgestaltung, das Tertiär (vor 65–1,5 Millionen Jahren), geht mit mehr Bewegung vor sich: Er ist für die Entwicklung des morphologischen Systems von größter Bedeutung, und am Ende dieser Periode hat Frankreich in großen Zügen seine endgültige Gestalt erhalten.

In mehreren Schüben bilden sich die Pyrenäen, die Alpen und das Gebirge von Korsika. Die Pyrenäen entstehen zuerst. Es folgen die Erhebungen der Provence, und schließlich erscheinen Alpen und Jura. Letzterer zeichnet sich lediglich als kleiner, sichelförmiger Wulst ab, der aus Faltungen von Sedimentschichten hervorgegangen ist und zur Hauptsache aus Kalk des Mesozoikums besteht. Die großartigen, vielgestaltigen Alpen Frankreichs setzen sich aus zwei recht unterschiedlichen Teilen zusammen. Die mächtigen Nordalpen werden von Westen nach Osten in Parallelzonen unterteilt: die Voralpen; den alpinen Einschnitt mit der Isère und

Wie in einer Märchenwelt glaubt man sich angesichts der funkelnden, schlanken Stalaktiten der Höhlen von Choranche (Isère).

Die Ockerfarbe der tonhaltigen Ablagerungen von Rustrel (Luberon), die von Eisenoxid-Beimengungen herrührt, erinnert zuweilen an das Colorado-Tal in den USA. ▷

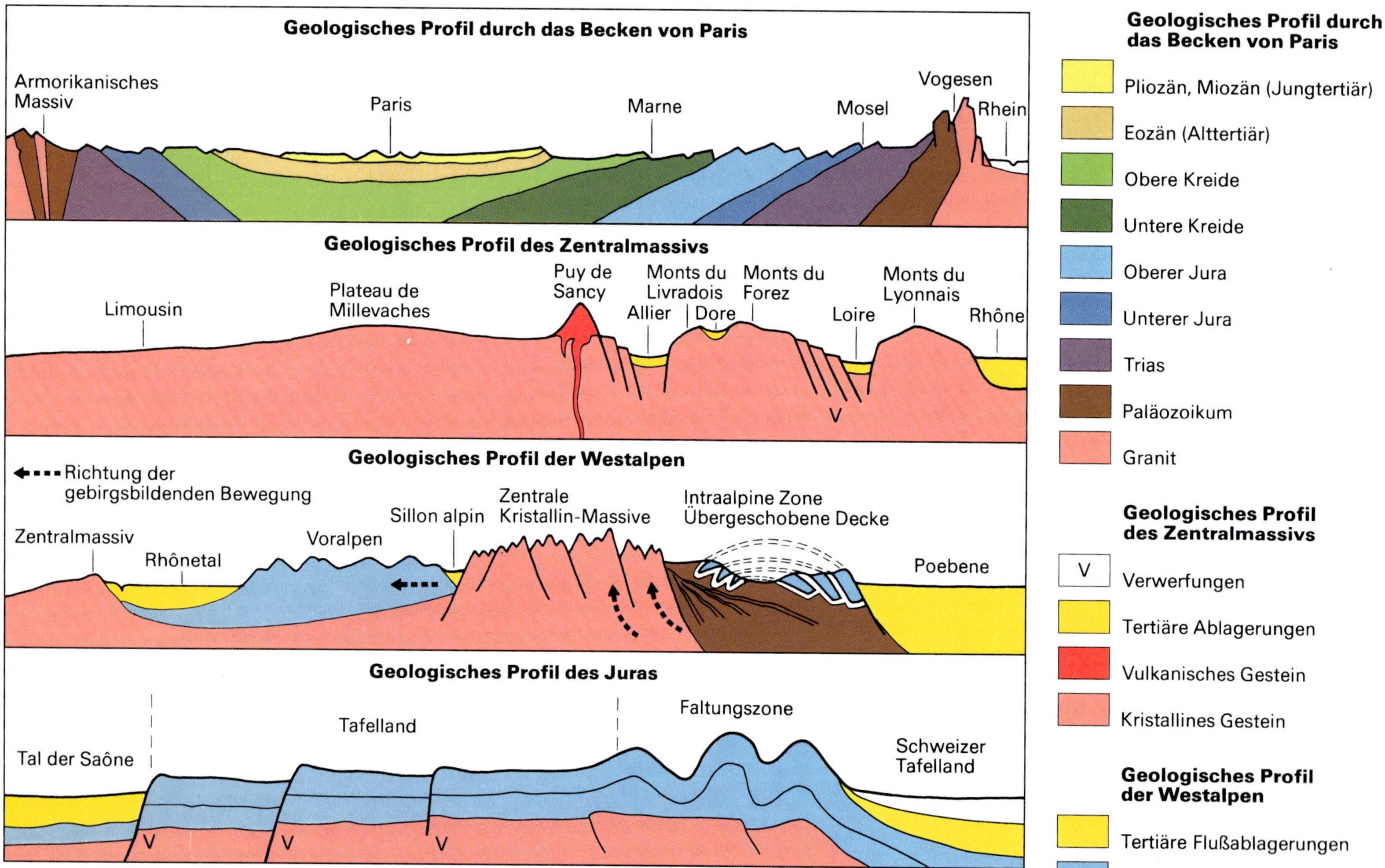

Grenoble; die Hochalpen mit der Meije und dem 4807 m hohen Mont-Blanc, der höchsten Erhebung Europas; die Kette längs der französisch-italienischen Grenze. Durch all diese Zonen ziehen sich tiefe Täler, die – einst von Gletschern geformt – die heutige Entwicklung und Verkehrslage der dortigen Industriestädte begünstigen. Die Südalpen dagegen, obwohl niedriger als die Nordalpen, bilden für menschliche Aktivität und Kommunikation größere Hindernisse.

Die gewaltigen geologischen Veränderungen prägen in diesem Zeitabschnitt indirekt das gesamte Land, wenn auch in erster Linie die Zonen, die von der alpinen Faltung am meisten betroffen sind. Allgemein läßt sich sagen, daß die alten Gebirge angehoben werden und das Massif Central von heftiger Vulkantätigkeit heimgesucht wird, die der Auvergne jene eigenartige Bodengestalt verleiht, welche den Touristen und Wanderer heute so sehr überrascht. Zu dieser Zeit trocknen die Sedimentationsbecken nach und nach aus, die heutigen Meeresküsten sind schon festgelegt, und die meisten Flußläufe nehmen bereits ihre endgültige Lage ein.

Die vierte und letzte Periode, das Quartär, hat – nach erdgeschichtlichen Maßstäben gemessen – kaum erst begonnen (vor 1 bis 2 Millionen Jahren!) und doch zur Bodengestaltung des Landes bereits einen wesentlichen Beitrag geleistet. Die großen Eiszeiten, die mit dem Auftreten der ersten Menschen zusammenfallen, wie auch die wirkenden Kräfte der Meere und Flüsse haben das Relief gestaltet. Nicht zu vergessen die Tätigkeit der Vulkane, die im Tertiär aktiv wurden und erst im Quartär erloschen sind. All diese Kräfte, vom Wetter und Klimacharakter unterstützt (Wind, Frost, Temperaturgegensätze, Niederschläge), verleihen im Quartär den Landschaften ihr heutiges Aussehen und erzeugen dabei Aufschüttungsebenen, Moränen, Basaltplateaus, Anschwemmungen, Küstenstreifen. Die Mannigfaltigkeit der Gegenden Frankreichs mit ihrem landwirtschaftlichen Reichtum ist vor allem dieser Periode zu verdanken. Die Küste erhält jetzt ihr endgültiges Gesicht. Die Vereisung, die ein Absinken des Meeresspiegels verursacht hatte, ist zu Ende. Aus den breiten, tiefen Tälern entstehen infolge des nun angestiegenen Wasserspiegels des Ozeans für die Flut zugängliche Trichtermündungen und sogenannte «Rias», fjordähnliche Buchten, namentlich in der Bretagne. Gleichzeitig verwandeln sich viele Tiefebenen in Sümpfe.

Gegenwärtig geht die Reliefveränderung verhältnismäßig langsam vor sich (mit Ausnahme der kontrastreichen Zonen im Hochgebirge und am Mittelmeer). Der Grund dafür ist im gemäßigten und im großen ganzen relativ feuchten Klima Frankreichs zu suchen, das eine Vegetation gedeihen läßt, die gegen die Erosion Schutz bietet.

Der Nuancenreichtum des Klimas

Frankreichs Landschaft verdankt ihre Eigenart nicht zuletzt auch dem Klima, das der geologischen Struktur des Landes an Vielfalt nicht nachsteht. Für das Klima einer Region sind die folgenden vier Faktoren entscheidend: die Höhenlage, die kontinentale Einwirkung, der Einfluß des Meeres und die geographische Breitenlage. Die daraus resultierenden örtlichen Unterschiede lassen sich am Beispiel der Pyrenäen aufzeigen: Der westliche Teil der Kette erhält seine Prägung vom Atlantik und von der Höhenlage, während im Osten der Einfluß des Mittelmeers mit dem Faktor der Höhe zusammentrifft. Daraus ergibt sich, daß in den Pyrenäen je zwei Klimata und Florenbereiche nebeneinander bestehen, die wenig gemeinsam haben.

Diese für Frankreich typische Verschiedenheit äußert sich in einem Nuancenreichtum, der den Liebhaber von Kontrasten zu entzücken vermag. Als Ganzes gesehen ist das Klima Frankreichs außerordentlich mild und gilt trotz seiner Wechselhaftigkeit als sehr gemäßigt, vor allem im Vergleich zu andern europäischen Ländern (in dieser auffallenden Wechselhaftigkeit wollte man auch schon den Grund für das oft «wetterwendische» Temperament der Franzosen sehen). Entsprechend den vier obengenannten Faktoren, die das Klima beeinflussen, beobachtet man in Frankreich in erster Linie und je nach Region verschieden stark den Einfluß des Atlantik (ozeanisches Klima), des Mittelmeeres und des Kontinentinneren (kontinentales Klima); in zweiter Linie, als Überprägung der ersten drei, den Höheneinfluß (Gebirgsklima). Abgesehen von den Mittelmeerregionen ist Frankreich in hohem Maße der Einwirkung des Westwindes ausgesetzt. Die sogenannte Westwindzone, ein Band häufiger Winde aus westlichen Richtungen, liegt für Frankreich zwischen dem südlichen Azorenhoch und dem nördlichen Islandtief, zwei Druckzentren, die auch immer wieder das Wettergeschehen beeinflussen und warme beziehungsweise kühle Luft in die Westwindzone einschleusen. Im Winter ist die durch den Westwind herangeführte Luft in der Regel gegenüber dem ausgekühlten Kontinentinneren relativ mild, im Sommer, verglichen mit der aufgeheizten Luft über dem Kontinent, relativ kühl. Mit dem Westwind gelangt eine Reihe von Störungen nach Europa, so daß Niederschläge mit Aufhellungen abwechseln. Am Wetterablauf ist dabei auch typisch, daß Warmluft- und Kaltluftfronten Temperaturwechsel verursachen, die die allgemeine, jahreszeitlich bedingte Abkühlung und Erwärmung kräftig überprägen.

Die mittlere Jahrestemperatur – im Norden bei 9°C – liegt um so höher, je weiter südlich man gelangt, und erreicht schließlich im Süden ein Maximum von 15°C. Die Januartemperaturen nehmen von Westen nach Osten ab. Dies ist durch das Relief

Wie ernste, bedrohliche Wachtposten ragen die Felsen Tuillière und Sanadoire als Vulkanruinen aus Klingstein über die ruhevolle Winterlandschaft.
(Region des Puy-de-Dôme)

bedingt, das mit Ausnahme der Mittelmeergegend dem ausgleichenden Einfluß des Atlantik offensteht; dieser reicht daher recht weit ins Landesinnere, wobei aber mit größerer Entfernung vom Ozean die Abkühlung des Kontinentinneren immer wirksamer wird. Wenn man die Höheneinwirkung unberücksichtigt läßt, so geht aus der Isothermenkarte hervor, daß es im Winter in der Bretagne nicht viel kälter ist als an der Côte d'Azur.

Die vom Meereswind herangeführten Regenmengen sind in Frankreich recht gemäßigt. Hingegen sind die Niederschlagsmengen ziemlich ungleich verteilt. An der Mittelmeerküste kommt es oft nur an weniger als 100 Tagen im Jahr zu sturzbachartigen Wolkenbrüchen, vor allem im Herbst und im Frühjahr. Dadurch erscheint die sommerliche Trokkenheit, mit Durchschnittstemperaturen von mehr als 22° C, um so intensiver. Im Gegensatz dazu werden in der Bretagne, in der Normandie und in den Landes, wo die Regenmenge 800 bis 1000 mm beträgt, mehr als 200 Regentage pro Jahr registriert. Am meisten Regen fällt in den Berggebieten: In den Nordalpen und den Cevennen (vor allem am Mont Aigual) kann die jährliche Niederschlagsmenge bis zu 4000 mm betragen. Verantwortlich für diesen «Niagarafall aus dem Himmel» wie auch für die Frosthäufigkeit sind zum Teil das Relief und die Lage zum Meer; in der Bretagne und im mediterranen Süden treten höchstens 20 Tage Frost im Jahr auf, in Höhenlagen des Ostens dagegen kann die Temperatur an mehr als 100 Tagen den Gefrierpunkt unterschreiten. Dafür erlaubt das rauhe Gebirgsklima mit den schneereichen Wintern auch einen regen Wintersportbetrieb, vor allem in den sonnigen Alpen, mit den prächtigen Ferienorten Megève, Chamonix, Val-d'Isère, Isola 2000, Flaines und anderen. Die jährliche Sonnenscheindauer variiert zwischen 1600 Stunden im Norden und 2500 Stunden im Süden und auf Korsika.

Nachdem bisher die allgemeine klimatische Lage Frankreichs beleuchtet worden ist, sollen noch die wichtigsten Klimaregionen charakterisiert werden, nämlich das Mittelmeergebiet, die atlantische Region und der Osten; zum Schluß kommen noch die Verhältnisse im Gebirge zur Sprache.

Das Mittelmeerklima wird von dem Meer bestimmt, das, im Süden an Afrika und den Vorderen Orient grenzend, seinen wärmenden Einfluß bis an die französische Küste verbreitet. Der ausgesprochen warme und trockene Sommer in diesen Regionen bildet einen Sonderfall innerhalb der klimatischen Verhältnisse, denen die Jahreszeiten in Frankreich im allgemeinen unterworfen sind. Zwar ließen die subtropischen Hochdruckgebiete des Südens die Wüste nicht bis nach Frankreich vorstoßen, doch kommt es gelegentlich vor, daß der Sturm den Saharasand über das Mittelmeer bis in die Felder Südfrankreichs weht. Zum typischen Charakter des Mittelmeerklimas – mit warmen, trockenen Sommern, milden Wintern und auffallend klarem Licht – tragen auch die schützenden Berge bei, denn die Alpen, das Massif Central und die Pyrenäen halten die direkten Witterungseinflüsse aus dem Norden und Westen ab.

Die klimatische Wirkung des Mittelmeers reicht im Rhônetal besonders weit ins Hinterland, etwa bis nach Valence.

Ein herrlich klarer Himmel, ein wunderbares Licht und milde Wintertemperaturen haben aus der Côte d'Azur, aus Korsika, dem Languedoc und dem Roussillon vorzügliche Agrargebiete und beliebte Touristenzentren gemacht. Hingegen kommt es vor, daß zwei heftige Winde, der Mistral und der Nordwind, das Rhônetal abwärts und von den benachbarten Bergen herunterwehen und – ähnlich wie der Föhn – bei den Bewohnern der Küste tagelanges Unwohlsein hervorrufen.

Aber die Natur am Mittelmeer ist nicht nur mild, sie kann auch stürmisch sein. Wolkenbruchartige Regenfälle, die während einiger Monate gehäuft auftreten, lassen die Flüsse gefährlich anschwellen. So sind den Bewohnern von Perpignan die Überschwemmungskatastrophen, welche die über die Ufer getretenen Flüsse Têt und Agly verursachten, in böser Erinnerung geblieben.

Es gibt am Mittelmeer wilde Landschaften mit ockerbrauner, roter und weißer Tönung, zu deren Bild die dunklen Kiefern gehören, welche sich von den silbergrünen Oliven abheben. Es gibt verkrüppelte Vegetation, bestehend aus dornigen Pflanzen, Büschen (Macchia, Garrigue) und immergrünen Bäumen (Steineichen, Korkeichen, Kiefern). Der Olivenbaum – einst der Göttin Athene heilig – gedeiht im Département Pyrénées-Orientales (namentlich in den Tälern der Monts Albères und im Hinterland des Hafens von Collioure), in den Cevennen, im Rhônetal, längs der kurvenreichen Küstenstraße von Nizza und auf Korsika. Für den Botaniker und Geographen ist er das Wahrzeichen des Mittelmeerraums.

Das ozeanische oder atlantische Klima beherrscht in seiner reinsten Ausprägung lediglich einen 100 km langen Küstenstreifen und bleibt im wesentlichen auf Westfrankreich beschränkt, wo die Jahreszeiten sich nicht allzusehr voneinander unterscheiden. Hauptkennzeichen dieses Klimas sind die häufigen Regenfälle, welche oft als Sprühregen und nur selten in Form von Gewittern auftreten, sowie die relativ warmen Winter. Allerdings gibt es innerhalb der atlantischen Klimazone, die von Flandern bis zum Baskenland reicht, verschiedene Abstufungen, denn sowohl die Breitenlage wie auch die Entfernung von der Küste spielen für das Klima eines Gebiets eine Rolle.

So weist der nördliche Teil der Atlantikküste etwas größere Temperaturschwankungen auf. Das kühle und feuchte Wetter dieser Region begünstigt vor allem den Flachsanbau.

Am ständig wechselnden Himmel über den Dächern von Montmartre kündet der Regenbogen einen feinen, hartnäckigen Regen an.

kälter ist als auf den Berggipfeln, weil die großen, wärmeren Strömungen nur die exponierten Höhen, nicht aber die abgeschlossenen Tiefen zu erreichen vermögen und weil die kalte, schwere Luft sich in der Tiefe sammelt.
Welcher Grundcharakter in den einzelnen Gebirgsteilen vorherrscht, hängt davon ab, wie die Hauptluftmassen durch das Relief verteilt werden. So stehen die westlichen Pyrenäen unter ozeanischem Einfluß, während die Ostpyrenäen und die Südalpen Gebirgsklimata mit mediterranem Charakter zeigen.
Die Vielfalt des Gebirgsklimas spiegelt sich am augenfälligsten in der Flora wider, die den kargen

dadurch bleibende Zeugnisse ihres Lebens und Wirkens hinterließen. Eigenartigerweise schlägt die sehr souveräne und konsequente Haltung des französischen Bauern aber oft in Resignation um, sobald die anscheinend «gemeisterte» Natur über den menschlichen Gestaltungswillen einmal die Oberhand gewinnt. So hat der Wegzug der Landwirte aus gewissen Regionen der Cevennen und aus dem Languedoc zu einer Verwilderung der Terrassen geführt, wo nun Macchia und Garrigue (besonders trockene Macchia auf Kalkböden) wuchern. Denn trotz der Wunderwerke der modernen landwirtschaftlichen Technologie liegen in Frankreich drei Millionen Hektar Land brach.

Birken, Fichten und Weißbuchen machen den Baumbestand der geheimnisvollen Wälder der Region Sologne aus; der Untergrund besteht unter einer dünnen Kalkschicht vor allem aus Sand und Ton, die vom Zentralmassiv hierher verfrachtet wurden.

Bedingungen, unter denen sie gedeiht, vorzüglich angepaßt ist. Höhe, Lage des Gebietes und der Lokalstandort bestimmen ihren Charakter.

Die vielfältigen ländlichen Gebiete

Bodengestalt, geologischer Untergrund und Klima haben den Landschaften ihr natürliches Gepräge verliehen. Gewiß ist es schwierig, die Einwirkungen der Natur auf den Menschen genau zu bestimmen, jedoch zeitigen sie sowohl physiologische wie auch psychologische Folgen. Freilich wird es einfacher, wenn man die Tätigkeiten jener Generationen erforscht, die über Jahrtausende hinweg den französischen Boden gerodet und bebaut haben und

Die legendären Wälder

Über die französischen Wälder – wie zum Beispiel den bretonischen Wald von Brocéliande, der mit dem Zauberer Merlin und der Tafelrunde des Königs Artus in Verbindung gebracht wird – gibt es viele Sagen. Frankreich besitzt Wälder, die zu den vielfältigsten und ansehnlichsten Europas gehören. Die Waldfläche ist enorm groß, ungefähr 14,5 Millionen Hektar, was etwa ein Viertel der Landesfläche und nahezu die Hälfte des gesamten Forstbestandes der Europäischen Gemeinschaft ausmacht. Unter den Laubbaumarten besitzen Buchen und Eichen eine besondere Bedeutung. Berühmt sind die Buchenwälder der Normandie (Forêt de Brotonne)

Ein bevorzugtes Feriengebiet ist die Bucht von Arcachon, wo weiße Boote auf dem kobaltblauen Wasser schaukeln.

und des Valois, ebenso die Eichenwälder des Bourbonnais und von Bellême westlich von Chartres. Die Wälder von Fontainebleau, Orléans und Ermenonville bilden beliebte Erholungsgebiete der Bewohner von Paris. Im Jura und in den Alpen gedeihen Tannen- und Lärchenbestände, während sich die Strandkiefern in den Landes ausbreiten, einer früheren Sumpflandschaft, die im 18. Jahrhundert dank der Initiative des Ingenieurs Brémontier zu Kulturland umgestaltet wurde. Dieses riesige Waldgebiet erstreckt sich über eine Fläche von einer Million Hektar.

Der Waldbestand der Mittelmeergegenden, oft von Bränden bedroht, besteht teils aus Nadelhölzern wie der Strandkiefer, der Aleppokiefer und der Korsischen Kiefer, teils aus Laubbäumen wie der Kork- und der Steineiche. In all diesen Wäldern und Parks ist fast die ganze Tierwelt des Landes vertreten: Insekten, Reptilien, Amphibien, Sing- und vor allem Greifvögel, kleine und große Säugetiere wie Bär (Pyrenäen), Rothirsch, Reh, Damhirsch, Wildschwein.

Der Wald ist entsprechend der Definition von Albert Demangeon nur ein Teil des Kulturlandes. In Frankreich wird der Wald, mit Ausnahme des Ostens, selten vom Bauern oder Waldbesitzer selbst genutzt. Im allgemeinen ist der Förster beauftragt, den Wald zu nutzen und zu pflegen. Für den Bauern steht naturgemäß der wirtschaftliche Gesichtspunkt im Vordergrund. Allerdings erfüllen die französischen Wälder meistens auch die für die Öffentlichkeit erfreuliche Funktion der frei zugänglichen Erholungslandschaft.

Heckenlandschaften und offene Felder

Der Westen ist von Heckenlandschaften (Bocage) geprägt. Die Felder und Wiesen, trotz Flurbereinigung sehr unregelmäßig abgegrenzt, sind von breiten Böschungen eingefaßt, auf denen wilde Hecken wuchern. Die einzigen offenen Großräume bilden die Heiden auf den Böden mit Sandsteinuntergrund, die den bretonischen Kaps ihre seltsame Schönheit verleihen. In diesen Landschaften treten die Siedlungen meist als verstreute Weiler oder vereinzelte Bauernhäuser auf; in der westlichen Bretagne sind es offene, im Landesinnern geschlossene Gehöfte. Im Norden, im Nordosten und in der Beauce finden sich, ähnlich wie in den Gebieten der großen Ebenen, «immensa camporum spatia», wie Tacitus sagte, Gegenden mit riesigen Bodenflächen, oft «Champagnes» genannt. Hier bestehen die großen Dörfer – beispielsweise im lothringischen Sandaucourt – aus Bauten, in denen Wohntrakt und Stallungen unter demselben Dach vereinigt sind. Um diese Dörfer dehnen sich bis an den Horizont offene Felder aus.

Dem grellen Himmel im Süden entsprechen die wilden Landschaften dort. Eine Ausnahme bildet

freilich Aquitanien, das ein wenig einer Heckenlandschaft gleicht, die von Wein-, Obst- und Maiskulturen durchsetzt ist. Das bebaute Land des Südens (Talsohlen, bewässerte Ebenen im Roussillon, reiche Felder auf Korsika, Terrassenkulturen in Banyuls) steht im Gegensatz zur Kahlheit und Trokkenheit der vom Winde zerzausten und vom Menschen vernachlässigten Wildnis nebenan. In diesem blendenden, von intensiver Sonne erleuchteten Farbmosaik wechseln die unbebauten Gebiete mit fruchtbaren Parzellen ab, auf denen Gemüsekulturen, Reben und Olivenbäume gedeihen. Die Bauernhäuser stehen hier entweder isoliert oder sie scharen sich – oft auf Hügelkuppen – zu Dörfern zusammen.

Lebensadern Frankreichs: die Flüsse

Die Ströme, Flüsse und Wasserflächen Frankreichs haben seit Jahrtausenden die Besiedlung des Landes begünstigt und dadurch zu dessen Charakter wesentlich beigetragen.

Es gibt in Frankreich kaum eine Gegend, durch die nicht ein kleines oder großes Gewässer fließt. Von großen Gewässern läßt sich allerdings nur bedingt sprechen: Da das Land keine sehr weiten Ausdehnungen besitzt, können die nach vier Meeren ausgerichteten Einzugsgebiete auch nicht besonders umfangreich sein. Die Seine (776 km), die Loire (1012 km), die Garonne (650 km), die Rhône (552 km in Frankreich) und der Rhein (180 km auf französischem Gebiet) sind mit den riesigen Strömen Wolga, Nil, Mississippi, Gelber Fluß oder Amazonas nicht zu vergleichen. Die Ströme Frankreichs sind weder lang noch breit; dafür tragen sie zum Reiz dieses alten Landes wesentlich bei. Ihre Wasserführung ist recht unterschiedlich und sowohl von den Strömungsbedingungen als auch von den Nebenflüssen abhängig.

Die Seine, ein sanftes Gewässer, schlängelt sich durch ein Becken mit nur unbedeutenden Erhebungen und gleichmäßigen Niederschlägen. Nebenflüsse der Seine sind die launische Marne und die ruhige Oise, die sich beide am Fuße von Plateaus ein Bett gegraben haben, wo sie durch Wiesen mit Pappeln und oft auch durch bewaldetes Hügelland dahinziehen. Die Seine fließt mitten durch Paris und bildet eine hübsche Wasserstraße mit beachtlichem Schiffsverkehr. Von ihren Ufern haben sich Maler, Musiker, Sänger und Dichter inspirieren lassen.

Die Loire, Frankreichs größter Strom, wurde von Ronsard, du Bellay und den übrigen Dichtern der Pléiade besungen, die – wie auch die französischen Könige – gern an ihren Ufern verweilten, um sich am Anblick der Spiegelbilder jener stattlichen Renaissance-Schlösser des Anjou und der Touraine zu erfreuen. In ihrem Oberlauf ist die Loire noch ein typischer Gebirgsfluß; erst später wird sie ein Strom

Wenn sich die frostigen Windstöße gelegt haben, bleibt nur noch das Schweigen des Eises im transparenten winterlichen Licht.

der Ebene. Ihr Einzugsgebiet erstreckt sich über 115000 km². Die Wasserführung der Loire ist ergiebig, wenn auch sehr großen Veränderungen unterworfen; sie kann zu jeder Jahreszeit plötzlich anschwellen: im Frühjahr, wenn im Zentralmassiv, dem wichtigsten Ursprungsgebiet französischer Flüsse, der Schnee schmilzt, im Sommer bei heftigen Gewittern und im Herbst bei anhaltendem Regen. Der im allgemeinen niedrige Wasserstand läßt den Schiffsverkehr, der früher bis Orléans reichte, nur noch im Mündungstrichter zu.

Die Garonne, die in den Pyrenäen entspringt, wußten schon die römischen Siedler des antiken Aquitanien zu schätzen. Im Frühjahr schwillt sie beängstigend an, und von Juli bis Oktober hat sie ihren niedrigsten Wasserstand. Am Oberlauf der Garonne finden sich wichtige Elektrizitätswerke. In der Ebene wirkt der Strom mit seinen Nebenflüssen wie eine riesige Flut, die den Landschaften Périgord, Quercy und Armagnac zu wirtschaftlichem Wohlstand verhilft. Die Dordogne vereinigt sich mit der Garonne erst in deren Mündungstrichter, der Gironde, unterhalb von Bordeaux.

Die Rhône entspringt in der Schweiz auf 1800 m Höhe und fließt nur zu zwei Dritteln auf französischem Gebiet. Ihre Wasserführung ist recht unterschiedlich: Im Oberlauf ist sie ein ausgesprochener Alpenfluß. Im Frühjahr und Vorsommer führen die durch die Schneeschmelze angeschwollenen Flüsse der Voralpen und die Isère ihr Hochwasser dem Mittellauf der Rhône zu. Die Saône, zum Teil unter der Einwirkung des ozeanischen Klimas stehend, mit Hochwasser im Winter und Niedrigwasser im Sommer, vermag die alpine Wasserführung etwas auszugleichen. Im Herbst sind es die südlichen Nebenflüsse, die ihr Hochwasser mit der Rhône vereinigen. Von der «Compagnie Nationale du Rhône» ist dieser Strom, der in Tarascon ein durchschnittliches Potential von 1800 m³/sec aufweist, in ein beachtliches stufenförmiges Staudammsystem mit Schleusen und Elektrizitätswerken umgewandelt worden.

Der sagenumwobene Rhein, von dem Victor Hugo sich inspirieren ließ, entspringt wie die Rhône im Gotthardmassiv. Im Elsaß erinnern seine steilen Ufer noch an die alpine Herkunft. Aber weiter unten verlangsamt er dann seinen Lauf. Der Rhein – nicht nur der französische Teil – gewann symbolische Bedeutung als jahrhundertelang umkämpfte natürliche Grenze zwischen Frankreich und den deutschen Landen.

Daneben gibt es in Frankreich noch eine beträchtliche Zahl von Flüssen, die wahrhaft Paradiese für Fischer, Paddelbootfahrer und Touristen bilden. Ihre Wasserführung richtet sich nach den Niederschlagsverhältnissen des jeweiligen Klimatyps, zum Beispiel die Flüsse der Westküste wie Somme, Charente, Rance, Aulne nach dem ozeanischen Klima (ganzes Jahr reichlich Wasser), die Flüsse des Südens wie Ardèche, Aude, Var und Têt nach dem Mittelmeerklima (maximale Wasserführung im Frühjahr und Herbst). Nicht selten steigt die Ardèche in ihren Schluchten um einige Meter an. Eine ähnliche Wasserführung weisen die Wildbäche der Pyrenäen und der Alpen auf.

Das Wasser als Lebenselement

Die Ströme und Flüsse gehören zu den Keimzellen der Zivilisation, sind oft auch gute Verkehrswege und liefern nicht selten nützliche Energie für die Industrie. Wie die Küste oder die Wald-, Sumpf- und Berggebiete gehören die Flüsse zu den kostbaren Naturreichtümern des Landes, die es zu schützen gilt. So setzen sich neben den dreieinhalb Millionen Amateuranglern immer mehr Franzosen, die die Notwendigkeit des Naturschutzes allmählich erkennen, für die Erhaltung der Tier- und Pflanzenwelt ein und kämpfen auch gegen die Verschmutzung der Gewässer. Nebst den Strömen und Flüssen besitzt Frankreich herrliche Seen und viele große Lagunen im Bereich der Küsten (étangs). Als Beispiele seien die Sümpfe und Seen der Sologne erwähnt, ferner die Sümpfe der Grande Brière mit Kanälen voller Seerosen, die grünen Sümpfe von Poitevins, die eine eigene kleine Region bilden, sowie die Lagunen der Landes, die mit dem Ozean durch sehr schmale Wasserläufe, die sogenannten «courants», verbunden sind. In Berggebieten erscheinen die Seen bald schwarz, bald blau oder grün: der Lac de Servière in der Auvergne, der als Kratersee einen erloschenen Vulkan anzeigt, mitten in der kargen Gebirgslandschaft der Puys, oder die Seen von Ayaube, von Carlitte und die Lacs des Bouillouses in den Pyrenäen, die Seen von Annecy und Bourget und der Genfer See in den Alpen, die Seen von Saint-Point und Vauglans im Jura, der See von Gérardmer in den Vogesen und schließlich die Überschwemmungen des «Ried» im Département Bas-Rhin (Nordelsaß).

In all diesen Süßgewässern gedeiht eine Fülle von Pflanzenarten: Sumpfschwertlilie *(Iris pseudacorus)*, Hirschzunge *(Phyllitis scolopendrium)*, Seerose *(Nymphaea)*, Teichrose *(Nuphar)*, Farnkräuter, um nur wenige Beispiele zu nennen. Auch weisen sie reiche Fischbestände auf (Forellen, Hechte, Karpfen usw.) und locken viele andere Tiere an. Unter den Vögeln wären etwa Enten, Brachvögel, Kiebitze, Ringeltauben und Störche zu erwähnen. Aber auch Amphibien und Reptilien sind vertreten, und was die Säugetiere angeht, so ist vor allem auf den Biber hinzuweisen, der im letzten Augenblick vor der Ausrottung bewahrt wurde.

Die großartige Natur Frankreichs, die von den ausländischen Touristen oft nur flüchtig beachtet wird, birgt auch eine märchenhafte Höhlenwelt, welche beispielsweise die Phantasie eines Jules Vernes anzuregen vermochte. Der französische Boden, zu zwei Dritteln aus Kalk bestehend, ist deshalb von Karst-

Der rote Mohn ist die Blume des Blutes, der weiße Schaum gehört zum strudelnden Wildbach: Symbole des Lebens und der immerfort gepriesenen Freiheit. Passen sie nicht beide nach Frankreich?

Von den Bergen der Region Queyras rauscht im verschneiten Bett des Guil (links) kristallklares, sauberes Wasser zu Tale, während am Atlantikstrand (rechts) die Wellen das ausgelaufene, lebenzerstörende «schwarze Gold» eines Öltankers an Land spülen – seltsame Bildpoesie...

Die schweren Frachtkähne gleiten langsam zwischen den Schleusen hindurch auf ihrem Weg über die Ströme und Kanäle Frankreichs (Yvelines). ▷

und schwemmt Sand heran. Man muß die schwindelerregenden Felsklippen des Cap Canaille in der Provence (363 m) einfach gesehen haben, genau wie die weißen Klippen von Etretat und des Pas de Calais. Aber auch die Flachküsten der Vendée und des Languedoc entbehren nicht des landschaftlichen Reizes.

In Ouessant – in der Bretagne – lohnt es sich, die salzige Brise der Gischt einzuatmen, wenn der Sturm wütet und die mächtigen Wellen gegen die zerklüfteten Felsriffe branden. An den schmalen Ufern, im Sand und in den mit Algen ausgepolsterten Klippen, gedeiht eine stark meerbezogene Tier- und Pflanzenwelt, die vom Menschen intensiv genutzt wird.

An der Küste warten auf den Besucher zahlreiche Sehenswürdigkeiten der Natur: In der Mündungsbucht der Somme und in der Ebene von Marquenterre gibt es regelrechte Vogelparadiese, wo es von Brandenten, Meerenten und Löffelreihern wimmelt. Die Salzsümpfe von Guérarde im Département Loire-Atlantique entzücken den Besucher vor allem im Herbst, wenn die Vegetation sich rötlich färbt. Ganz in der Nähe liegt die Grande Brière, die mit ihren 7000 ha nach der Camargue das zweitgrößte Sumpfareal Frankreichs bildet. Hermelin, Steinmarder, Nerz und Fischotter gedeihen hier. Die Bucht von Arcachon, ganz in der Nähe der gewaltigen, 114 m hohen Sanddüne von Pilat, ist ein mit grünen Kiefern bewachsener Ort des Friedens. Ihre Austernzucht hat der Stadt Gujan-Mestras zum Reichtum verholfen. Die Sümpfe und Lagunen (étangs) der Camargue, oft leicht salzhaltig, sind eines der größten Naturschutzgebiete Europas. Die Zusammensetzung der Fauna und Vegetation ist vom Salzgehalt dieser Gewässer abhängig. Einige Tiergattungen sind für die Gegend charakteristisch: so der Camargue-Schimmel und der Camargue-Stier, zwei Arten, von denen die Wissenschaft glaubt, daß sie prähistorischen Arten näherstehen als die uns vertrauten Pferde- und Rinderrassen.

Die Natur als Ideal

Dank seinen Bergen, Küsten und Strömen ist Frankreich ein herrliches Reiseland für den Naturfreund. Sehr reizvoll sind jedoch auch die abgelegenen Landschaften, die sich erst nach einigem Suchen erschließen und bei der heutigen Generation ein verstärktes Interesse finden. Zum Glück verteilen sich die in Frankreich lebenden 54 Millionen Menschen nicht über die ganze freie Landfläche, so daß für die Natur noch Freiräume übrigbleiben. Auch können wir froh sein, daß zum Schutze der Natur Gesetze erlassen und Maßnahmen ergriffen werden. Einige positive Ergebnisse dieser Bemühungen liegen schon vor. Das berechtigt zu der Hoffnung, daß in Frankreich die große Umweltkatastrophe verhindert oder hinausgeschoben werden kann. Dies

trotz verschiedener Ölkatastrophen an den Küsten, zu hoher Kohlenmonoxidkonzentration in der Luft und anderer negativer Erscheinungen der technischen Zivilisation. Und so fällt auch nicht jedes unberührte Naturgut dem blindwütigen Kahlschlag, der übermäßigen Jagd auf Wild und der Küstenverschmutzung zum Opfer. Die überbaute Zone macht in Frankreich nur 5 bis 6% des gesamten Landes aus. Der jährliche Zuwachs beträgt in Frankreich etwa 80000 ha, das sind 0,15% des gesamten Territoriums. Bei gleichbleibender Zuwachsrate neuer Gebiete würde sich die bebaute Fläche nach dreißig Jahren verdoppeln. Bis hier eine etwa mit Belgien vergleichbare Lage einträte, wären mehr als hundert Jahre nötig. Daraus geht hervor, daß Frankreich große Gebietsreserven besitzt. Seit Anfang der sechziger Jahre hat der Wille, die Tier- und Pflanzenwelt zu erhalten, Regierung und Behörden zur Errichtung von Reservaten und Parks veranlaßt. Dabei werden auch ausgerottete Tierarten wieder eingeführt, wie der Wisent in den Ardennen, die Biberratte (Nutria) in der Camargue und andere mehr. Gegenwärtig gibt es etwa vierzig Reservate, die insgesamt eine Fläche von rund 45000 ha ausmachen und die Natur weitgehend vor den zerstörerischen Zugriffen der Zivilisation schützen. Dazu kommen die Privatreservate, die freiwilligen Schutzinitiativen und die Reservate des «Office National de la Chasse», denen die Aufgabe zufällt, den Wildbestand zu erhalten.
Die regionalen Naturparks sollen eine Lösung bieten, die sowohl den Belangen der Wirtschaft als auch denen des Landschaftsschutzes gerecht wird. Daneben gibt es die Nationalparks, regelrechte Naturmuseen, die einer strengen Kontrolle unterstehen. Die Nationalparks in der Vanoise, auf der Insel Port-Cros, in den Westpyrenäen, den Cevennen, auf der Barre des Ecrins und im Mercantour-Massiv machen insgesamt 300000 ha aus. Im Haute-Ariège und auf den Hyèrischen Inseln sind weitere Parks geplant. Diese Naturschutzgebiete sind nach amerikanischem Vorbild gegliedert und in drei Zonen aufgeteilt: das Reservat im strengen Sinne, den öffentlich zugänglichen Sektor mit Großwild (Gemsen, Hirsche) und Vögeln (große Seemöwenarten, Geier) und schließlich eine Randzone für ruhige Spaziergänger und Neugierige. Um der alles überwuchernden Bautätigkeit längs der Côte d'Azur, den Schutthaufen und scheußlichen Siedlungen Einhalt zu gebieten, ist das Schwergewicht auf die Erhaltung der Küste gelegt worden, wenn auch mit einiger Verspätung. Schöne Regionen wie die Kaps Gris-Nez und Blanc-Nez sind dadurch gerettet worden. Mit den Bestrebungen des Küsten- und Seeuferschutzes ist die Förderung einer produktiven Gewässernutzung durchaus vereinbar.

Wechselhaft und launisch ist die Loire, deren Niedrigwasser im Sommer nur ein Rinnsal bildet, das zwischen den Sandbänken den Himmel und die Umgebung spiegelt, während das Hochwasser manchmal unversehens die angrenzenden Wiesen überflutet. Das besondere Verhältnis, das die Bewohner des Loiretals mit ihrem Fluß verbindet, hat Maurice Genevoix mit Wärme geschildert: «...wenn sie vom schönen Strom ihrer Heimat sprachen, so sagten sie nie ‹die Loire›: bisweilen ‹der Fluß›, aber fast immer ‹das Paradies›.»

Entdeckungsreise durch die Provinzen

Frankreich hat sich verändert. Der Grund liegt darin, daß die Regionen und Provinzen heute nicht mehr so neidisch nach Paris blicken wie in früheren Zeiten, sondern mehr und mehr ihr kulturelles Eigenleben erkennen und auch entfalten. Die Ereignisse des Mai 1968 haben deutlich erkennen lassen, daß die Verwirklichung von Eigenständigkeit und Individualität im Brennpunkt des Interesses vieler Leute steht, was an sich zu einem französischen geflügelten Wort paßt: Es lebe der Unterschied. Dies kommt natürlich auch den Volksgruppen zugute, die am Rande des Landes mit eigener Kultur und als Minoritäten leben. In der Bretagne, im Baskenland, in Südfrankreich, auf Korsika, im Elsaß oder in Französisch-Katalonien verfestigten sich die regionalen Forderungen allmählich zu einer Art von Ideologie. Auf politischer Ebene schlägt sich dieser Wandel im offenen Willen zur Dezentralisierung von Regierung und Bürokratie nieder, im kulturellen Bereich in einer Neubesinnung auf das künstlerische und sprachliche Erbe der Regionen. Viele Bewohner von Paris und anderen Städten entdecken in den tausend Dörfern ihres Landes regionale Feste und Bräuche, etwa daß die Bretonen ihr *Festnoz* (Nachtfest) feiern und die Katalanen ihren *Sardane* tanzen. Theater und Chansons, «freie» Radiosender (radio libres) und Kunsthandwerk zeugen von einem Volksgeist, der dem Land einen ungeahnten Reiz verleiht. Klischeevorstellungen wie die einer reichen nördlichen und einer benachteiligten südlichen Hälfte Frankreichs, eines produktiven und fruchtbaren Landesteils im Norden im Gegensatz zur «wirtschaftlichen Wüste» im Süden und Westen – solche Vorstellungen sind ins Wanken gekommen und teilweise bereits korrigiert worden. Dies schon deshalb, weil «Reichtum» heute nicht mehr unbedingt dasselbe bezeichnet wie früher. Ein ansehnliches Straßen- und Eisenbahnnetz sowie die Flugverbindungen lassen die abgelegensten Winkel des Landes einander näherrücken. Ein feinsinniger Beobachter erkennt bald, worin der besondere Reiz Frankreichs besteht: nämlich in der Unterschiedlichkeit. Da gibt es die salzige Brise des Westens, die man bereits in den Bistros von Montparnasse in Paris wahrzunehmen glaubt; das helle Licht des Südens, das man auf der Nationalstraße 7 und der «Autoroute du Soleil» schon vorausahnt; die Sanftheit der Ebenen des Nordens, welche Kenner unter Umständen sogar der Côte d'Azur vorziehen. Es lohnt sich, in Frankreich aufs Geratewohl durch die Provinzen zu streifen, das zum Massif Central gehörende Kalkplateau von Larzac oder Städte wie Toulouse oder Straßburg zu besuchen. Es ist wohltuend zu spüren, wie Frankreich zu einem neuen Bewußtsein erwacht und sich der Tatsache erinnert, daß es nicht nur aus Paris besteht. Dabei gewinnt das Ureigene der oft ländlichen Heimat wieder an Anziehungskraft.

Der Westen und die Landschaften der Loire

Die Gebiete des Westens als Ganzes zeichnen sich durch feuchtes, mildes Klima aus. Sie sind nach dem Atlantik und dem Ärmelkanal hin orientiert und bilden daher den äußeren Rand Europas und der variskischen Gebirgsfaltung. Dieses nebelreiche Land besteht aus der Bocage – der für diese Region typischen Heckenlandschaft – und den Städten, die sich über das ganze Gebiet verteilen.

In diesem französischen Westen muß man unterscheiden zwischen den warmen Landstrichen südlich der Loire, der Bretagne, den im Landesinnern gelegenen Landschaften Anjou und Maine sowie der Normandie.

Das Zentrum des westlichen Frankreich mit der Vendée und mit der Region Poitou-Charentes besteht aus dem Gebiet zwischen dem unteren Lauf der Loire, der Gironde (Mündungstrichter der Garonne) und dem Pariser Becken. Das atlantische Klima begünstigt Viehzucht und Ackerbau, während die Küste mit ihren Fischer- und Handelshäfen (La Rochelle), den herrlichen Stränden (Les Sables d'Olonne) und den Inseln (Noirmoutier, Yeu, Ré, Olon) Feriengäste anzieht. In den Charentes finden sich viele Zeugen der gallo-römischen Epoche, wie der Triumphbogen und das Amphitheater von Saintes. Was die Landwirtschaft angeht, so sind die Charentes für die Milchproduktion von größter Bedeutung. Hier wird Frankreichs meistgeschätzte Butter hergestellt, übrigens auch der weltberühmte Cognac.

Zweifellos ist die Bretagne die typischste und repräsentativste Provinz Westfrankreichs. Das atlantische Klima ist hier am ausgeprägtesten. In der Bretagne bieten die zerklüfteten Felsküsten einen überwältigenden Anblick. In der Bretagne finden sich auch die prähistorischen Menhire und Dolmen, die nur hier anzutreffenden «Kalvarienberge», die großen Kreuzigungsgruppen aus Granit, und in der Bretagne wird auch die «Pardon» genannte Prozession begangen. Der Boden ist hart und karg. Die keltische Bevölkerung der Bretagne ist sehr mit ihren Traditionen, ihrer Kultur, ihrer Musik verbunden und pflegt ihre eigene Sprache, das Bretonische. Allerdings erlitt dieses Selbstverständnis während des Krieges 1914–1918 eine erhebliche Einbuße, als nämlich die Bretonen unter Dudelsackklängen an die vorderste Front geschickt wurden. Dasselbe geschah übrigens mit allen rebellischen Völkern Frankreichs: mit den Basken, den Korsen und den Provenzalen. So bildeten in der Bretagne Kalvarienberge und Ehrendenkmäler zur Erinnerung an die Gefallenen lange Zeit die Schwerpunkte kulturellen Schaffens. Unter den Einwirkungen des Fortschritts hat aber auch die Bretagne inzwischen Veränderungen erfahren und zu einem neuen Lebensgefühl gefunden.

Der große Segensspender der Bretagne ist nach wie vor das Meer (Ar-Mor). Da es die Touristen anlockt, verschafft es dem Gastgewerbe Auftrieb, und es ermöglicht ferner einen reichen Fischfang und regen Hafenbetrieb. Zu erwähnen sind vor allem die Häfen von Brest (Kriegshafen und Basis für Atom-U-Boote mit Atomsprengköpfen), Lorient, Concarneau, Paimpol und Saint-Malo. An den Kaps und auf den Inseln wie Ouessant zeigt sich die Natur rauh, im großen und ganzen aber ist sie mild. Dank dem Einfluß der Meeresströmungen ist das Klima gemäßigt. Es begünstigt an der Küste («ceinture dorée») den Gemüseanbau und namentlich die Frühgemüsekulturen, so vor allem in Pleurtoit und Saint-Paul-de-Léon.

Aber noch eine andere Bretagne gibt es: das Landesinnere (Ar-Coat), das dem Meer den Rücken kehrt, das Gebiet der Bauern, die sich gleichzeitig mit dem Vendée-Aufstand Ende des 18. Jahrhunderts gegen die Revolutionsregierung erhoben hatten. Hier konnte sich das keltische Erbe am besten erhalten. Diese Region ist ein ausgesprochenes Getreideland. Aber dank dem fortschrittlichen Einfluß von Rennes, der historischen Hauptstadt, sind in dieser Provinz auch zahlreiche Industriezweige ansässig, wobei der Automobilbranche eine wichtige Rolle zukommt. Industrie heißt denn auch das Schlüsselwort einer Bretagne, die das alte, überholte Klischee auslöschen will, das diesen Landesteil als wirtschaftlich unselbständig und als unmündig brandmarkt.

Nach wie vor bildet die Gegend von Nantes, mit Saint-Nazaire und seinen Werften, einen wichtigen Teil der Bretagne. Im Hinterland liegen die Landschaften Anjou und Maine und noch weiter im Innern die Landschaften der Loire (Beauce, Sologne, Orléanais). Diese sind von den Dichtern der Pléiade oft besungen worden. An der Loire und ihren Nebenflüssen finden sich zahlreiche weltberühmte Schlösser.

Bei Nantes wächst ein berühmter Weißwein, der Muscadet. Das Anjou und die Touraine dagegen sind berühmt für ihre Rosé-Weine. Beide Regionen verdanken ihr sanftes Licht den Tälern voller Wiesen, Obstgärten und Weinberge.

Die Landschaft Orléanais gehört bereits zum Pariser Becken, und die Sologne, südlich der Loire, erscheint wie eine Übergangslandschaft. Vor hundert Jahren bestand dieses Gebiet noch aus Sümpfen, aber Napoleon III., der zur Sologne eine besonders enge Beziehung hatte, machte daraus eine wundervolle Gegend, die mit ihren Seen, Teichen und Wäldern zum Fischen und Jagen einlädt. Sie hat das dichterische Werk von Maurice Genevoix in entscheidendem Maße geprägt.

Die Normandie erstreckt sich von der Bucht des Mont-Saint-Michel im Norden bis jenseits der Landschaft Bray. Sie stellt gewissermaßen die «kalte Variante» des atlantischen Klimas dar. Ihre Geländestruktur ist vielfältiger als die des übrigen Westfrankreich.

Im Schein der untergehenden Sonne leuchtet das Schloß von Amboise auf, und die glorreiche Vergangenheit des «Jardin de France» scheint für einige Augenblicke zu neuem Leben erweckt.

Man unterscheidet zwischen der Haute-Normandie und der Basse-Normandie. Die in einen Granitsokkel eingeschnittenen Täler der Basse-Normandie wirken sehr malerisch und bilden – wie vor allem das Gebiet von Orne – eine Art «Normannische Schweiz».
Regionalhauptstadt der Basse-Normandie ist Caen. Die dortige Ebene besteht aus Kalk und gibt ein fruchtbares Getreideland ab. Die Stadt selber ist seit langer Zeit für ihre Industrie bekannt, besonders für die Eisenerz-Bergwerke im Vallée de l'Orne. Sie erfreut sich ferner eines regen Hafenbetriebs. Auch im Dienstleistungssektor gewinnt Caen immer größere Bedeutung, ebenso als Universitätsstadt.

Geologisch gesehen eine Kreideebene, grenzt die Haute-Normandie an die Seine und besteht aus abwechslungsreichen, für Ackerbau, Pferde- und Rinderzucht geeigneten Landstrichen. Es ist dies ein wichtiges Gebiet der Milch- und Käseproduktion, vor allem des Camembert und des Pont-l'Evêque. Hier weiden Kühe, die im hohen Gras der saftigen Wiesen fast versinken. Die Bauernhöfe bestehen aus strohgedeckten Fachwerkhäusern, unter deren Dächern sich ganze Haufen von Mostäpfeln auftürmen.
Die Haute-Normandie, durch den Unterlauf der Seine mit dem Pariser Becken verbunden, weist zwei wichtige Häfen auf: Le Havre, zweitwichtig-

Der Eiffelturm überwacht die schöne Balustrade des Pont Alexandre III und die Seine, auf der viele Fracht- und Schleppkähne in den Raum Paris gelangen.

ster Hafen Frankreichs nach Marseille, und die im Landesinneren gelegene Stadt Rouen. An diesen strategisch wichtigen Punkten haben sich neben den traditionellen Industriezweigen (Lebensmittel und Textilien) auch Branchen moderner Technologie angesiedelt wie Elektrotechnik, Maschinenbau, Chemie und besonders Erdölraffinerien.
Die Normandie ist das Land, in dem sich die von Norden her eingefallenen Wikinger (Normannen) niederließen, die vor mehr als tausend Jahren die Stadt Paris belagerten. Bekannte Badeorte wie Deauville oder Courseulles wechseln hier mit kleinen Häfen (Honfleur), großartigen Felsklippen und wilden Kaps ab.

Das Pariser Becken

Paris heißt auch Alltag: mit der Metro fahren, arbeiten, schlafen. Akkordeonklänge und viele andere Einzelheiten gehören dagegen zum poetischen Flair der Stadt. Sie erstrahlt im Lichterglanz, ist aber zugleich mit Schatten und Halbdunkel behaftet. Sie hat einen rebellischen Charakter und beherbergt nicht nur solche, die voll Begeisterung das Loblied der Metropole singen: Da gibt es entwurzelte Arbeiter, durch Verkehrsstockungen «gestreßte» Autofahrer, Leute vom Land, die der großstädtischen Hektik und des Lärms überdrüssig sind, von maßlosen Mietpreisen betroffene Hausbewohner...
Unzählige Studenten, Intellektuelle, Künstler, Besucher von Schnellkursen, Taxifahrer und viele andere schlendern in Belleville, Ménilmontant oder am Montmartre umher und beleben die Ile Saint-Louis, den Place de la Concorde oder die Quais der Seine. Wie Apollinaire bummeln sie an den Ufern der Seine entlang, verweilen auf den Terrassen der Cafés, ziehen von der Madeleine-Kirche durch die Boulevards bis zur Bastille und den Arkaden der Rue Rivoli. Wer sich von der Kultur angezogen fühlt, begibt sich in den Louvre oder, als begeisterter Liebhaber moderner Kunst, ins Centre Georges Pompidou auf dem Plateau Beaubourg. Von den hohen, im Leeren hängenden Passerellen oder den Rohrschlangen, durch die hindurch die Rolltreppen längs der Glasfassaden emporführen, bietet das Riesengebäude aus Stahl einen wundervollen Ausblick auf eine Stadt, die aus dieser Perspektive wie ein Dekor wirkt. Vor diesem «Tempel der modernen Zeit», wie man das Centre Pompidou nennen könnte, befindet sich ein großer Platz, auf dem das Zeitalter der Magier fröhliche Urständ feiert. Um die Seiltänzer, Musiker, Gaukler, Feuerschlucker, Fakire und alle anderen Jahrmarktskünstler, die hier ein Volksfest improvisieren, schart sich eine weltstädtisch teilnahmslose, gelegentlich aber auch witzelnde Zuschauermenge. In diesem Getümmel melden sich auch die Anhänger neuer Evangelien und Theorien zu Wort und verkünden ihre Geheimnisse: Redner, die am Rande der Gesellschaft leben, und Vertreter seltsamer Glaubensrichtungen finden hier ein Publikum.
Bücherfreunde ziehen es wahrscheinlich vor, die Regale der Antiquare (Bouquinisten) längs der Seine zu durchstöbern, andere wiederum fotografieren an der Rue de Levis oder der Rue Lepic jene farbenfrohen Märkte von Paris, wo es von Menschen wimmelt und die Stände zum Bersten voll sind mit Tomaten, Blumen oder silberglänzenden Fischen. In dieser Hinsicht steht Paris den südlichen Hafenstädten sicher nicht nach. Die Flohmärkte von Porte de Clignancourt oder Porte de Montreuil sind wahrhafte Fundgruben für Entdeckungsfreudige und Liebhaber von Antiquitäten. Der Blumenmarkt und die tausend Straßen von Paris, mit den Litfaß-Säulen voller farbiger Plakate, stellen für den Maler dank-

Die Sümpfe der Camargue sind das ▷ Lebenselement einer eigenen halbwilden Pferderasse, die besonders altertümlich zu sein scheint, stammesgeschichtlich jedenfalls nicht weit entfernt von jenen Pferden, die auf den prähistorischen Höhlenmalereien (Lascaux, Cabrerets) dargestellt sind. Die Camargue besitzt eines der bedeutendsten Tierreservate Europas, vor allem in bezug auf die Vogelwelt. Obwohl staatlich geschützt, ist das Gebiet doch von schädlichen Umwelteinflüssen bedroht.

Frankreich verfügt über einen beachtlichen Forstbestand. Wie ein blauer Schleier überziehen die Strandkiefern der Landes ein riesiges Territorium von einer Million Hektar, das früher einmal als Sumpf und Heide brachlag. Dieser Wald ist das Werk des Ingenieurs Brémontier, der im 18. Jahrhundert lebte, und seiner Nachfolger. Er gehört zu den größten Forstgebieten Europas (links). In Brinon-sur-Sauldre (Cher) geht der Wildhüter ruhigen Schritts zwischen den Birken, deren Stämme wie mit grauer Seide überzogen scheinen (rechts).

Der gallische Hahn, dessen Abbild auf dem Kirchturm als Wetterfahne dient: sollte das die tiefere Bedeutung dieses stolzen Nationalsymbols sein?

parats und des Europäischen Parlaments genießt. Als geistige, wirtschaftliche, politische und kulturelle Metropole ist Straßburg überdies auch noch eine prächtige Stadt, die zum Flanieren einlädt.
Mit seinem Legendenschatz und Brauchtum, seinen Mirakelspielen sowie den zu Ehren der Schutzheiligen begangenen Volksfesten (Kilbe und Messti) hebt sich das Elsaß vom übrigen Frankreich ab. Es unterscheidet sich ferner durch seinen eigenständigen alemannischen Dialekt, das Elsässische. Die Dezentralisierungs- und Regionalisierungsbestrebungen, die für ganz Frankreich kennzeichnend sind, ermuntern auch das Elsaß dazu, die seiner Kultur und Tradition gemäße Ausdrucksform zu finden.
Die Bergzüge und Plateaus Ostfrankreichs finden südlich von Elsaß und Lothringen ihre Fortsetzung im Jura sowie in den Hochebenen von Burgund und der Franche-Comté (Freigrafschaft Burgund). Seit alten Zeiten führen durch dieses Gebiet wichtige Verkehrswege, die Städten wie Montbéliard, Besançon, Dijon und Chalon-sur-Saône zu wirtschaftlicher und kultureller Blüte verholfen haben. Belfort, Montbéliard und Sochaux liegen in einer typischen Industriezone, in der vor allem die Autobranche überwiegt (Peugeot-Werke). Der Jura verdankt sein Entstehen der alpinen Faltung. Es handelt sich um den sogenannten Plateaujura, der im Westen vom sogenannten Kettenjura abgelöst wird. Die Bevölkerung lebt von den verschiedensten Tätigkeiten, die in kleinen Industriezentren wie Saint-Claude und Oyonnax ihren Nährboden finden. Diese liegen inmitten einer malerischen Gegend, wo zwischen Wiesen und Wäldern verstreut Sägewerke, Chalets und Molkereigenossenschaften anzutreffen sind. Die Region von Besançon, Hauptstadt der Franche-Comté und vor allem auf Uhrengewerbe und Präzisionsmechanik spezialisiert, ist gerade dabei, sich wirtschaftlich umzustellen.
Das Burgund genießt Weltrum wegen seiner romanischen Baudenkmäler (Tournus, Cluny, Vézelay, Paray-le-Monial) und seiner Spitzenweine: Gevrey-Chambertin, Clos Vougeot, Vosne-Romanée, Pommard, Meursault. Diese Weine gelangen vor allem in Beaune auf den Markt. Dijon, die Herzogsstadt mit ihren hundert Türmen, ist die burgundische Metropole und eines der großen Zentren französischer Kunst. Von großer wirtschaftlicher Bedeutung ist in dieser Region der Weinbau. Viehzucht (Charolais), Forstwirtschaft, Steinkohle (Montceau-les-Mines) und die seit dem 18. Jahrhundert ansässige Eisenindustrie (Creusot) bilden weitere Einnahmequellen.

Die Alpen und der wichtige Verkehrsknotenpunkt Lyon

Lyon ist rings von Hügeln umgeben; einen von ihnen krönt die Basilika Notre-Dame-de-Fourvière. Die verkehrsgünstige Lage an zwei Flüssen, der gemächlich fließenden Saône und der reißenden Rhône, dazu der Bürgerfleiß seiner Bewohner verliehen dieser Stadt schon früh die Bedeutung eines einflußreichen Wirtschaftszentrums. Dank dem Reichtum der Seidenfabrikanten erlangte das Gebiet von Lyon schon vor der großen Industrialisierung einen Wohlstand, der es ihm lange Zeit erlaubte, gegenüber dem Zentrum Paris seine Selbständigkeit zu wahren. Seit fast dreißig Jahren sind – was wirtschaftliche Dynamik und Tüchtigkeit anbelangt – Saint-Etienne und Grenoble an die Seite Lyons getreten. Textilbetriebe, chemische Industrien und Maschinenbau, Metallbranche und Elektronik gedeihen neben dem alteingesessenen Gewerbe der Waffen-, Räder- und Werkzeugfabrikation. Die Alpen, die wichtige Erholungsgebiete für den Tourismus abgeben, haben sich der Industrialisierung früher geöffnet als etwa das Gebiet um Saint-Etienne: Der Grund liegt im Bau von Wasserkraftwerken in Bergregionen.
Die Dauphiné und das 1860 an Frankreich gekommene Savoyen bilden sowohl im Sommer als auch zur Wintersaison beliebte Ausflugsziele für Touristen und Feriengäste. Namen wie Villard-de-Lans, Chamrousse, Alpe d'Huez, Val-d'Isère, Courchevel, Morzine, Megève, Saint-Gervais oder Chamonix sind sowohl den Skifahrern als auch den Alpinisten bestens vertraut. Die Thermalkurorte Thonon und Evian – beide am Südufer des Genfer Sees gelegen – locken im Sommer zahlreiche Kurgäste an, die sich nach Ruhe und Erholung sehnen.
Die Isère und ihr Zufluß Arly bilden das Grésivaudan, eine Längstalfurche, die einerseits Savoyen von der Dauphiné scheidet, andererseits aber auch den Zugang erleichtert in das Gebiet des Mont-Blanc, zur Meije, zum Gebirge der Tarentaise, zur Vanoise-Gruppe, zum Pelvoux-Massiv, zur Bergkette von Oisans und weiter südlich zu den Erhebungen im Gebiet von Queyras. Die wilderen französischen Südalpen entsprechen eher der Vorstellung, die man sich allgemein von einem abriegelnden Gebirgswall wie den Alpen macht.
Die landwirtschaftliche Tätigkeit in dieser schon auf den mediterranen Süden hin orientierten Gegend besteht hauptsächlich aus Viehzucht. Neuerdings lockt das Gebiet auch vermehrt die Touristen an, und zwar sowohl wegen seiner landschaftlichen Schönheiten (Verdon-, Daluis- und Cians-Schlucht) als auch wegen seines attraktiven Angebots für die Skifahrer (Serre-Chevalier, Super-Devoluy, Alos, Valberg).

Das Massif Central und Mittelfrankreich

Der Geologe Elie de Beaumont hat das Massif Central etwas überspitzt einmal den «abstoßenden Pol» Frankreichs genannt. Rauhes Klima und karge landwirtschaftliche Erträge sind für dieses Gebiet kennzeichnend. Die Flüsse verlassen das Zentralmassiv radial und speisen alle vier großen Ströme des Landes (auch die Loire, die hier entspringt). Mit Fug und Recht gilt daher das Massif Central als der Wasserspeicher Frankreichs. Eine landschaftliche Einheit bildet nur die Auvergne, eine Vulkanzone, deren Krater sich von der Kette der Puys bis zum Plomb du Cantal hinziehen. Sie sind von Hochebenen umgeben, die aus Basalt-Lavaschichten bestehen. Die Auvergne ist jedoch nicht nur ein Paradies für Vulkanforscher und Geologen: Hunderttausende von Touristen kommen hierher, um sich in den berühmten Thermalbädern von Royat, La Bourboule, Le Mont-Doré, Châtel-Guyon oder Vichy zu erholen. Zwischen dem Berggebiet und der fruchtbaren Ebene der Limagne liegt Clermont-Ferrand, das sich dem Fremdenverkehr mehr und mehr öffnet. Clermont-Ferrand ist die einzige wichtige Industrie- und Universitätsstadt der Region (Michelin-Werke).

Von der Natur schon mehr begünstigt zeigt sich das nordwestlich der Auvergne gelegene Limousin. Die aus kristallinem Gestein bestehende Hochebene von Millevaches ist ein für die Schafzucht geeignetes Heideland. Die für ihre Porzellanindustrie berühmte Hauptstadt der Region, Limoges, ist in stetem Wachstum begriffen, und die Stadt Aubusson, deren Teppichweberei seit Jahrhunderten in hohem Ansehen steht, bildet einen Anziehungspunkt für Liebhaber kunsthandwerklicher Erzeugnisse und für Touristen.

Die Mittelmeerküste und Korsika

Von der italienischen Riviera bis zur spanischen Grenze zieht sich entlang der französischen Mittelmeerküste ein Gürtel verschiedenartiger Provinzen, die alle das südliche, mediterrane Klima gemeinsam haben. Das Roussillon ist ethnisch ein Teil Kataloniens und gehörte im Mittelalter zum Königreich Aragonien; Perpignan war eine Zeitlang sogar Hauptstadt des Königreichs Mallorca, wovon das Schloß der mallorquinischen Könige in dieser Stadt heute noch zeugt.

Das Schloß von Salses, die Zitadelle von Mont-Louis, die Befestigungsanlagen von Villefranche-de-Conflent, das alte Schloß und die Forts von Collioure – sie alle zeugen von der strategischen Bedeutung, welche diese «französische Pforte» für die Mittelmeervölker besaß.

Ohne Übergang reiht sich an die verschwenderische Fülle der Ebene um Perpignan die wilde Pracht der Aspres und der Monts-Albères. Vom Gipfel des Canigou aus, des «Olymps» Französisch-Kataloniens, der bis zum Frühjahr seine Schneekrone bewahrt, lassen sich alle Gebiete des Départements Pyrénées-Orientales erblicken oder wenigstens erahnen. Auf felsigem Grund erheben sich zwischen Olivenbäumen, Steineichen und wohlriechendem Gestrüpp die oft erstaunlich gut erhaltenen Zeugen romanischer Kunst: die großen Abteien von Saint-Martin-du-Canigou, Arles-sur-Tech und Saint-Mi-

An der Westküste Korsikas vermischt sich der Duft von Macchia und Garrigue mit der mittelmeerischen Brise. Er würde Korsika allein an seinem Duft erkennen, sagte Napoleon von seiner Heimatinsel.

chel-de-Cuxa, die Einsiedeleien und Prioratskirchen von Serrabonne und Marcevol, die Kathedralen von Elne und Perpignan.
Auf beiden Hängen der Ostpyrenäen – auf französischer wie auf spanischer Seite – lebt das gleiche katalanische Volk. In Frankreich bildet es eine der sieben anerkannten Minderheiten.
Das Languedoc wurde vor etwa hundert Jahren in eine riesige Rebfläche verwandelt, die hier und da von Gemüsegärten, Obstkulturen und Getreidefeldern unterbrochen ist. Dadurch soll der stark auf den Weinbau spezialisierten Bevölkerung Gelegenheit zu landwirtschaftlicher Umschulung gegeben werden. Zwar sind die Weingebiete weitläufig und fruchtbar, jedoch von unterschiedlicher Qualität. Aber die Städte Carcassonne (mit der großartigsten mittelalterlichen Befestigungsanlage Europas), Béziers und Narbonne sind für den Weinhandel nach wie vor von größter Bedeutung; die drei Départements Aude, Hérault und Gard bestreiten mit mehr als 350000 ha Rebfläche über die Hälfte der Weinproduktion Frankreichs.
Montpellier ist Regionalhauptstadt von Languedoc-Roussillon, und es scheint, als ob den Bemühungen um Wiedereinführung der wohlklingenden Langue d'oc sowie den Forderungen nach Erhaltung des okzitanischen (provenzalischen) Sprachgutes hier mehr Nachdruck verliehen würde als andernorts. Zweifellos hat das Ansehen als Hauptstadt des Départements Hérault sowie als Universitätsstadt das wirtschaftliche Wohlergehen von Montpellier gefördert. Heute befindet sich hier der Sitz verschiedener Industriezweige, Verwaltungen und Dienstleistungsbetriebe. In dieser Funktion wetteifert Montpellier mit Nîmes, der alten Römerstadt mit ihren prächtigen Zeugen einer stolzen Geschichte, die von unzähligen Touristen bewundert werden. Die Feriengäste finden längs der Bucht des Languedoc eine leistungsfähige, moderne Infrastruktur vor, namentlich in Port-Leucate, Barcarès, Valras, Cap d'Agde und Palavas.
In der Gegend von Sète liegt an der Küste das wichtigste Industriezentrum des Languedoc: die Erdölraffinierien von Frontignan. Die aus Kalkstein bestehenden, dem Wind ausgesetzten Hochebenen der Causses eignen sich für die Schafzucht ebenso wie die rauhen Cevennen. In diesem Ausläufer des Massif Central fanden zur Zeit Ludwigs XIV. zahlreiche Hugenotten (sogenannte Kamisarden) Zuflucht.
Im Mündungsgebiet der Rhône liegt die Camargue. Von den Armen des Deltas begrenzt, bildet sie eine Sumpfebene: Hier sind noch Herden halbwilder Stiere und Pferde anzutreffen, die von berittenen Hirten bewacht werden. Die Camargue beherbergt ein Schutzgebiet von 18000 ha, eines der größten Tierreservate Frankreichs, mit Massen von Enten, Reihern und Flamingos. Wichtige Einnahmequellen sind die ausgedehnten Reisfelder und das Gastgewerbe in historischen Städten wie Arles oder an den Mittelmeerstränden wie in Saintes-Maries-de-la-Mer.
Die Zentren der Eisen- und Erdölindustrie längs des Golfe de Fos und des Etang de Berre lassen bereits die Nähe von Marseille spüren, der Hauptstadt der Region Provence-Côte d'Azur, zugleich wichtigster französischer Hafen und größte Industrieballung Südfrankreichs. Am Vieux Port, dem Ausgang der Canebière, der großen Hauptader, treffen sich zur Aperitifzeit Seeleute aus aller Welt.
Mit magischer Anziehungskraft lockt die Sonne die Touristen an die Côte des Maures und an die aus rotem Gestein bestehende Côte de l'Estérel. Im Landesinnern läßt sie die Gemüsekulturen und den Wein vortrefflich gedeihen. In Cavaillon wachsen Melonen, in Châteauneuf-du-Pape lohnt es sich, den Rotwein zu kosten, und in Avignon blicken die Rebsorten, aus denen der bekömmliche Rosé de Provence gepreßt wird, sicher auf ein ehrwürdigeres Alter zurück als das Wahrzeichen der Stadt, die im Lied («Sur le pont d'Avignon...») besungene Brücke. Der Rosé wird stets kühl getrunken, etwa auf der Café-Terrasse eines Dorfplatzes im Schatten von Platanen. Dabei kann man vielleicht noch den Männern zuschauen, die in der Nähe des lärmenden und farbenfrohen Marktes eine Partie Pétanque (die südfranzösische Variante des Boccia) spielen. Die südliche Mentalität voller Gesang und Poesie prägt hier den ganzen Lebensrhythmus, und zwar sowohl in den historischen Städten wie Aix-en-Provence als auch in den Industriezentren wie Marseille, La Ciotat oder Toulon. Sie schafft eine Atmosphäre, die zahlreiche Feriengäste an die Côte d'Azur zieht.
Wenn das Stichwort «Côte d'Azur» fällt, verbindet jeder damit bestimmte Assoziationen wie etwa Cannes und seine Festivals, Antibes, Juan-les-Pins, Grasse, bekannt für Parfums und Blumen, das weltbekannte Spielkasino von Monte Carlo, Menton usw. Am Fuß der Seealpen-Ausläufer an der Baie des Anges gelegen, stellt Nizza die größte Bevölkerungskonzentration an der Côte d'Azur dar. Wenn auch infolge des hohen Rentnerzustromes Nizza die höchste Alters- und Sterblichkeitsquote von ganz Frankreich aufweist, so läßt sich doch andererseits festhalten, daß Niederlassungen von Spitzenindustrien (Elektronik), eine berühmte Universität, ein Hafen mit lebhaft frequentierten Verbindungen nach Italien und Korsika sowie ein internationaler Flughafen dem ganzen Gebiet wichtige Impulse verleihen.
Wer sich als Tourist vom Meer her der Insel Korsika nähert, dem fällt als erstes der zerklüftete rote und ockerfarbene Fels auf, der – wie beispielsweise die Klippen von Piana – steil ins kobaltblaue, kristallklare Wasser abfällt. Die ganze Fülle mediterraner Flora findet sich auf Korsika vereinigt, so daß schon Napoleon gesagt hat, er würde seine Heimat allein an ihrem Duft erkennen. Geißblatt, Stechapfel,

◁ Zwischen magere Gebüsch- und Baumgruppen eingebettet, behauptet sich dieses alte Dorf der Ile-de-France gegen die monströsen Betonkonstruktionen. Ist dies nur eine Schlafstadt und Herberge für die Langeweile öder Sonntage? Oder zeichnet sich hier vielmehr die Suche moderner Franzosen nach einer alternativen Lebensgestaltung ab? Jedenfalls vermehren die staatlichen Behörden die Anzahl der neuen Siedlungen und versehen sie mit Einrichtungen, die in die Zukunft weisen. Hierin gleichen sie den Fürsten des Mittelalters, die sich als Städtegründer hervortaten.

Lange vor der industriellen Revolution des 19. Jahrhunderts prägte die Bevölkerung des Nordens ihren besonderen Charakter aus, der sich einmal in der beachtlichen Fähigkeit äußerte, Anstrengungen auf sich zu nehmen, aber auch in der Lebensfreude. Der Karneval von Liévin mit seinen Gilles (Narren), die auf dem Kopf den Federbusch tragen und ihre Schellen ertönen lassen, bietet Gelegenheit zu fröhlichen Eskapaden. Bier und Wacholderschnaps fließen in Strömen. Der Fastnachtsbrauch der Gilles ist übrigens auch im benachbarten Belgien anzutreffen.

Mit dem freundlich hellen Gras kontrastieren die dunklen, einsamen Höhen des alten Vogesengebirges. Aus dem Dunkelgrün seiner Tannen und Buchen steigt Nebel empor. ▷

Winzer bei der Arbeit (Pont-Mirabeau). Generationenlanger Fleiß hat die französische Kulturlandschaft zu dem gemacht, was sie heute ist; allein schon die geographische Verbreitung und die Sortenvielfalt der französischen Reben lohnen ein gründliches Studium. ▷▷

Rosmarin, Lavendel, Erdbeerbäume mit ihren charakteristischen korallenfarbenen Früchten, riesige Heidekrautstauden und Macchia verbreiten ihre Wohlgerüche über die ganze Insel. Das Küstengebiet von Korsika besteht im Westen aus vom Meer verschlungenen Tälern (Rias). Ajaccio ist die Hauptstadt dieser nur schwach industrialisierten Insel, deren magere Einnahmequellen der Ackerbau, die Schaf- und Ziegenzucht und vor allem das Gastgewerbe bilden. Die Ostküste ist weniger zerrissen und dafür mit Aufschüttungsebenen ausgestattet wie jener von Aléria, die an das Bas-Languedoc erinnert.
Korsika besteht jedoch nicht nur aus dem Küstengebiet, das dem normalen Touristen in erster Linie vertraut ist: Wer einen Abstecher ins Innere unternimmt, dem erschließen sich die schroffen Gebirgslandschaften der Insel. Hier haben sich in früheren Zeiten die «Verbrecher aus verlorener Ehre» verborgen, denen der Dichter Mérimée seine Achtung gezollt hat. Heute bildet das Hinterland den Zufluchtsort der Autonomisten, die vom Charakter her den Bretonen und Basken ähnlich sind. Diese klimatisch rauhe Gegend des östlichen Gebirges liefert ein typisches Beispiel für die Höhenstufung verschiedener Vegetationstypen: Macchia, Reben, Olivenbäume und Korkeichen werden von Kastanienbäumen und harzreichen Buchen abgelöst. Weiter oben geht der Wald in Weideland über, und den Abschluß bilden kahle Gipfel, die sich in eiskalten Bergseen spiegeln. Die höchste Erhebung Korsikas ist der Monte Cinto (2707 m). Corte, im Herzen der Insel, war früher die Hauptstadt.

Der Südwesten bis zu den Pyrenäen

Schon den römischen Kolonisatoren kam das fruchtbare Aquitanische Becken, das sich zwischen Atlantik, Massif Central und Pyrenäen erstreckt, wie ein wahres Schlaraffenland vor. Häufig wird das Gebiet seines gemäßigten, feuchtwarmen Klimas wegen auch «Ozeanischer Süden» genannt. Die Bezeichnung «Aquitanien» leitet sich zwar von den iberischen Aquitanern her, doch könnte man sie durchaus als «Land der Gewässer» interpretieren: Südwestfrankreich ist von einem großen Wassernetz durchzogen, das von der Garonne und ihren Nebenflüssen gebildet wird, die wie die Linien eines Kraftfeldes ausgerichtet sind. Im Mittelalter und im 18. Jahrhundert erfreute sich Aquitanien eines blühenden Handels. Später führten industrielle Unterentwicklung und Abwanderung zu einer langen Periode wirtschaftlicher Stagnation, von der sich das Gebiet heute allmählich zu erholen scheint. Wichtige Zentren des Aufschwungs sind die miteinander wetteifernden Städte Toulouse und Bordeaux, die ihre Spitzenindustrien (Elektronik, Flugzeugbau und Chemie) immer weiter ausbauen. Früher hingegen waren die beiden Städte wegen ihrer

Randlage – immerhin liegen die Pyrenäen und das benachbarte Spanien in unmittelbarer Nähe – lange Zeit gegenüber den anderen Regionen Frankreichs benachteiligt.
Bordeaux, ehemals unter englischer Herrschaft und Hauptort von Aquitanien (oder Guyenne, wie Aquitanien seit dem Mittelalter hieß), zählt zu den schönsten und ansehnlichsten Städten Frankreichs. Das Tor Grosse-Cloche, die Kirche Saint-Michel und die Abtei Sainte-Croix gehören zu den bekannten Sehenswürdigkeiten. Besonders berühmt sind jedoch die Zeugnisse des 18. Jahrhunderts, wie etwa die Place de la Bourse, die Place des Quiconces und die Allées de Tourny.
Seinen Wohlstand hat Bordeaux vor allem dem Wein zu verdanken, dem «Claret», der schon dem Herrschergeschlecht der Plantagenets (jenen Angehörigen des Hauses Anjou, die gleichzeitig Könige von England waren) vortrefflich mundete.
Für den Besucher der Weingebiete ist Bordeaux ein geradezu idealer Ausgangspunkt: Das 40 km von Bordeaux entfernte Städtchen Saint-Emilion, von Schutzwällen umgeben, birgt zahlreiche romanische Kirchen und weltberühmte Keller, wo auf den Genießer ein edler Tropfen wartet. Von Saint-Emilion aus erreicht man in kürzester Zeit das Périgord und die Kalksteinplateaus der Region von Quercy im Norden Aquitaniens. Hier wachsen Kastanienbäume und Eichen, unter denen die Schweine die Périgord-Trüffeln hervorscharren, mit denen die Gänseleberpastete verfeinert wird. Die malerischen, lieblichen Täler der Flüsse Vézère und Lot mit ihren prähistorischen Höhlen (u. a. Cro-Magnon, La Madeleine, Le Moustier, Lascaux) und den Schlössern eröffnen den Zugang zum Périgord. Diese Region ist besonders für ihre Gastronomie berühmt.
Nicht weniger anziehend und daher lohnend für den Touristen sind das Weinbaugebiet Entre-Deux-Mers, die Ufer der Gironde – des Mündungstrichters der Garonne – oder das Médoc (Saint-Estèphe, Château Margaux, Château Laffitte).
Von hier ist es nicht mehr weit zur Ebene der Landes, einem der großen Waldgebiete Europas, die sich längs des Atlantik an der Côte d'Argent hinzieht. Im Unterschied zu den Lagunen (étangs) ist die Bucht von Arcachon zum Atlantik hin offen. Tourismus und Austernzucht bilden die Haupteinnahmequellen dieses riesigen Gebiets mit seinen Wäldern, Stränden und Sanddünen. In der Düne von Pilat, der höchsten Europas, besitzen die Landes eine Kuriosität ganz besonderer Art.
Weiter südlich beginnt das Baskenland mit den Kurorten Biarritz, Saint-Jean-de-Luz und Hendaye. Als altes Volk von umstrittener oder zumindest unklarer Herkunft mit einer ebenso rätselhaften Sprache haben die Basken – oder Euskaldunak, wie sie sich selbst nennen – eine starke Bindung an ihre

Wie auch die hauptsächlichen Tätigkeiten ihrer Bewohner, so ist auch das Aussehen der Dörfer in den verschiedenen Regionen mannigfaltig: Gujan-Mestras in der Gironde ist auf Austernzucht spezialisiert (unten), Riquewihr im Elsaß auf den Weinbau (rechts oben), während Château-Queyras in den Alpen von der Weidewirtschaft lebt (rechts unten).

Tradition und Kultur. Da französische und spanische Basken rege Kontakte unterhalten und militante Separatisten gern auf französischer Seite Unterschlupf suchten, waren die diplomatischen Beziehungen zwischen beiden Staaten zuweilen etwas gespannt.
Das Pelotaspiel und die Tänze gehören zu den typisch baskischen Volksbräuchen. Baudenkmäler hingegen fehlen in dieser Region fast gänzlich. Dafür gibt es im Baskenland viele prächtige Wohnhäuser (Etxe), worauf die Bevölkerung mit Recht besonders stolz ist.
Im Osten liegt die Landschaft Béarn, die dank den Erdgasvorkommen von Lacq in den letzten dreißig Jahren wichtige wirtschaftliche Veränderungen erfahren hat und sich zum Industriegebiet entwickeln konnte (allerdings gehen diese Gasreserven bald zur Neige).
Die Quertäler von Bigorre, Comminges und Ariège künden schon die Pyrenäen an, gegen die das Béarn im Süden ansteigt. Die Fäden des französischen Pyrenäengebiets laufen in Toulouse, an der Garonne, zusammen. Zu den Sehenswürdigkeiten dieser ehemaligen Hauptstadt des Königreichs Aquitanien zählen das Hospice de la Grave, die Kirche Saint-Sernin und die Dominikanerkirche (Eglise des Jacobins). Als intellektueller Mittelpunkt, Wirtschafts- und Industriezentrum ist Toulouse in vollem Wachstum begriffen. Auf ihre Umgebung sowie das benachbarte Département Tarn, beides bedeutende Agrargebiete, übt die Stadt eine ungebrochene Ausstrahlungskraft aus.
Südlich von Toulouse, mitten in den Pyrenäen, liegt das Tal von Comminges. Hier, am Fuße des prächtigen Maladeta-Massivs, befinden sich die Heilquellen von Luchon. Etwas weiter unten führt eine kurvenreiche Bergstraße nach Saint-Bertrand-de-Comminges, eine auf Pompejus zurückgehende Römerstadt. Dort steht inmitten einer Landschaft von fast toskanischer Schönheit ein Kloster. Dieses Meisterwerk romanischer Baukunst bildet das Gegenstück zur benachbarten Kathedrale, die wegen ihrer reichen Pracht als die schönste Kirche Südfrankreichs gilt.
In der Nähe der Hochebene von Lannemezan liegt die Landschaft Bigorre, ein Viehzuchtgebiet mit Seen, hohen Bergen und engen Tälern, an deren Ende sich von Gletschern geformte Talzirkusse befinden. Der «Cirque de Gavarnie» hat märchenhaft schöne Wasserfälle. Das Département Hautes-Pyrénées ist für seine Heilquellen berühmt, namentlich Cauterets, Bagnères und Barèges. Zahlreiche Wasserkraftwerke dienen der Stromversorgung; auf 2876 m Höhe steht das Observatorium des Pic du Midi.
Weiter östlich schließt sich das Foix mit dem Ariège-Tal an. Von dort gelangt man zur Republik Andorra, nach Katalonien und an die französische Mittelmeerküste.

Zur Entstehung des französischen Nationalbewußtseins

Nach den Umrissen des Landes zu schließen, war Frankreich von den geographischen Voraussetzungen her auf eine zentralistische Staatsform hin angelegt. Schon früh zu einer Nation zusammengefaßt, entwickelten die Franzosen eine auf geschichtlicher Tradition beruhende Eigenständigkeit. Das Streben nach Einheit, das die sich auf französischem Boden begegnenden Völker keltischer, romanischer und germanischer Herkunft zusammenschweißte, hat jedoch neben dem Blutzoll des einfachen Volkes auch den Preis einer übermäßigen Zentralisierung gefordert. Nichts bestimmte dieses Land von vornherein dazu, sich als unteilbar zu definieren, wie es seine republikanischen Verfassungen verkünden. Die regionalen, nach Autonomie strebenden Bewegungen haben diese Definition nie akzeptiert. In der Tat wurde Frankreich aus einem Konglomerat historischer Gegebenheiten und durch den Willen seiner Herrscher geformt. Im Gegensatz zu den meisten Ländern ist es hier der Staat, der zur Nation wurde, nicht umgekehrt. Heute versuchen die Franzosen, eher die Ideale der revolutionären Tradition von Freiheit, Gleichheit und Brüderlichkeit wieder zu betonen als die «République une et indivisible».

«Douce France» – ein Land, das sowohl durch die Gaben der Natur als auch durch das Werk seiner Bewohner zu Harmonie und Wohlstand gelangt ist – aber auch ein Land, dessen lange Geschichte durch Kriege, Revolutionen und Einbrüche fremder Völker gezeichnet ist: Die Einheit Frankreichs mußte während 2000 Jahren teuer bezahlt werden.

«Unteilbares Frankreich», eine mehr als nur abstrakte Idee, eine Vorstellung, die die meisten Franzosen nicht preisgeben wollen, über die regionalen Unterschiede hinweg. Etwas von dieser Idee spürt man am 14. Juli, dem Nationalfeiertag, noch unmittelbar, wenn ältere Leute, die auch die Weltkriege erlebt haben, der Toten gedenken, die für die Heimat gefallen sind. Symbol all dieser Kriegsopfer ist das Grabmal des Unbekannten Soldaten.

Was ist von diesem Patriotismus aber sonst noch geblieben, am Ende des 20. Jahrhunderts, nach zwei zerstörerischen Weltkriegen und dem Verlust eines Kolonialreichs, angesichts der Bedrohung durch eine atomare Totalzerstörung und der «Internationalisierung» der Probleme? Wieviele junge Leute der «68er Generation» wären wohl noch bereit, sich für die nationale Einheit aufzuopfern? Wieviele Jugendliche in Jeans und Rollkragen vermag die Marseillaise noch zu ergreifen, bei deren Klang einst die Andächtigen ihre Haltung strafften?

In diesem Zusammenhang ist die Feststellung interessant, daß François Mitterrand, der neue Staatspräsident, sich unmittelbar nach seiner Wahl zum Pantheon begab, um den großen Toten der Vergangenheit die Ehre zu erweisen. Und auch im Jahre 1981 war es noch die alte Nationalhymne, der an der Rue Soufflot bei strömendem Regen viele Franzosen lauschten, die dieses Ereignis ihrer Teilnahme wert fanden.

Offenbar sind auch die Generationen der Nachkriegszeit jener Empfindung, die diese Volksmenge erfüllte und die man Nationalgefühl nennen könnte, noch verbunden geblieben.

Die Revolution vom Mai 1968 verhalf neuen Ideen und Denkweisen zum Durchbruch. Der Mai 1981 war das Echo der neuen Botschaft, die – ganz unabhängig von politischen Vorurteilen – davon zeugt, wie sehr sich die Sprache Frankreichs verändert hat. Eine junge Generation versteht die alten schematischen Begriffe wie Hierarchie, Konservatismus, Individualismus, Zentralisierung und paragraphengetreue Auslegung des Gesetzes nicht mehr, weil sich auch die französische Wirklichkeit geändert hat. Die jungen Franzosen sind heute aufgeschlossener gegenüber Fragen wie der Achtung der individuellen Freiheit im weitesten Sinn, des Kampfes gegen die Entfremdung innerhalb einer oft neurotisch anmutenden Welt oder der Gerechtigkeit zum Beispiel im sozialen Bereich oder im Bildungswesen. Die Jugendlichen wollen heute Politik umfassend verstehen, so daß fast alles dazugehört, und

Welche Gegend Frankreichs kann von sich behaupten, ihre Bewohner verkörperten am reinsten den französischen Typus? Niemand würde es heute wagen, diese Frage zu beantworten, weil gerade die regionale Vielfalt ein Hauptmerkmal des Landes ist. Das hinderte die Regierungen nicht daran, Frankreich nach dem System eines extremen Zentralismus aufzubauen. Anders als in den meisten andern Ländern hat hier der Staat, der am Anfang das Gebilde einiger mächtiger Persönlichkeiten war, die Nation hervorgebracht.

◁ Die hohen Gipfel der Meije erglänzen im ewigen Schnee – ein Panorama, das so unberührt erscheint wie am ersten Tag.

wollen den Sinn der von ihnen verlangten Opfer erkennen. Deshalb werden sie dazu angespornt, sich weiterzubilden und zu versuchen, die Funktionsweise der Institutionen zu begreifen, und zweifellos kommt das französische Nationalgefühl heute nicht nur in der Landesverteidigung zum Ausdruck, sondern ebensosehr im Bildungswesen. Es werden nicht mehr die gleichen Kämpfe ausgetragen wie früher; dementsprechend ist die französische Wirklichkeit auch nicht mehr bei den Bajonetten zu suchen, vielmehr lebt sie im Innern des Landes fort als soziale, politische und auch kulturelle Aufgabe. Je nach ihrem Bildungsgrad sind die Franzosen mehr oder weniger empfänglich für die Werte, die aus der französischen Geschichte erwachsen sind.

Die Franzosen: ein 54-Millionen-Volk

Gegenwärtig zählt das französische Volk mehr als 54 Millionen Menschen; im Jahr 2000 dürfte die Bevölkerungszahl 57 Millionen betragen, und dann wäre nur etwa jeder hundertste Bewohner der Welt französischer Herkunft. Zur Zeit ist dies noch jeder achtzigste Erdbewohner, Ende des 18. Jahrhunderts war es sogar noch jeder dreißigste. Im Zeitraum von 1850 bis 1945 stellte sich ein rückläufiges Bevölke-

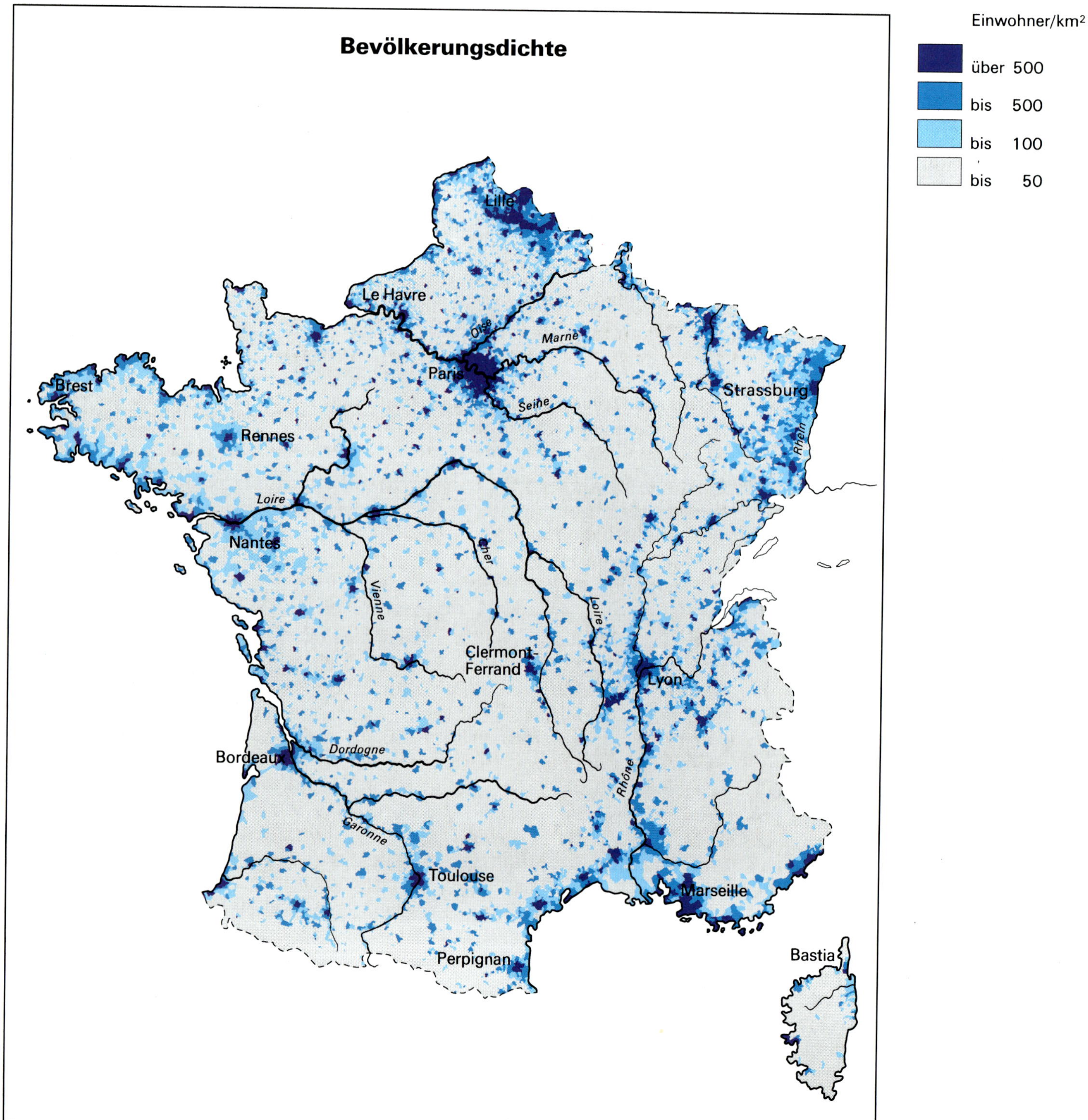

rungswachstum ein, was die Psyche des französischen Volkes tief geprägt hat. Auch ist die Bevölkerungsdichte, verglichen mit anderen europäischen Staaten, in Frankreich relativ gering: 97 Bewohner pro Quadratkilometer gegen 332 in Holland, 248 in der Bundesrepublik Deutschland, 229 in Großbritannien, 103 in Portugal.

Bemühungen um eine Hebung der Geburtenziffer gehen bereits auf den «Code de la Famille» von 1939 zurück. Während der dunklen Kriegsjahre trugen Appelle der Behörden zur Steigerung der Geburtenfreudigkeit bei. Die zurückkehrenden Kriegsgefangenen wurden von General de Gaulle 1945 quasi moralisch verpflichtet, in den darauffolgenden zehn Jahren 10 Millionen Kinder zu zeugen. Sein Aufruf verhallte nicht ungehört, nahm doch die Zahl der Franzosen fortan beschleunigt zu. Dieser Aufschwung hing zweifellos auch mit Fortschritten auf dem Gebiet der Medizin zusammen. Begünstigt wurde der neue Baby-Boom der Nachkriegszeit zudem durch den Ausbau der Sozialversicherung und die Einführung von Familienzulagen.

Allerdings ist seit 1964 wieder eine Senkung der Geburtenziffer zu verzeichnen, was sich ganz besonders von 1972 bis 1975 ausprägte. Diese Entwicklung scheint nun zum Abschluß gekommen zu sein, denn die Jahre 1979 und 1980 konnten wieder leicht erhöhte Ziffern aufweisen. Um diesen Trend aufrechtzuerhalten, sind Anfang der achtziger Jahre soziale Maßnahmen zugunsten einer aufbauenden Familienpolitik getroffen worden.

Ursprünglich ein ausgesprochenes Agrarland (vor hundert Jahren lebten noch zwei Drittel der Bevölkerung in Gemeinden mit weniger als 1000 Einwohnern), hat sich Frankreich inzwischen zur städtischen Nation entwickelt. Allerdings ist die Verstädterung noch nicht so weit fortgeschritten wie in den Nachbarländern Großbritannien und Deutschland, die früher industrialisiert wurden als Frankreich. Trotz einer deutlichen Verlangsamung der hundertjährigen Abwanderungsbewegung, welche Mittelaquitanien, das Massif Central, den Osten und die Berge Südfrankreichs ihrer Bauernbevölkerung zu einem beträchtlichen Teil beraubt hat, bewohnen heute etwa drei Viertel aller Franzosen die Städte der Küsten- und Industriegebiete. Allerdings ist die Bevölkerung sehr ungleich verteilt. Große Bevölkerungsdichte finden wir lediglich in den Industrieregionen (Norden, Paris, Lyon) und in den Landwirtschaftsgebieten mit Spezialkulturen. Zum Teil ist das Bevölkerungswachstum auch auf die Zuwanderung zurückzuführen. Am 1. Januar 1981 lebten 4147978 Ausländer in Frankreich. Es ist jahrhundertealte französische Tradition, Flüchtlinge und Verfolgte aufzunehmen und ihnen Asyl zu gewähren. Dabei spielen allerdings auch wirtschaftliche Gründe eine Rolle. Gewiß kann man die erbärmlichen Lebensbedingungen nicht wegleug-

Lieben die Franzosen den nationalen Pomp? Dies läßt sich nicht einfach mit Ja oder Nein beantworten. Von «gar nicht» bis «leidenschaftlich» können alle Antworten richtig sein. Die jungen Bürger tragen heute kaum mehr die Nationalfarben, wie es bei ihren Vorfahren noch Sitte war. Dagegen bleiben sie durchaus empfänglich für das, was man Nationalgefühl im positiven Sinne nennen könnte.

Versammlung zum Rajal del Guorp auf dem Larzac-Plateau (Massif Central). Die Anliegen der verschiedensten Gesinnungsgruppen haben aus diesen Zusammenkünften einen Mythos gemacht: Umweltschützer, Kämpfer für den Frieden, Antimilitaristen, Anarchisten und Feministinnen treffen sich hier. ▷

nen, unter denen die Einwanderer aus den Maghreb-Staaten und aus Schwarzafrika leiden, die in ihren Barackensiedlungen hausen, und ebensowenig die Tatsache, daß diese Leute oft Opfer rassistischer und chauvinistischer Tendenzen sind, die von gewissen politischen Strömungen geschürt werden. Andererseits trifft aber auch zu, daß in hundert Jahren mehr als 5 Millionen Zuwanderer in den französischen Staat integriert wurden und daß diese ein Zehntel seiner Bevölkerung ausmachen.

Wer sich in der Ausländerfrage ohne Vorurteile und mit ein klein wenig Objektivität um die Wahrheit bemüht, muß der französischen Gesellschaft eine große Fähigkeit attestieren, Fremdes zu assimilieren. In dieser Hinsicht bildet Frankreich – wie die Vereinigten Staaten – eine Art Schmelztiegel. Zwischen den beiden Weltkriegen vermischten sich Italiener, Spanier, Belgier, Russen, Polen und mitteleuropäische Juden, ein Vorgang, der nicht nur politisch von Bedeutung ist, sondern auch dem intellektuellen Leben frisches Blut zugeführt hat. Frankreich hat die Freunde Bakunins, es hat Lenin und antizaristische Gruppen aufgenommen. Später folgten dem Sowjetregime feindlich gesinnte Russen, spanische Republikaner, Amerikaner, die nicht in den Vietnamkrieg einrücken wollten, Flüchtlinge aus Chile, Argentinien, Kambodscha, aus Zaire und aus der Tschechoslowakei. So bleibt Frankreich seiner alten Tradition treu, die in der Verfassung von 1793 in die Worte gefaßt wurde: «Das französische Volk nimmt die aus ihrer Heimat verbannten Freiheitskämpfer auf. Es verweigert dagegen das Asylrecht den Tyrannen.»

Da das Land im Ersten Weltkrieg viele junge Leute verloren hatte, diente die Einwanderung über Jahrzehnte hinweg auch dazu, das Bevölkerungsdefizit auszugleichen (in der niedrigen Besiedlungsdichte liegt übrigens ein Grund dafür, daß die Franzosen nur selten auswandern und nicht besonders darauf erpicht sind, im Ausland Fuß zu fassen).

Die Französinnen und Franzosen gehören einem kritischen Volk an, dessen Alltagsleben, Glück, melancholischer Charme und Hang zur Geselligkeit jahrhundertealte Wurzeln hat.

Eine Nation mit langer Geschichte

Der Ursprung der französischen Nation und die Herkunft des französischen Volkes waren bis in die jüngste Vergangenheit jedem ABC-Schützen klar, ob er nun aus der Auvergne, der Bretagne, der Provence stammte oder auf den Antillen oder dem im Indischen Ozean gelegenen Réunion zur Schule ging. In den Lehrbüchern stand es schwarz auf weiß geschrieben: «Unsere Vorfahren sind die Gallier.» So einfach war die Sache nun aber doch nicht. Gewiß war Gallien, wenn man das Rad der Geschichte zurückdreht, ein Vorläufer des heutigen Frankreich. Aber neuere Forschungen haben ergeben, daß das Land mit seinen breiten und offenen Tälern von den verschiedensten Völkern durchwandert und besiedelt wurde. Die leichte Zugänglichkeit begünstigte denn auch seit Menschengedenken Völkervermischungen.

Der «älteste Europäer»

Von einem einheitlichen französischen Typ oder gar einer französischen Rasse zu sprechen wäre abwegig. Man tut besser daran, in den Franzosen ein Volk zu sehen, das von einem Zusammengehörigkeitsgefühl geprägt ist, einen klar begrenzten Fleck Erde bewohnt und durch gemeinsame Bräuche und Institutionen zu einer Einheit verbunden ist.

Verweilen wir jedoch ein wenig bei jenen Urahnen, die das Land gerodet haben. Mit Verwunderung stellen wir fest, daß viele Perioden der abendländischen Urgeschichte nach französischen Gegenden bezeichnet worden sind: das Abbevillien (Abbeville), das Chelléen (Chelles), das Levalloisien (Levallois) usw. Erwähnenswert ist auch der sogenannte Urmensch von Tautavel in den Ostpyrenäen, der vor 400000 Jahren gelebt hat und somit als der weitaus «älteste Europäer» gilt. Freilich hat es vor ihm noch ältere Menschen gegeben, etwa den Java- und den Peking-Menschen. Im Vergleich zu diesen frühesten Menschen erscheint der Neandertaler, dessen Überreste sich in den Höhlen der Dordogne fanden, als ein uns sehr naher Verwandter: Einmal steht er uns zeitlich bedeutend näher (der Neandertaler von Le Moustier hat ein Alter von weniger als 100000 Jahren), zum zweiten gehört er mit dem

heutigen Menschen zu derselben Art *Homo sapiens*, während der Urmensch von Tautavel der älteren Art *Homo erectus* zugerechnet wird.
Im Eisenzeitalter, um das Jahr 1000 v.Chr., wurde Frankreich in die große Wanderbewegung einbezogen, die sich längs der Ufer großer Ströme wie der Seine, der Garonne und der Loire hinzog und sich vom Mittelmeer zum Atlantik bewegte.
Wir wissen fast nichts von den Völkern, die sich etwa seit 1000 v.Chr. allmählich miteinander vermischten und zusammen mit den keltischen Eindringlingen aus Mitteleuropa die Grundlage der französischen Bevölkerung bildeten. Immerhin haben sie Zeugnisse ihrer Kultur hinterlassen, die eine besondere Faszination ausüben. Die Überreste aus dieser Epoche gehören zu den großartigsten Denkmälern Frankreichs, auch wenn sie nicht immer gebührend zur Kenntnis genommen werden. Der Grund dafür mag in der zeitlichen Entfernung liegen, die uns von den frühesten Vorfahren trennt, deren Spuren sich im Nebel der Urgeschichte verlieren.

Völkerwanderungen und Invasionen

Am Anfang der geschichtlichen Periode steht das keltische Volk der Gallier mit seinem berühmten König Vercingetorix. Dabei darf nicht übersehen werden, daß die Gallier (so wurden sie von den

Die bewundernswerte Vitalität der Kinder und Jugendlichen bleibt nicht ohne Wirkung auf die Mentalität dieses alten Landes, das der Erhaltung eines gesunden Nachwuchses viel Beachtung geschenkt hat und durch ihn laufend eine geistige Erneuerung erfährt.

Die ehrwürdige Institution der Ehe bleibt für die meisten Französinnen und Franzosen allen Gegenstimmen zum Trotz ein wichtiger Lebenswert: «Die Familie ist das natürliche und fundamentale Element der Gesellschaft und des Staates.» Wenn auch der Pfarrer oder Rabbiner den Lebensbund zweier Menschen segnet, so ist es doch der Bürgermeister, der ihn für rechtsgültig erklärt.

Römern genannt) ihrerseits schon auf eine lange Geschichte zurückblicken konnten. Auch muß man sich die Dimension des Landes Gallien bewußt machen. Dieses Gebiet war viel größer als das heutige Frankreich, weil es auch noch Belgien, Luxemburg, die Schweiz und Norditalien umfaßte.

In der Schule wird den kleinen Franzosen beigebracht, daß jene Leute ein für das Kriegshandwerk geborenes Volk waren, wild, undiszipliniert, große Pioniere und mit praktischem Sinn begabt, aber zersplittert und schlecht organisiert, was der Grund gewesen sei, weshalb Cäsar sie im Jahre 52 v.Chr. besiegen konnte.

Eine urwüchsige, lebenstüchtige Bevölkerung übernahm von der im Zenit stehenden römischen Zivilisation alle Erfahrungen, welche die Blüte des klassischen Altertums ausmachten. Während Jahrhunderten vermischten sich römisches und keltisches Kulturgut: Es entstand jene gallo-römische Zivilisation, von der das französische Volk so sehr geprägt wurde. Daneben hinterließen aber handfeste Realitäten tiefere Spuren, wie etwa die römische Verwaltung («Pax Romana») und der Bau von Städten, die untereinander und mit dem ganzen Reich durch ein Straßennetz verbunden waren.

Die Gallier übernahmen mit der lateinischen Sprache auch römische Vorstellungen, war doch zu dieser Zeit das Lateinische der Hauptvermittler geistiger Werte. Von entscheidender Bedeutung war, daß dadurch das römische Recht, dieser Mörtel abendländischer Kultur und Zivilisation, auf ein Volk übertragen wurde, das bisher nur mündliche Überlieferung gekannt hatte.

Von der keltischen Tradition blieb einzig und allein die Religion erhalten, mit den Druiden als Priestern. Nicht selten vermischten sich römischer und gallischer Kult, bis dann das Christentum die heidnischen Religionen verdrängte und im gänzlich romanisierten Gallien die Voraussetzungen für eine christlich inspirierte Literatur schuf.

Unter der langen römischen Besetzung wurde Gallien zu einem Hauptpfeiler des abendländischen Reiches, so daß bald derjenige, der Gallien beherrschte, auch Rom in der Hand hatte. Das Römische Reich brach zu dem Zeitpunkt zusammen, da Gallien die Eindringlinge nicht mehr abzuwehren vermochte. Der große Einfall der Germanen, vor allem im 5. Jahrhundert, war um so wirkungsvoller, als das Territorium im Nordosten keine natürlichen Grenzen besaß. Die Ost- und Westgoten siedelten sich im Süden an, Franken besetzten den Norden, die Burgunder und Alemannen den Osten und die aus England vor den Angeln und Sachsen geflüchteten Bretonen den Westen. Aber im Völkerwirrwarr dieser Zeit gab es auch die Alanen, die Hunnen unter Attila, die ursprünglich aus Asien gekommen waren, und die Wandalen, die schließlich in Nordafrika ein Reich errichteten.

Es ist erstaunlich, wie viele Bürger noch in den achtziger Jahren vor dem Pantheon, dem großen Mahnmal der Totenehrung, ihrem politischen Gefühl Ausdruck geben.

Auch die von Chlodwig gegründete fränkische Monarchie konnte den Völkersturm nicht bezähmen, vielmehr löste eine Invasion die andere ab. Sarazenenschwärme verübten Überfälle im Süden, und Lothringen erlebte einen Einfall der Ungarn. Bevor dieses Reich der Franken zu Frankreich wurde, befand es sich während Jahrhunderten in einem Zustand der Instabilität, der auch die despotische Merowingerherrschaft keine Abhilfe zu schaffen vermochte. Erst die Karolinger konnten sich behaupten, bis der Vertrag von Verdun im Jahre 843 aus dem riesigen Reich Karls des Großen drei Teilreiche entstehen ließ; das Westreich sollte zu Frankreich werden.

Die Einfälle skandinavischer Völkerschaften stürzten das Land nochmals in eine tiefe Krise (zerstörte Kirchen, Landschaften und Dörfer, Lähmung von Handel und kulturellem Leben), an der auch die Legitimierung der normannischen Niederlassung in der Normandie nichts zu ändern vermochte. Die französische Krone bildete lediglich die Spitze der Lehenspyramide, die große und kleine Herren umfaßte. Das Feudalsystem zersplitterte das Land erneut. Tausend Jahre nach der Entfaltung der gallo-römischen Kultur sah Frankreich politisch wie ein Mosaik aus, wobei die Vielfalt der Lehen und Grundherrschaften praktisch zwei Länder entstehen ließ, die sich – wie auch die entsprechenden Bewohner – voneinander unterschieden: Im Norden wurde die Langue d'oil gesprochen, im Süden dagegen die Langue d'oc. Verbindend wirkte die Kirche, die, wie vormals das gallo-römische Erbe, das französische Wesen prägte. Dabei verleitete ihre Unduldsamkeit zum Niedermetzeln der Katharer, der südfranzösischen Ketzer (Albigenser), und in den Kreuzzügen, die wesentlich von Franzosen aller sozialer Schichten getragen wurden, machte sich die geistige Gemeinsamkeit enthusiastisch stark.

Das einheitsstiftende Lilienbanner

Zur Zeit der Kapetinger, des Königshauses mit dem Lilienbanner, entstand in ersten Ansätzen (ab 987) so etwas wie eine französische Einheit. Den Kapetingern fällt also das historische Verdienst zu, den Zentralisierungsprozeß Frankreichs eingeleitet zu haben. Tatkräftig ins Werk gesetzt wurde dieses Bestreben von Königen wie Philipp II. August, dem Sieger der Schlacht von Bouvines (1214), und Ludwig IX. dem Heiligen, der als Anführer des letzten Kreuzzuges 1270 starb, jenem Herrscher, der als der größte christliche Monarch seiner Zeit galt. Zur geistlichen Autorität des Königtums gesellte sich die politische Macht über ein Reich, das fast die Ausdehnung des heutigen Frankreichs erlangte. Diese glanzvolle Entstehung eines einheitlichen Königreiches wurde nicht allein von politischen und militärischen Siegen begünstigt, sondern auch vom guten wirtschaftlichen Gedeihen des Landes.

Die Messen der Champagne, welche die Händler der ganzen Christenheit anzogen und Ende des 13. Jahrhunderts ihre Blütezeit hatten, waren im Mittelalter das wirtschaftliche Zentrum Europas. Zu dieser Zeit wurden auch die Universitäten gegründet wie die von Paris, die sich eines beachtlichen Ansehens erfreute – dies vor allem dank ihrer Verfassung, ihren Privilegien, ihrer Gliederung in Fakultäten, ihren Internaten für arme Studenten und ihren großen Lehrern wie Albertus Magnus, Thomas von Aquin, dem heiligen Bonaventura.
Der Name Philipps des Schönen (1268–1314) bleibt nicht nur mit dem Kampf gegen den Tempelorden und der babylonischen Gefangenschaft der Päpste in Avignon verbunden, sondern darüber hinaus auch mit seinem Ringen um die weltliche Souveränität innerhalb des eigenen Landes gegenüber dem theokratischen Universalitätsanspruch des Papstes. Anders ausgedrückt: Zu einer Zeit, da die Religion etwas Unumstößliches war, gab dieser König der französischen Einigung die Priorität vor der Einigung der Christenheit.
Anderthalb Jahrhunderte nach dem großen Abenteuer der Kreuzzüge wurde das französische Volk vor eine neue, noch tiefer greifende Herausforderung gestellt: die Machtansprüche der Engländer, die im Hundertjährigen Krieg (1339–1453) zurückgewiesen wurden. Mit dem Sieg über England verbindet sich das Schicksal der faszinierenden Jeanne d'Arc, die 1431 in Rouen verbrannt wurde.
Seit 500 Jahren hat das Mädchen aus Lothringen – die «Jungfrau von Orléans» – die Franzosen veranlaßt, ein wenig an Wunder und charismatische Retter zu glauben. Heinrich IV., Richelieu, Napoleon, Clemenceau, de Gaulle sind Persönlichkeiten, die ähnlich wie Jeanne d'Arc Frankreich in seinen schwersten Stunden neue, ungeahnte Wege eröffneten. Die Geschichte dieses Landes ist reich an Umbrüchen und Neuanfängen.

Komponenten französischen Wesens?

Es scheint, als ob der Franzose nur dann bereit ist, der Wahrheit ins Gesicht zu schauen, wenn er sich am Rande einer Katastrophe sieht. Einerseits ist er dann zu scharfer Analyse und Selbstaufopferung bereit, andererseits vertraut er sich gerne der Führung eines starken Mannes an. Diese Widersprüchlichkeit des französischen Wesens wird von manchen Schriftstellern und Beobachtern auf die vielen Komponenten zurückgeführt, aus denen das französische Volk entstanden ist. So verdanken die Franzosen angeblich der alten keltischen Grundlage ihre Neigung zum Individualismus und ihre Einbildungskraft, den Römern ihre Intellektualität, ihren Vernunftglauben, ihr Rechtsempfinden und ihren Ordnungssinn sowie den Sinn für die Form. Auf die Franken soll das konstruktive, methodische Denken zurückgehen, auf die Normannen der Unternehmungsgeist, die Abenteuerlust und die Initiative.
Dieser spielerische Versuch, den französischen Charakter zu definieren, zeitigt jedoch die verschiedensten Kontroversen. «Eure Nation», so hat beispielsweise Friedrich der Große festgestellt, «ist von allen europäischen die inkonsequenteste. Sie besitzt viel Geist, aber keine Fähigkeit zur logischen Ideenfolge. Diese Wesensart zieht sich durch die ganze Geschichte des Landes.» Für Chateaubriand sind die Franzosen «unruhig und flatterhaft im Glück, beharrlich und unbezwingbar als Gegner, für alle Künste begabt, innerhalb des Staates bis zum Exzeß kultiviert, grob und wild dagegen in politischen Auseinandersetzungen, wie ein Schiff ohne Ballast von ihren wilden Leidenschaften getrieben, heute in allen Himmeln, morgen im tiefsten Abgrund, für das Gute wie das Böse begeisterungsfähig».
Dieser letzte Gedanke deckt sich mit einer zeitgenössischen Aussage von Maria-Antonietta Macciocchi, einer Abgeordneten des Europäischen Parlaments, welche meint, daß vom Rassismus bis zu den Kolonialkriegen und zum Mai 1968 die Franzosen zu den Vorkämpfern für Gutes und Böses gehörten und daß alles, was bei ihnen geschehe, für ganz Europa tiefgreifende Wirkungen zeitige.
Zum Schluß sei noch André Gide mit seiner Bemerkung zitiert, daß in Frankreich – und nur in Frankreich – die Intelligenz stets geneigt sei, über das Gefühl und den Instinkt zu herrschen. Zweifellos hat diese Vorliebe für geistige Werte den Enthusiasmus der Franzosen für die italienische Renaissance gefördert.

Die zentralistische Monarchie

Das funkelnde politische Mosaik Italien – für Machiavelli Versuchsfeld der Politik, ein Land, wo alle Regierungssysteme angewandt wurden, wo Stätten der Kunst und der Kultur wie Florenz, Venedig, Mailand und Rom erstrahlten – vermochte die französischen Könige, Soldaten und Geistlichen zu bezaubern, aber nicht zu blenden. Freilich war die italienische Halbinsel eine Lehrmeisterin auf dem Gebiet der Kunst, und sie regte die Franzosen dazu an, ihre eigene Kultur und vor allem ihre eigene Sprache zu fördern. Die Verordnung von Villers-Cotterêts (1539) bestimmte, daß im ganzen Königreich sämtliche rechtlichen und zivilen Urkunden in französischer Sprache (statt in Latein) abzufassen seien. Das war von entscheidender politischer Bedeutung. Von ebensolcher Tragweite erwiesen sich ferner die Gründung des Collège de France und der Nationaldruckerei durch Franz I. sowie die Veröffentlichung des Manifests *Verteidigung und Darstellung der französischen Sprache* (1549) von Joachim du Bellay. So wie früher das Lateinische, erlaubte jetzt die französische Sprache Frankreich, seine Kräfte und Möglichkeiten voll zu entfalten. Zwar brachten die Reformation und die daran anschließenden Religionskriege eine neue Spaltung in «schlechte» und «gute» Franzosen, schließlich wurde aber die

Der wilde Heroismus der *Marseillaise* von Rude, jenes Hochreliefs am Arc de Triomphe, erinnert daran, daß im Namen des Vaterlandes einst Generationen von Bauern und Arbeitern ihr Blut freimütig für ihre Überzeugung opferten. Mehr als für die Freiheit, jenen von den meisten Regierungen strapazierten abstrakten Begriff, begeistern sich die jungen Franzosen heute für die Freiheiten. Diese haben indessen ein weniger pathetisches Gepräge: Dem persönlichen und alltäglichen Bereich zugehörig, zielen sie vor allem auf eine Verbesserung der individuellen Lebensqualität.

Treue zur Krone zu einem neuen Bindeglied zwischen den Parteien, was die Zentralisierung des Landes erleichterte.
Zur Stärkung der Zentralgewalt kam es aber vor allem durch den Geniestreich Heinrichs IV., nämlich seinen Übertritt zum Katholizismus und den gleichzeitigen Erlaß des Edikts von Nantes (1598), das den Protestanten eine relative Freiheit der Religionsausübung zubilligte. Es setzte nicht nur dem Bürger- und Religionskrieg ein vorläufiges Ende, sondern bescherte Frankreich auch die politische Eintracht. Es machte deutlich, daß die Franzosen wirklich das Volk eines einzigen Königreichs waren und daß dabei die religiösen Gegensätze – wenigstens theoretisch – kaum ins Gewicht fielen. Das Konglomerat der verschiedenartigen, aber nach einem Zentrum ausgerichteten Völker sollte sich mit der Bourbonenherrschaft verfestigen. Diese hatte ein absolutistisches und zentralistisches Gepräge und war auf Gebietseroberungen aus. Das Verhältnis zum Bürger kommt in der Forderung des Staates, daß persönliche Interessen denjenigen des Staates unterzuordnen seien, zum Ausdruck, so im *Politischen Testament* (1642) von Richelieu, der sich dort über die Undiszipliniertheit und den Mangel an Durchhaltevermögen seiner Landsleute beklagt, was vor allem durch Führungsfehler verursacht werde.

Das Schloß von Versailles, das Werk Ludwigs XIV., ist das Symbol des zentralistischen Absolutismus. ▷

Auf den roten Bänken im Palais Bourbon sitzen die Volksvertreter. Die Nationalversammlung, deren Rechte durch die Verfassung der Fünften Republik zugunsten der Exekutiv- und Präsidialgewalt eingeschränkt wurden, ist das gesetzgebende Organ einer repräsentativen Demokratie, die dem Bürger die Mitbestimmung ihrer Natur nach vielleicht nicht immer gewährleistet. ▷▷

Aber nicht nur durch seinen Machtgewinn, auch durch seine Kultur hat das absolutistische Frankreich seit Ludwig XIII. Europa in Atem gehalten. Die damaligen modernen Sitten und sprachlichen Ausdrucksmittel, wie sie etwa im Salon der Marquise de Rambouillet gepflegt wurden, standen den Bestrebungen eines Malherbe zur Läuterung der dichterischen Sprache nach antikem Vorbild gegenüber. Im Klassizismus zum Beispiel von Corneille, zur Zeit Ludwigs XIII., trugen diese Bestrebungen Früchte. Das im literarischen Klassizismus enthaltene rationalistische Prinzip offenbart sich auch in den Werken des Philosophen und Naturwissenschaftlers Descartes und zeitigt seit mehr als drei Jahrhunderten seine Auswirkungen auf die französische Denkart; schon sehr früh werden die Schüler in Frankreich mit der «heiligen Einheit» von These, Antithese und Synthese konfrontiert.

Natürlich enthält dieser Hang zur strengen Regel in der Gedankenformulierung und zur Analyse die Tendenz, nur dem Geist Genüge zu leisten und die Wirklichkeit zu verfehlen oder eine konstruierte Welt neben die Wirklichkeit zu setzen. In diesem Sinn bilden die Gärten «à la française», wie sie Le Nôtre zur Zufriedenheit von Ludwig XIV. entworfen hat, über ihre Epoche hinaus ein deutliches Symbol dieser auf die Spitze getriebenen Art Logik. Als Gegensatz dazu kann etwa der englische Garten mit seiner naturähnlichen Anlage gelten.

Im Namen der Ordnung und der Einheit (ein König, eine Armee, eine Religion) verfolgte dann auch der Sonnenkönig die Protestanten, später die Jansenisten, und legte dabei eine Intoleranz an den Tag, die dem französischen Charakter im Grunde fremd war. Schon positiver zu werten ist die Tatsache, daß er das königliche Mäzenatentum ins Leben rief, und zwar durch Gründung der Akademien für Malerei, Bildhauerkunst, Architektur und Wissenschaften. Richelieu, der Begründer der Académie Française, war ihm darin bereits mit einem ersten Beispiel vorangegangen. Während die klassizistische Literatur mit weiteren Exponenten vertreten war – Molière und Racine: Theater, Madame de Lafayette: Romane, La Fontaine: Fabeln –, schufen Mansard und Le Brun entsprechende Werke der Architektur beziehungsweise der Malerei. Kurz: Die Regierung Ludwigs XIV. (1661–1715) hob Frankreich auf höchstes Niveau.

Der kulturellen und politischen Ausstrahlung entsprach eine Verwaltung, die zwar vom kartesianischen Denken geprägt war, aber unter dem Minister Colbert nicht nur ordnete und verwaltete: Sie förderte auch die wirtschaftlichen und industriellen Initiativen, beschaffte Einnahmequellen für den Staat und führte in ihrem Bereich das von Sully und Richelieu begonnene Werk fort. Aus dieser Zeit stammt auch der Bau imposanter technischer Werke wie des Canal du Midi aus dem Jahre 1681, der

Der große öffentliche Park Jardin du Luxembourg, Insel des Friedens inmitten der Großstadt für Studenten, Liebende und Spaziergänger, scheint eher zum benachbarten Quartier Latin zu gehören als zu dem im toskanischen Stil von Maria von Medici errichteten Palais de Luxembourg, wo heute der Senat tagt.

den Atlantik mit dem Mittelmeer verbindet. Colbert förderte die Gründung großer kolonialer Handelskompanien (Westindische und Ostindische Kompanie). Er setzte sich für die Errichtung ansehnlicher Manufakturen ein, die entweder vom Staat (Teppichweberei im Maison des Gobelins in Paris, Glasherstellung von Saint-Gobain) oder von Einzelpersonen verwaltet wurden, welche das königliche «Privileg» genossen und vom Staat gefördert wurden. Wenn das Wort Staat so oft wiederholt wird, dann deshalb, weil es im 17. Jahrhundert eine so zentrale Bedeutung hatte. Der Herrscher scheute sich nicht zu sagen «Ich bin der Staat» und seinen Leuten weiszumachen, daß für den Staat alles geopfert werden müsse. Die Opfer, die er verlangte, galten allerdings seinem höchst privaten Machtstreben: Immerhin mußte ein Teil seines Volkes auf den Schlachtfeldern seine Expansionskriege mit dem Leben bezahlen.
Das Jahrhundert der Aufklärung stellte diesen Staatsbegriff in Frage. Es zog nicht nur, in der Enzyklopädie von Diderot und d'Alembert, Bilanz über das positive Wissen der Zeit, sondern setzte auch mit Voltaire zur Kritik der bestehenden kirchlichen und ständischen Hierarchien an und entwarf eine Utopie einer gerechten Zukunft. Das Natürliche, wie Rousseau es postulierte, wurde der verdorbenen Gesellschaft gegenübergestellt.

Vom Königreich zum Vaterland

Mit der Revolution von 1789 schuf sich Frankreich einen neuen Staat und eine neue Gesellschaft. Die Institutionen der Monarchie, welche die Einheit des Landes geschaffen hatten, wollten, wie Tocqueville es formulierte, «zu den neuen Gegebenheiten und Bedürfnissen der Menschen nicht mehr passen». Das Vaterland – so wenigstens empfand man es – geriet jedoch angesichts der Konspiration der französischen Aristokratie und des Königs mit ausländischen Mächten in Gefahr. Doch da retteten junge revolutionäre Armeen, unter dem Kommando von Kellermann, in Valmy ihre eigene Heimaterde. «Es lebe die Nation», so ertönte ihr Ruf. Frankreich war eine Republik geworden, eine res publica, also etwas, das alle anging.
1789 wurde zur grundlegenden Wende, die die geschichtliche Entwicklung einer ganzen Welt in neue Bahnen lenkte und den Weg zur Freiheit aufzeigte. 1789 rissen die Franzosen im Zeichen der bürgerlichen Gleichheit die Schranken des Ancien Régime nieder. Der 14. Juli mit dem Sturm auf die Bastille symbolisiert die politische Revolution. Der 4. August ist das Datum der sozialen Revolution, die durch Abschaffung der Feudal- und Sonderrechte ins Werk gesetzt wurde. Am 26. August vollzog sich die rechtliche Revolution, nämlich die Erklärung der Menschen- und Bürgerrechte, welche die großen Maximen «Freiheit, Gleichheit, Brüderlichkeit» bestätigte. Am 22. Dezember schließlich fand die Verwaltungsrevolution statt, wobei die Provinzen durch die Départements abgelöst wurden. Ein Sturm der Veränderung wehte durch Europa, und im Jahr II der Republik brachen die französischen Soldaten auf, um in einem Kreuzzug für die Freiheit den unterdrückten Völkern die neue Ordnung zu bringen. Doch trieb sie noch eine andere, sehr menschliche Empfindung von Hause fort, nämlich die Angst. Es war die Angst vor der Guillotine, dem Terror, der nach der Hinrichtung König Ludwigs XVI. in Frankreich wütete. Die Schreckensherrschaft der Jakobiner erklärt sich aus der Erbitterung des Volkes, dem die mächtigen Tribunen Danton, Saint-Just und Marat die Feinde der Freiheit zur Aburteilung mit Namen nannten und das unter der Führung des unbestechlichen Robespierre weder Mitleid noch Erbarmen zeigte.
1793 war das von Victor Hugo glorifizierte Schreckensjahr, in dem der Wohlfahrtsausschuß das schlingernde Schiff auf dem richtigen Kurs zu halten suchte und dabei das Steuer überdrehte. Wenn die Revolution in ihrem Ansatz auch das richtige Ziel anstrebte, so erscheint sie im Rückblick durch die Einmündung in die napoleonische Diktatur doch wie eine Folge verfehlter Gelegenheiten: Verfehlt wurde durch das Verhalten des Königs einmal die Chance eines friedlichen Umschwungs ohne Blutvergießen, wie er durch die Schaffung einer konstitutionellen Monarchie wohl möglich gewesen wäre. Verpaßt wurde aber auch die Chance der Republik, die nach vielen Umwegen erst am 21. Januar 1875 endgültig zustande kam. Die soziale Revolution, die der Konvent begonnen hatte, wurde durch die Maßnahmen eines fanatischen Wohlfahrtsausschusses diskreditiert. Das Direktorium schließlich zeugte vom Sieg eines Bürgertums, das nun das Schicksal Frankreichs in die Hand nahm. Es scheiterte jedoch an der Uneinigkeit und Eigensinnigkeit der politischen Elite. Aber der Freiheitsbaum konnte weiterhin wachsen, obschon seine Wurzeln mit Blut gedüngt waren. Hundert Jahre später hat Jaurès, ein unermüdlicher Kämpfer für den Frieden, aber auch ein großer Chronist der Revolution, wieder daran erinnert, daß zu den wichtigsten Menschenrechten die Freiheit des einzelnen, die Freiheit des Besitzes, der Gedanken und der Arbeit zählen.
Napoleon, zuerst Konsul, dann Kaiser der Franzosen, dehnte unter dem trügerischen Vorwand, den Völkern die Freiheit zu bringen, seine Herrschaft fast über ganz Europa aus. Dieser Tyrann und Despot wird später von den Franzosen und besonders den Dichtern nur noch als der große Eroberer gefeiert, dessen Haudegen die Grenzen erweiterten und damit neuen Raum für heroische Taten schufen. Napoleon, der Erbe der Revolution, deren elementare Leitsätze er kaum mehr respektierte, hinterließ bei seiner endgültigen Abdankung nach der Herrschaft der Hundert Tage ein zwar kleiner gewordene-

nes, aber gut organisiertes Frankreich. Auch wenn Napoleon letztlich in der Verfolgung seiner militärischen Ziele scheiterte, so hat er als Gesetzgeber durch die Institutionalisierung der revolutionären Errungenschaften den Grundstein des modernen Staates gelegt. Auf ihn gehen wichtige Einrichtungen zurück wie der Gemeindekataster, die Nationalbank, die Steuerverwaltung, das Unterrichtswesen, das Zivilgesetzbuch (Code Napoléon), der Staatsrat und die zentralistische Verwaltung mit einem allmächtigen Präfekten an der Spitze jedes Départements. Sie haben die Restauration der Bourbonen, das Bürgerkönigtum und das glücklose zweite Kaiserreich Napoleons III. überdauert.

Die Grenzen Frankreichs und seines Kolonialreichs

Die Armeen der Revolution waren weit über jene Grenzen hinaus vorgestoßen, die Richelieu einst als «natürlich» bezeichnet und die Ludwig XIV. in seinen Eroberungskriegen erreicht hatte. Der Wiener Kongreß stufte Frankreich auf sein vorrevolutionäres Maß zurück. Und das 19. Jahrhundert – das Jahrhundert des Nationalismus – richtete sich auf diesem durch Verträge und Geschichte gesicherten Boden ein. Obschon das zweite Kaiserreich nicht zimperlich war, wenn es darum ging, zum Beispiel von Italien Kompensationen für seine Waffenhilfe einzufordern, galten die einmal errungenen Grenzen als unabänderlich. Die Niederlage im Deutsch-Französischen Krieg von 1870/71 hat nicht nur Napoleon III. den Thron gekostet, sie hat durch den Verlust von Elsaß und Lothringen eine nicht mehr vernarbende Wunde geschlagen. Frankreich hat auf diese Gebiete nie Verzicht geleistet und sie durch den Ersten Weltkrieg dann auch wieder zurückgewonnen. In der Zwischenzeit aber erneuerte es seine Kontakte in der ganzen Welt und wandte sein Interesse vermehrt Amerika, Afrika und Asien zu, Erdteilen, auf die bereits Franz I., Richelieu, Colbert, Louis Philippe und Napoleon III. die Aufmerksamkeit der berühmten Entdecker, Seefahrer und unternehmungslustigen Kaufleute gelenkt hatten.

Die von Natur aus seßhaften Franzosen, die sich stets gesträubt hatten, ihr angestammtes Land zu verlassen, stürzten sich Hals über Kopf in ein jähes Kolonialabenteuer. Dies verschaffte der Nation, in Europa momentan besiegt und gedemütigt, die Möglichkeit, sich im Aufbau eines großartigen Weltreichs erneut zu bestätigen. 1939 war das französische Kolonialreich, mit 12 Millionen Quadratkilometern und fast 69 Millionen Bewohnern, nach dem englischen das zweitgrößte. Natürlich ging die Entwicklung nur schrittweise vor sich, und sie wurde gelegentlich mit unrechtmäßigen Mitteln betrieben. Neben dem Bedürfnis der nationalen Selbstbestätigung spielte natürlich auch der Geschäftssinn eine Rolle sowie die angemaßte Berufung, fremde Völker zu zivilisieren.

Von der Ersten zur Fünften Republik

Im Laufe der letzten beiden Jahrhunderte war Frankreich öfters auf der Suche nach einer stabilen Regierung. Revolution und Kaiserreich hatten zwar den Grundstein zu einem modernen Staat gelegt, es war ihnen aber nicht gelungen, das innenpolitische Gleichgewicht institutionell zu verankern wie zum Beispiel in den Vereinigten Staaten oder England. Unter dem Ancien Régime setzte einzig das Gewohnheitsrecht der Willkür des Souveräns Grenzen, denn eine geschriebene Verfassung besaß Frankreich nicht. Auch Frankreich mußte nach 1789 erst lernen, mit der Demokratie umzugehen. Das war keine geringe Aufgabe: Die siegreiche kapitalistische Bourgeoisie, eher liberal als demokratisch eingestellt, zeigte sich um ein wahres Gleichgewicht wenig besorgt. In 170 Jahren haben die Franzosen nicht weniger als 16 Verfassungen ausgearbeitet! Die meisten basierten auf Leitideen des englischen Modells, wie sie die französischen Philosophen des 18. Jahrhunderts übernommen hatten: Gewaltentrennung, Verantwortlichkeit der Minister vor dem Parlament. Auf jeden Fall taugten diese Verfassungen in den wenigsten Fällen dazu, die innere politische Lage zu stabilisieren, weil es an nationalem Konsens fehlte. Und doch schien Frankreich nach vielen Revolten, Barrikaden, Plebisziten und Staatsstreichen im dritten Anlauf mit der republikanischen Staatsform sein Ziel erreicht zu haben. Die Dritte Republik wurde 1870 aus der Taufe gehoben, nachdem das Kaisertum endgültig gescheitert war. Auf jeden Fall gründet die Institution der republikanischen Parlamentsregierung auf den Verfassungsgrundsätzen von 1875. Ins Leben gerufen wurde sie von einer monarchistischen und reaktionären Nationalversammlung, welche sich nur einige Monate halten konnte. Die republikanische Verfassung dagegen, bündig und flexibel, hat 65 Jahre überdauert, sich während des Ersten Weltkrieges bewährt und das Land mit zahlreichen politischen Institutionen versehen. In der Dritten Republik machten sich die Ministerpräsidenten Gambetta, Jules Ferry, Waldeck-Rousseau, Combes, Clemenceau, Briand, Blum und Herriot einen Namen. Es ist dies die Republik des kolonialen Zeitalters, die einerseits den Einfluß Frankreichs weltweit vermehrte und andererseits mit der obligatorischen und unentgeltlichen Volksschule jene breite Bildungsgrundlage schuf, die dem französischen Volk noch fehlte. Nach Jahrhunderten des tastenden Suchens fand in der Dritten Republik der fortschrittliche Geist seinen adäquaten Ausdruck, denn jetzt wurde das Land von Grund auf republikanisch und demokratisch. Das Großbürgertum zeigte eine Tendenz, den Forderungen des Kleinbürgertums und Mittelstands nachzugeben, so daß der Einfluß der Kaufleute, Angestellten, Beamten und Lehrer an Bedeutung gewann. Die Lehrer wurden überdies in den Rang von Notabeln erhoben, eine Ehre, die bis dahin den Geistlichen und Großgrundbesitzern vorbehalten gewesen war. Die Dritte Republik hatte ein laizistisches Gepräge und legte nicht selten eine antiklerikale Haltung an den Tag. Der Parteienkampf nahm kein Ende, und die Radikalen, von einer aktiven Freimaurerbewegung unterstützt, saßen oft am Schalthebel.

Während der Dritten Republik nahm die industrielle Revolution, die schon im Zweiten Kaiserreich eingeleitet worden war, ein noch größeres Ausmaß an. Dies blieb nicht ohne demograpische Konsequenzen: Die Auswanderung aus den ländlichen Gebieten beschleunigte sich, es bildeten sich städtische Ballungszentren. Das krasseste Beispiel dafür war Paris, das aus einer Vielzahl von Vororten zusammenwuchs. Hinter den wechselnden Regierungen machten die sogenannten «200 Familien», die in ökonomisch-finanziellen, politischen und kulturellen Belangen führend waren, ihren Einfluß geltend und hielten die Fäden in der Hand. Obwohl ins weltweite kapitalistische System integriert, verteidigten sie erfolgreich ihre persönlichen Interessen, veranlaßten die Errichtung lähmender Zollschranken und verwandelten dadurch den inländischen Markt in ein gehütetes Heiligtum, zu dem Unbefugte keinen Zutritt hatten. Diesen Egoismus einer regierungsnahen Klasse, gegen den mutige Männer wie Gambetta und Jaurès ankämpften, hat vor allem Léon Blum bloßgestellt, als er über das Bürgertum schrieb: «Nichts von weitsichtiger Initiative, keine großen Pläne, kein Unternehmungsgeist, keine Risikofreudigkeit, keine selbstlose Handlungsweise; dafür eine Art von knickriger Buchhaltung, auf die Berechnung des unmittelbaren Gewinns oder Verlustes gegründet, ein Gebaren, das die industrielle Politik zur Kleinkrämerei degradiert.»

Für ein von alters her agrarisches Frankreich, wo das Bauerntum während der ganzen Dritten Republik eine fundamentale wirtschaftliche Rolle beibehielt, war die industrielle Revolution ein jäher Einbruch und ließ das städtische Proletariat rasch anwachsen. Es gewann daher auch zunehmend an politischer Bedeutung.

Die Verherrlichung des Nationalismus und des Patriotismus durch Barrès, Maurras und Péguy vermochte die Leidenschaft der Klassenkämpfe, wie sie sich aus der Entwicklung des Kapitalismus notgedrungen ergaben, nicht zu mildern. Zu groß waren die Nöte der Arbeiterklasse, die, einem kümmerlichen Dasein ausgeliefert, ein elendes Schicksal erdulden mußte. Wie hätte das Proletariat unter solchen Umständen noch Sinn aufbringen können für die schöngeistigen Abstraktionen einer Bourgeoisie, welche den Arbeiter der gesellschaftlichen Isolation preisgab? So braucht es auch nicht zu verwundern, daß sich die arbeitende Klasse für die neuen marxistischen und sozialistischen Theorien besonders hellhörig zeigte und vor allem den Parteien der Linken zuströmte, also den Sozialisten und Kommunisten (die kommunistische Partei Frankreichs wurde 1920 auf dem Kongreß von Tours gegründet). Außerdem gehörte diese Schicht der Gewerkschaftsbewegung an, die 1884 legalisiert wurde und während der Dritten Republik stark von revolutionären Tendenzen gezeichnet war (Charta von Amiens, 1906). Bis zu ihrer Vereinigung in der Volksfront von 1936 (Front Populaire) bildeten die Gewerkschaften vereinzelte Splittergruppen, und dennoch erstritten sie während dieser Zeit viele Konzessionen, die für die Arbeiterklasse bessere Lebensbedingungen schufen.

Die Zuspitzung, welche die sozialen Probleme während der Dritten Republik erfuhren, war von politischer Tragweite und leistete dem Erfolg der Ideologien Vorschub. Dabei legten die Franzosen stets zwei für sie typische Verhaltensweisen an den Tag: leidenschaftliches politisches und gewerkschaftliches Engagement einerseits, Individualismus und Egoismus andererseits. Dieser Egoismus verhinderte bis 1945 eine gesunde Entwicklung des Landes. Der Bevölkerungsstatistiker Alfred Sauvy regte neue Schutzverordnungen an und wehrte sich gegen Änderungen, welche an die Interessen des einzelnen rühren konnten. Eine konservative und bevormundende Haltung, die angeblich den kleinen Mann schützte (Kleinbauer, Kleinhändler, Kleinhandwerker, Kleinindustrieller), wurde spürbar. Sie sollte einige Jahrzehnte später wiederum auftauchen, in den fieberhaften nationalistischen Bewegungen von Vichy-Frankreich, ja sogar noch in den poujadistischen Strömungen der Vierten Republik.

Die Dritte Republik erweckte den Eindruck von Kontinuität, trotz ihrer sozialen Ungerechtigkeiten, Skandale, Affären (Panama, Boulanger, Dreyfus, Stavisky usw.) und Regierungskrisen. Vor allem zeigte sich der Verwaltungapparat von einer erstaunlichen Festigkeit, bei aller Schwerfälligkeit und Anonymität, die man ihm heute zur Last legen mag. Die Dritte Republik paßte sich fortwährend an und war somit fähig, ihre Krisen, ja selbst den Ersten Weltkrieg zu überstehen. Die Zwischenkriegszeit überlebte sie allerdings nur mit Mühe. Der Zusammenbruch der Dritten Republik nach der Niederlage von 1940 enttäuschte viele hoffnungsvolle Erwartungen (in den Augen gewisser konservativer und nationalistischer Franzosen lag die Schuld der Niederlage übrigens bei der parlamentarischen Demokratie, welche von Maurras heftig angegriffen wurde). Das Zwischenspiel der Vichy-Regierung, der sogenannte «Etat Français», war auf den autoritären und antiparlamentarischen Geist des Boulangismus und der nationalistischen Anti-Dreyfusards gegründet. Diese Bewegung, am 6. Februar 1934 durch die Ligen (Action Française, Croix de Feu du Colonel de la Rocque, Solidarité Française, Francisme) zu neuem Leben erstanden, holte 1940 zum Gegenschlag aus.

«Douce France», wo es sich gut leben läßt, das Pétanquespiel die Männer des Dorfes vereinigt (ganz links) und man auf den sonnigen Terrassen der Bistros den Aperitif kostet (links); wo die Quais längs der Seine zum Flanieren einladen, an den Ständen der Antiquare (Bouquinisten) vorbei (rechts). «Douce France», wo spontane, begeisternde Akkordeonklänge wie von selbst den Alltag romantisch verzaubern (ganz rechts). Noch sichtbarer als in der großen historischen Perspektive zeichnet sich die unerschütterliche Vitalität und Lebenskunst der Franzosen in den einfachen Vergnügungen ab.

Als dieses düstere und schlimme Kapitel in der französischen Geschichte beendet und auch der Begeisterungssturm der Befreiung im Sommer 1944 (nach dem Einzug de Gaulles in Paris) vorüber war, fiel der provisorischen Regierng und später der Vierten Republik die Aufgabe zu, ein neues Programm in Gang zu setzen. Dabei stützten sich die Politiker auf Anregungen des Conseil National de la Résistance. Ein weiteres Ziel der Staatsmänner bestand darin, die soziale Demokratie zu fördern und der Vollendung entgegenzuführen. Eingeleitet worden war diese Politik 1936 durch Léon Blum und das Experiment der Volksfront.

Der Wiederaufbau, der sich auf das Modernisierungsprogramm des Monnet-Plans stützte, setzte 1947 ein und machte gute Fortschritte. Dieser Aufschwung war vor allem dem Marshall-Plan zu verdanken, dem Hilfsprogramm der Vereinigten Staaten für Europa. Die wirtschaftlichen Strukturen wurden verändert (Verstaatlichung der meisten Banken und der Renault-Werke), und seit 1945 zeichnete sich dank der Einführung der obligatorischen Versicherungen und des garantierten Mindestlohnes ein deutlicher sozialer Fortschritt ab. Während der Vierten Republik schloß sich Frankreich dem gesamteuropäischen Kurs an. Der Eintritt in den Europarat im Jahre 1949 unterstrich den Wunsch des Landes, einen Beitrag zur europäischen Politik zu leisten.

1950 schlug Robert Schuman vor, die gesamte deutsch-französische Kohle- und Stahlproduktion einer gemeinsamen Oberhoheit zu unterstellen, und zwar durch Gründung einer Organisation, die sämtlichen europäischen Interessenten offenstehen sollte. Es war dies ein erster Schritt in Richtung des Gemeinsamen Marktes, wie er 1957 in den Römer Verträgen begründet wurde. In diesem neuen Klima schöpfte Frankreich wieder Hoffnung für die Zukunft, was sich in einem bemerkenswerten Bevölkerungswachstum manifestierte.

Wenn aber die wirtschaftliche und soziale Aufbauarbeit wie auch der französische Beitrag zur Schaffung einer europäischen Gemeinschaft positiv zu werten waren, so häuften sich doch die Schwierigkeiten und Probleme. Diese wurden dadurch noch größer, daß die Verfassung zwar auf demokratischer Grundlage ruhte, jedoch angesichts der Zersplitterung und Rivalitäten der Parteien dem Parlament zu viel Macht einräumte. Dies führte zu einer permanenten Instabilität innerhalb der Regierung. So lösten in der Zeitspanne von 1946 bis 1958 sage und schreibe 21 Regierungen einander ab. Ferner wurde die politische Atmosphäre des Landes durch die enorme Abhängigkeit von den Vereinigten Staaten und die Aufspaltung der Linken belastet. Die finanziellen Schwierigkeiten nahmen zu, das Geld verlor zusehends an Kaufkraft. Gleichzeitig mehrten sich auf sozialer Ebene die Konflikte. Aber die schwer-

Der altägyptische Obelisk aus Luxor auf dem Place de la Concorde unterbricht die klassische Harmonie der Baudenkmäler. Auf diesem weiten Platz, wo für Ludwig XVI. das Blutgerüst der Guillotine errichtet wurde, konnten Friede und Brüderlichkeit nicht immer Triumphe feiern. ▷

wiegendsten Probleme waren der verfehlten Indochina-Politik zuzuschreiben. Nach dem verhängnisvollen Indochina-Krieg, den Pierre Mendès-France (einer der originellsten und markantesten Ministerpräsidenten dieser praktisch unregierbaren Vierten Republik) zu einem Ende führte, entzweite das Algerien-Drama die öffentliche Meinung in Frankreich. Über diesem Konflikt sollte dann die Vierte Republik nach dreizehn mühsamen Jahren im Mai 1958 zu Fall kommen.

Am 18. Juni wurde General de Gaulle, der ehemalige Chef der Provisorischen Regierung, an die Macht gerufen. Er erhielt die Kompetenz, eine vollständig neue Verfassung auszuarbeiten. De Gaulle ist der Begründer der Fünften Republik, wie sie heute noch besteht.

Die Verfassung eines modernen Staates

Obwohl die 1958 geschaffene Regierungsform aus einer Krise erwachsen ist (Militärputsch in Algerien), hat sie sich bewährt. Es ist tatsächlich merkwürdig, daß einzig die prekäre politische Lage den Anstoß zur Verfassung der Fünften Republik gab: Es handelte sich darum, die Algerienkrise zu lösen – eine Aufgabe, vor der so viele Regierungen der Vierten Republik versagt hatten.

Aber gerade diese Verfassung sollte eine politische Stabilität zeigen, wie sie der Nation nie zuvor beschieden war (wenigstens nicht seit Einführung der Demokratie).

Indirekt begünstigte die Verfassung der Fünften Republik den Wirtschaftsboom der sechziger Jahre. Sie brachte überdies eine Erneuerung der Führungsschicht, so daß die Notabeln alten Stils in den Hintergrund traten.

Die Verfassung der Fünften Republik steht durchaus in der Tradition der Menschenrechtserklärungen von 1789 und 1946 und stützt sich auf die großen revolutionären Maximen (Freiheit, Gleichheit, Brüderlichkeit) sowie auf die nach der Befreiung von 1944 erworbenen Sozialrechte (Streikrecht, Gewerkschaftsrecht, Recht auf Gesundheit und Erziehung usw.). Andererseits führte die Fünfte Republik zu einer Schwächung des parlamentarischen Einflusses und zur Verstärkung der Exekutivgewalt.

Durch eine neue Verteilung der Gewalten regelte die neue Republik auf kunstvolle Art das Verhältnis zwischen den verschiedenen Instanzen. Einen wichtigen Zusatz bildete die Einführung eines Verfassungsrates (Conseil Constitutionnel), der darüber zu wachen hat, daß der Wortlaut der Verfassung auch eingehalten wird. Im weiteren wurden auch die schon existierenden Organe umgestaltet (Conseil Supérieur de la Magistrature, Haute Cour de Justice).

Die Exekutivgewalt

Aufgrund des Plebiszits von 1962 wird der Staatschef und Staatspräsident, zugleich auch Oberkommandierender der Streitkräfte, in einer allgemeinen direkten Volkswahl für sieben Jahre bestimmt. Seit der ersten Wahl von 1965 sind die Zulassungsbedingungen für die Präsidentschaftskandidatur immer mehr verschärft worden, denn der Präsident ist praktisch niemandem Rechenschaft schuldig, ausgenommen natürlich den Wählern. Somit besitzt er auch große Macht. Einige Kompetenzen teilt er indessen mit dem Regierungschef oder Premierminister, wenigstens theoretisch. Kritiker sehen in der zweiköpfigen Exekutive eine bloße Farce. Die gesamte Regierungspolitik – von wenigen Ausnahmen abgesehen – wird nämlich praktisch allein im Elysée entschieden, dem Sitz des Präsidenten, der über weitgehende eigene Vollmachten verfügt. Alle Erlasse, welche die Institutionen betreffen, kann er einer Volksabstimmung unterbreiten. Der Staatspräsident ist berechtigt, die Nationalversammlung aufzulösen. Seiner Vollmacht sind einzig insofern Schranken gesetzt, als er diese Maßnahme nur einmal jährlich ergreifen darf. Zu erwähnen sind auch die Ausnahmegesetze, die es ihm in Krisenzeiten gestatten, praktisch die ganze gesetzgebende, ausführende und richterliche Gewalt in seiner Person zu vereinigen.

Interessant ist noch folgendes: Der Präsident allein bestimmt, wann die Lage einen solchen Ausnahmezustand erfordert. Auch setzt er die Zeitspanne fest, die zur Wiederherstellung der normalen Verhältnisse notwendig ist. Allein die Anwendung dieses berühmten Artikels 16 zeigt, welch weiten Spielraum die Verfassung einem einzigen Mann läßt. 1961 verhängte General de Gaulle für ganze fünf Monate den Ausnahmezustand. Das war nach dem Algerienputsch, den er in wenigen Tagen unterdrücken konnte.

Der Premierminister wird vom Präsidenten ernannt (und auch abgesetzt). Ihm kommt es vor allem zu, die Minister in ihrer Arbeit zu unterstützen. Daneben spielt er auch im Parlament eine gewisse Rolle: Mit den Abgeordneten teilt er das Recht zur Gesetzesinitiative, und er hat seine Tätigkeit vor der Nationalversammlung zu verantworten. Er tritt im weiteren als Mittelsmann zwischen der öffentlichen Meinung und dem Präsidenten auf. Oft ist er damit betraut, die unpopulären Maßnahmen durchzusetzen.

Legislative und Parlament

Nach Sinn und Wortlaut der Verfassung von 1958, welche die Kompetenzen des Parlaments genau festlegt, steht der Gesetzesbeschluß ausschließlich dem Parlament zu.

Das Parlament ist nach dem Zweikammersystem gestaltet und setzt sich aus dem Senat, dessen Sitz sich im Palais du Luxembourg befindet, und der Nationalversammlung zusammen, die im Palais Bourbon tagt.

Der Senat ist das konservative Element; er vertritt seit mehr als hundert Jahren die ländlichen Gemeinden. Im Laufe der Zeit hat er an Einfluß verloren. Er zählt 306 Senatoren, die durch indirekte Wahl von den Départementsvertretungen und den Delegierten der Gemeinderäte ernannt werden.

Die Nationalversammlung wird seit 1848 durch allgemeine Wahl bestimmt (Ernennung von 490 Abgeordneten auf fünf Jahre). Die Frauen sind erst seit 1946 wahlberechtigt. Die letzten Wahlen fanden am 14. und 21. Juni 1981 statt, aus denen die Sozialisten als Sieger hervorgingen.

Mit gezogenem Degen erweist die stattliche Wache auf der Freitreppe des Elysée-Palastes der republikanischen Regierung ihre Ehrenbezeugung. Aber der heutige Franzose begeistert sich nicht mehr für vaterländisches Pathos; er entfaltet sich im sozialen, politischen und kulturellen Bereich. Ebenso wichtig wie die Pflichterfüllung ist für den heutigen Menschen das persönliche Glück.

Aufgrund des gemeinsamen Programms der Linksparteien, als diese noch in der Opposition waren, schien das politische Leben Frankreichs bis vor kurzem in zwei Blöcke geteilt. Heute ist das Bild etwas vielgestaltiger geworden, da die Machtübernahme der Linken die andern Parteien dazu zwingt, ihre Parteipolitik neu zu profilieren.

Zu den Parteien der Mehrheit gehören heute:

- die sozialistische Partei, die aus der SFIO (der alten Partei von Jaurès, Blum und Guy Mollet) und aus parlamentarischen Gruppierungen hervorgegangen ist. Sie ist das Werk von François Mitterrand und verfügt über die absolute Mehrheit im Parlament. Allerdings ist sie stets heftigen internen Kämpfen zwischen den verschiedenen Strömungen ausgesetzt.
- die kommunistische Partei, die 1920 auf dem Kongreß von Tours gegründet wurde und noch heute das marxistische Erbe verficht. Zur Zeit ist sie in der Nationalversammlung nur durch 44 Abgeordnete vertreten. Aber ihre militante Kraft bleibt stets gegenwärtig und wird von führenden Gewerkschaftlern der Confédération Générale du Travail (CGT) nachhaltig unterstützt.

Neben diesen wichtigen Blöcken sollen auch die Partei der Linksradikalen (14 Abgeordnete) erwähnt werden sowie die verschiedenen Linksgruppen, die im Parlament nicht vertreten sind. Diese hatten ihre Sternstunde in den siebziger Jahren und bilden heute lediglich kleine militante Grüppchen, die sich allmählich auflösen. Es handelt sich um die Parti Socialiste Unifié (PSU), die glühend für eine sozialistische Selbstverwaltung eintritt, und um trotzkistische Strömungen, die in der Ligue Communiste Révolutionnaire, der Lutte Ouvrière und der Organisation Communiste Internationaliste ihre Sammelbecken haben.

Die maoistische Bewegung, vor allem zwischen 1968 und 1975 einflußreich, ist heute ohne Bedeutung. Dieser Bewegung ist die Zeitung *Libération* entsprossen, ein phänomenaler Einzelfall in der französischen Presse.

Das Spektrum der Linksbewegungen Frankreichs wäre unvollständig, wollte man nicht noch jene anführen, die, wenn auch nicht eigentliche politische Parteien, doch innerhalb dieser extremen Linken eine entscheidende Rolle gespielt haben: aufständische Lip-Arbeiter, linksstehende Soldaten der Berufsarmee, protestierende Bauern in Larzac, Atomkraftwerks-Gegner in Plogoff (Bretagne), Frauenbewegungen und homosexuelle Arbeitsgruppen. All diese aktiven Strömungen haben den Dialog bereichert und auch auf die politische Praxis anregend gewirkt. Nicht zuletzt sind sie es auch, die zu einer Veränderung der kulturellen Landschaft Frankreichs beitrugen. In der neuen Opposition unterscheidet man folgende Parteien:

- das Rassemblement pour la République (RPR), Erbe der Gaullisten und frühere Regierungspartei, die mit 83 Sitzen in der Nationalversammlung die Mehrheit der Opposition bildet.
- die Union pour la Démocratie Française (UDF), eine Partei, die 1978 aus einem Konglomerat der Parti Républicain, des Centre des Démocrates Sociaux und der Parti Radical entstanden ist. Sie weist 61 Sitze auf.

Die verschiedenen Rechtsparteien (mit 11 Sitzen) werden nicht allein von den kleinen Formationen der extremen Rechten gespeist, die unter sich sehr zerstritten sind und in Frankreich nur in sehr beschränktem Rahmen Gehör finden (Forces Nouvelles, Front National, monarchistische Bewegungen). Wichtiger scheint der Einfluß einer ideellen Strömung, die bald «Neue Rechte» getauft wurde und antichristliche, elitäre Thesen vertritt.

Die Machtübernahme durch die Linksparteien, die während 23 Jahren (von 1958 bis 1981) in der Opposition waren, stellt eines der wichtigsten politischen Ereignisse dar seit der Befreiung 1944 und der Rückkehr von General de Gaulle an die Staatsspitze im Jahre 1958. Dieser Wandel zeugt von einem tiefen Willen, die Gesellschaft zu verändern. Einer solchen Erneuerung ist indessen nur Erfolg beschieden, wenn sie schrittweise vor sich geht, im gesetzlichen Rahmen, nicht auf «revolutionäre» Art.

Der staatliche Verwaltungsapparat

Die Regierung wäre zur Machtlosigkeit verurteilt und bliebe eine rein theoretische Institution, würde ihr die Verwaltung fehlen, welche den Zusammenhalt und die Festigkeit des Staates gewährleistet.

Größe und Dienstleistungen der öffentlichen Ämter

Zu Beginn der achtziger Jahre ist die Verwaltung immer noch von einem allgegenwärtigen Zentralismus geprägt, der den ausländischen Betrachter immer aufs neue erstaunt.

Bereits im ausgehenden Feudalismus finden sich Ansätze zur Zentralisierung. Diese wurde später von Richelieu, Colbert und Ludwig XIV. vorbereitet, erhielt von der Nationalversammlung ihre klassische Gestalt (die Départements als Verwaltungsbezirke gehen auf das Jahr 1789 zurück) und wurde von Napoleon noch verstärkt. Trotz der regionalen Forderungen bildete der Zentralismus während des ganzen 19. Jahrhunderts den Preis, der für die Einheitlichkeit des Landes bezahlt wurde. Gleichzeitig stand Frankreich unter dem Einfluß verschiedenster Zivilisationen und Kulturkreise, war von Gegensätzen geprägt, war Strömungen von außen und antizentralistischen Kräften ausgesetzt. Nach der Rückkehr zur Monarchie haben das Zweite Kaiserreich und die laizistische Republik des 19. Jahrhunderts die politische, verwaltungsmäßige, kulturelle und wirtschaftliche Zentralisierung nochmals verfestigt, wenn auch aus verschiedenen, oft gegensätzlichen Gründen. Die Folgen für das 20. Jahrhundert zeigten sich in der Unterdrückung regionaler Regungen und in einer rein formalen Einheit, die mit einem lebendigen Organismus nichts zu tun hat und heute fast einen Anachronismus bildet.

Niemand zweifelt daran, daß der Verwaltungs- und Justizapparat, wie er Anfang des 19. Jahrhunderts entstanden war, doch wenigstens den damaligen Bedürfnissen Genüge tat, wenn man ihn auch vom modernen Standpunkt als revisionsbedürftig betrachten muß. Auf jeden Fall erfüllte er die Ansprüche der fortschrittlichen Kräfte seiner Entstehungsepoche vollends. Der spanische Autor Salvador de Madariaga hat diese zentrale Autorität mit Scharfsinn beschrieben. Sie bestimmt auch nach der sozialen und kulturellen Revolte im Mai 1968 nicht nur das Verhältnis zwischen den Bürgern und der Verwaltung, sondern auch jenes der Bevölkerung unter sich, zwischen Lehrern und Schülern, Eltern und Kindern, ja vielleicht sogar zwischen Männern und Frauen. Madariaga schreibt:

«Die gesetzlichen Regelungen sind in Frankreich allgemeingültig, werden von höchster Stelle diktiert und vom Volk akzeptiert. Mit einem komplizierten Paragraphensystem kommt dieses intellektuelle, künstliche und genau festgelegte Gesetz jeder Handlung zuvor. Die intellektuelle Tendenz bemächtigt sich sogleich des Handlungsfeldes, beschränkt und definiert es und wirft darüber ein Netz von Prinzipien, auf die jede künftige Handlung zurückgeführt wird. So entsteht das Recht. In ihrer vollkommenen Geordnetheit bleiben diese Prinzipien natürlich zu weit von der lebendigen Realität entfernt. Um Handlungen und Tatbestände differenzierter zu erfassen, fügt die Intelligenz in dieses Rechtsnetz ein noch feineres ein, die Verordnungen.»

In dieser scharfsinnigen Analyse ist wirklich alles gesagt. Sie weckt auch letztlich das Verständnis für die gegenwärtige öffentliche Reaktion gegen die «Tyrannei» der hohen Verwaltung und der Pariser Bürokratie, ob staatlich oder privatwirtschaftlich. Indessen ist die französische Bürokratie vielleicht weniger verstaubt, als Sänger und Dramatiker wie Courteline es dargestellt und bespöttelt haben.

Den Typus des Beamten, im privaten Umgang liebenswürdig und ruhig, hinter einem Schalter dagegen sadistisch und zu allen möglichen Härten geneigt, mag es hier wie überall hin und wieder geben.

Angesichts der zentralistischen Verwaltung spielen diese höheren Beamten eine wesentliche Rolle in den Staatsgeschäften, auch wenn sie zahlenmäßig eine Minderheit bilden (40000 oder knapp 3% aller Beamten). Sie stammen größtenteils aus der berühmten und intellektuell wie sozial elitären Ecole Nationale d'Administration. Eingesetzt werden sie in den Präfekturen, im diplomatischen Korps, am Cour des Comptes (Rechnungshof; Finanzkontrolle zur Prüfung der öffentlichen Ausgaben), in der zentralen Verwaltung – das angesehenste Amt ist immer noch das Finanzinspektorat – oder im Conseil d'Etat. Dieses eigenständige Organ wurde unter dem Ersten Kaiserreich geschaffen und soll grundsätzlich gewährleisten, daß die Verwaltung dem Gesetz untergeordnet ist. Es gestattet dem einzelnen Bürger, gegen Verwaltungsverfügungen Beschwerde zu führen.

Aber das wichtigste Element in der Verwaltungsmaschinerie des Landes blieb bis vor kurzem der Präfekt (und der Unterpräfekt). Er war gegenüber den von den Gemeinden und Regionen gewählten Behörden der direkte Vertreter der zentralen Verwaltung. Seit 1981 heißen die Präfekten Republikkommissare (Commissaires de la République) und besitzen nicht mehr denselben Einfluß wie früher. Dafür sind die Generalräte, die Départementsvertretungen, die anläßlich der Kantonalwahlen ernannt werden, immer wichtiger geworden (Kantone heißen die drittkleinsten Verwaltungseinheiten nach Départements und Arrondissements, sind also mit den Schweizer Kantonen in keiner Weise zu vergleichen). Diese Entwicklung zeigt den klaren Willen der Machthaber, die «Entregionalisierung» Frankreichs zu bremsen und den für die Gemeinden, Städte, Départements und Regionen Verantwortlichen Spielraum für eigene Initiativen zu lassen. Denn lange galten die Lokalbehörden als eine Instanz, die für große Entscheidungen kaum wesentlich ins Gewicht fiel. Jetzt sind sie aufgerufen zu beweisen, daß sich auch außerhalb der Hauptstadt Kultur und Kreativität entfalten können.

Die Gleichheit der Bürger als Resultat des öffentlichen Unterrichts

Zur Zeit eines gemäßigten Katholizismus verkörperte die Schule gewissermaßen die nationalen Tugenden und verbreitete einen Hauch laizistischen und republikanischen Gefühls. Die frühere ländliche Gemeinde ist heute großenteils verschwunden, die Kinder sind mit ihren Eltern in die Stadt gezogen, und auch die Schule weist heute einen städtischen Charakter auf. Ebenso ist der Lehrer nicht mehr der von der Dritten Republik aufgrund der Volksschulgesetze feierlich gewählte Würdenträger (diese Gesetze stammen von Jules Ferry und gehen auf die Jahre 1881/82 zurück), sondern ein intellektueller Proletarier.

Heute sieht sich das staatliche Erziehungswesen vor gewaltige und schwerwiegende Probleme gestellt. Der Unterricht ist zwar unentgeltlich; dennoch erscheint er der ärmsten Bevölkerung als kostspielig, weil immerhin Bücher und sonstiges Material gekauft werden müssen. 1882 bestand bis zum 13. Lebensjahr obligatorische Schulpflicht. 1959 wurde diese Zeit bis zum 15. Lebensjahr ausgedehnt. Die Schule, die besucht werden soll, kann frei gewählt werden: Der Unterricht in Frankreich ist mit keinerlei Staatsmonopol belegt, und neben den Staatschulen existiert auch noch eine Reihe von Privatschulen und sogenannten freien Schulen (zu diesem letzten Typ gehören vor allem konfessionell gebundene katholische, protestantische und israelitische Unterrichtsstätten). Nach der Befreiung 1944 sind die Streitigkeiten zwischen den freien Schulen (vor allem den katholischen) und der laizistischen Staatsschule (la gueuse), die angeblich einen «gottlosen» Unterricht vermittelte, abgeklungen. Gleichwohl erhitzen sich am Problem der staatlichen Unterstützung von Privatinstituten die Gemüter immer wieder. Im übrigen wurde die staatliche Anerkennung der Privatschulen lange abgelehnt, bis sie sich dann in der Lex Barangé im Jahre 1951 und vor allem in der Lex Debré von 1959 durchsetzte. Im Juli 1981, einige Wochen nach der Regierungsübernahme durch die Linke, entschied sich die mächtige staatliche Lehrergewerkschaft dafür, die Leidenschaften neu zu entfachen und zu betonen, wie nötig der «intensive Kampf der laizistischen Kräfte» sei. Sie verlangte daher die völlige Verstaatlichung des Unterrichts durch Abschaffung der «antilaizistischen Gesetze».

Die Bemühungen, das Schulsystem auszubauen, haben zur Bildung verschiedener Typen geführt:

- Die dem staatlichen Schulsystem angeschlossene fakultative Ecole maternelle ist eine Art Kindergarten, der die Grundbegriffe des Zusammenlebens in Gruppen vermittelt sowie sozialpädagogische Aufgaben erfüllt. In 15200 Ecoles maternelles werden 2,2 Millionen Kleinkinder betreut.
- Die obligatorische Volksschule dauert vom sechsten bis zum elften Lebensjahr. In 47200 Schulen werden mehr als 4 Millionen Kinder unterrichtet. Diese eignen sich hier das notwendige geistige Rüstzeug (Lesen, Schreiben, Rechnen) an und erwerben Grundkenntnisse in Natur- und Heimatkunde (Geographie, Geschichte, Biologie).
- Die untere Sekundarstufe dauert vom elften bis zum fünfzehnten Lebensjahr. Die Kinder besuchen die sogenannten Collèges. Zum Unterrichtspensum gehören eine oder mehrere Fremdsprachen, einige traditionelle Fächer (Mathematik, Französisch, Geschichte, Geographie) sowie moderne Disziplinen: Wirtschaftskunde, Grundbegriffe der Physik und der Chemie, Förderung des technischen Verständnisses, Schulung der Handfertigkeit und des ästhetischen Empfindens.
- Der Unterricht auf der oberen Sekundarstufe, welcher sich an die Jugendlichen vom fünfzehnten Lebensjahr an wendet, wird von den Gymnasien vermittelt. Er schließt nach drei Jahren mit der Reifeprüfung (baccalauréat) ab, die den ver-

Heitere französische Straße, Schauplatz alltäglicher kleiner Wunder und Freuden, wie sie sich in den Gebärden der Passanten, in den Häuserperspektiven, den Farben und dem Licht spiegeln (Place Saint-André-des-Arts, Paris).

MATCH
96-GARE MONTPARNASSE-ODEON
SAINT MICHEL
CHATELET
HOTEL
VILLE
LILAS
5808
FJ 93

Die moderne Jugend braucht nicht mehr (nur) eine lauschige Sitzbank am Waldesrand, um sich der gegenseitigen Liebe zu versichern...

schiedenen Studienrichtungen Rechnung trägt und somit mehrere Typen umfaßt. 200000 Abiturienten erhalten jährlich ihr Reifezeugnis. Neben dem «cycle long» (Vorbereitung auf das Hochschulstudium) gibt es den «cycle court», einen praxisorientierten Schultypus, der mit dem beruflichen Fähigkeitsausweis (CAP) abschließt sowie dem Berufsausbildungsdiplom (BEP). Letzteres wird von beruflich ausgerichteten Gymnasien verliehen.

Die Universitäten genießen seit Erlaß der gesetzlichen Richtlinien von 1968 weitgehende Autonomie, und dem Inhaber eines Reifezeugnisses (baccalauréat) bieten sich zahlreiche Studienmöglichkeiten an. 1959 betrug die Zahl der Studierenden rund 190000. Bis 1981/82 ist sie auf ungefähr 900000 angestiegen. Das Universitätsstudium gliedert sich in drei Stufen: Die erste schließt nach zwei Jahren mit dem Diplom allgemeiner Universitätsstudien (DEUG) ab. Die zweite Stufe umfaßt Lizentiat und Magisterexamen, Prüfungen, die nach einem bzw. zwei weiteren Jahren abgelegt werden können. Die dritte Stufe schließlich strebt eine Vertiefung in den Studienfächern sowie die Vorbereitung auf die Forschung an. Dieser Zyklus wird oft mit einem Diplom für vertiefte Studien (DEA) oder dem Doktorat abgeschlossen. Ein Teil der Studenten wählt nach der Reifeprüfung den höheren Kurzstudiengang (2 Jahre) in einer berufsorientierten Lehranstalt (oft auf privater Basis) oder an einem Universitätsinstitut für Technologie (IUT).

- Die berufsorientierten Hochschulen sind Lehranstalten, die oft unter staatlicher Leitung stehen und von den Universitäten zumeist unabhängig sind. Ihre Aufgabe besteht darin, für den Staat in den wichtigsten Branchen höhere Kader heranzubilden. Diese Schulen zählen etwa 150000 Studenten. Die Zulassungsbedingungen sind streng: Die Kandidaten müssen sich einer Prüfung unterziehen und werden im Ausleseverfahren aufgenommen. Die angesehensten Lehranstalten dieser Art sind die schon erwähnte Ecole Nationale d'Administration (Nationale Verwaltungshochschule), die Ecoles Normales Supérieures (Hochschulen zur Ausbildung von Lehrern an höheren Schulen) und die Ecole Polytechnique (Hochschule zur Ausbildung von Ingenieuren, Paris).
- Die Weiterbildungskurse als Ergänzung zum Erziehungswesen, die für Erwachsene bestimmt sind, unterstehen den Ministerien (Ausbildung des eigenen Personals), dem Conservatoire National des Arts et Métiers (technische Hochschule mit Diplomabschluß zur Weiterbildung für im Berufsleben Stehende), dem staatlichen Amt für modernen Unterricht und privaten Organisationen, die mehr oder weniger an bestimmte Berufssektoren gebunden sind.

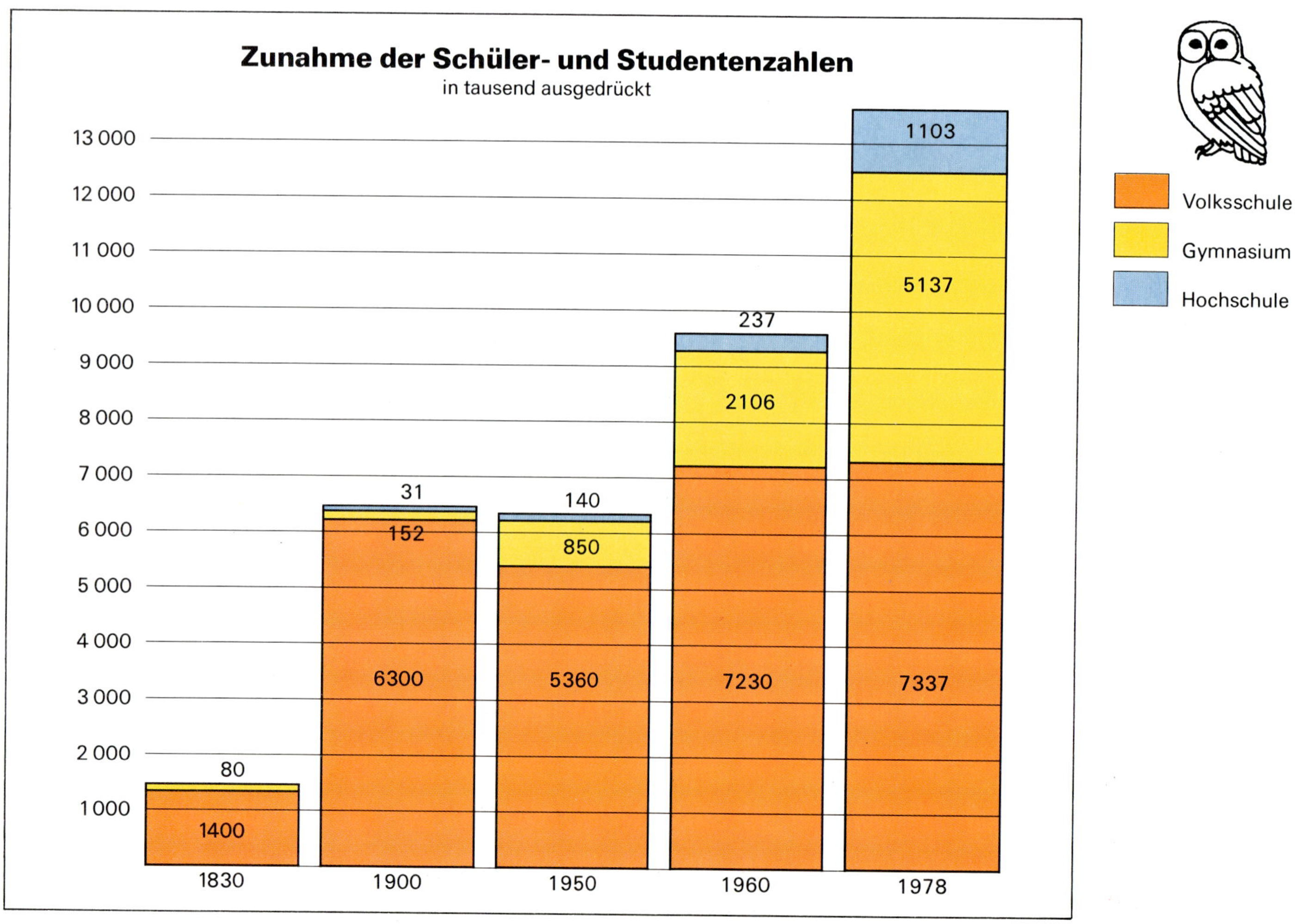

Malt dieser kleine Knirps wohl seine bewegten Träume oder die Wirklichkeit? Gleichviel! Er ist glücklich und lernt sich zunehmend auszudrücken. Das wird schon im Kindergarten deutlich, und vielleicht werden Schule und Universität ihm ermöglichen, sich seiner Bestimmung gemäß voll zu entfalten. Dazu besteht große Hoffnung, denn nicht zufällig konzentrieren sich die Bemühungen um Chancengleichheit aller Bürger jeden Tag mehr auf Unterricht und Erziehung.

Wer mit offenen Augen und empfänglichem Herzen durch Frankreichs Natur geht, sieht die Erdkrume und die Blumen am Wege; er begegnet Kindern, die aus der Dorfschule zurückkehren, den Schulranzen auf dem Rücken; vielleicht erinnert er sich des eigenen Schulweges, der an ähnlichen Wundern vorbeiführte, und fühlt sich plötzlich eins mit der Natur. ▷

So sieht also, schematisch dargestellt, das französische Unterrichtssystem aus, welches auf republikanischen, laizistischen und egalitären Ideen fußt. Dieses System ist aus dem ehrlichen Willen der bürgerlichen Gesellschaft des 19. Jahrhunderts erwachsen, eine Volksschule zu schaffen, die allen offenstehen sollte, während die Sekundarstufe den sozial privilegierten Klassen zugedacht war, das heißt der künftigen führenden Elite. Die Gegenüberstellung von «esprit primaire» (Volksschule), «esprit secondaire» (Sekundarstufe) und «esprit supérieur» (Universität), wie wir sie in der Dritten und Vierten Republik vorfinden, trägt noch den Stempel der Ungerechtigkeit dieses schulischen Selektionsverfahrens, welches nicht ohne Auswirkungen auf die Beziehungen der verschiedenen Klassen untereinander geblieben ist. Deshalb stehen die Erziehungs- und Bildungsprobleme in Frankreich so sehr im Vordergrund. Die Kinder hoher Notabeln aus privilegierten Kreisen werden weiterhin die Notabeln und Privilegierten von morgen sein. Und dennoch kann nicht geleugnet werden, daß das Bildungsniveau und vor allem die Chancen der jungen Franzosen besser sind als vor 15 Jahren oder auch noch vor 10 Jahren. Die sozialen Schranken, die früher die Gymnasien und Universtitätsfakultäten vor dem breiten Zustrom abschirmten, stehen heute im Kreuzfeuer harter Kritik. So stellt R. Boudon fest: «Zwischen 1950 und 1960 hat sich eine Wandlung von der bürgerlichen Universität zur Universität der mittleren Klassen vollzogen.» Gleichwohl werden die angesehensten Studienfächer, welche die besten beruflichen und sozialen Aussichten eröffnen, in Frankreich immer noch von den oberen Klassen monopolisiert. Diese beherrschen die Gesellschaft auch heute noch mit zur allgemeinen Norm erklärten Bildungsleitsätzen, die den Maßstäben ihrer eigenen Schicht entsprechen. Trotz der Anwesenheit von Studenten aus Arbeiterkreisen und dem Kleinbürgertum bilden die Grandes Ecoles immer noch geistige Bollwerke, ein privates Revier der gebildeten Schicht sowie jener, die sich im Wettkampf des modernen Lebens nach oben zu kämpfen wußten.

Das Argument, daß mit der Demokratisierung des Schulwesens der Schlendrian Einzug halte, erweist sich kaum als stichhaltig. Und doch wird es von manchen Leuten in gehobener Stellung immer wieder ins Feld geführt. Jenen geht es vor allem darum, die erreichte Position sorgsam zu hüten und Außenstehenden den Zugang zu ihrer Funktion zu verweigern. Aber trotz konservativer, vorgefaßter Meinungen, die an den bestehenden sozialen und psychologischen Barrieren schuld sind, sucht das Land unbeirrt seinen Weg, der ihm von den drei großen Maximen vorgezeichnet wurde, für welche die Franzosen sich stets begeistert haben: Freiheit, Gleichheit, Brüderlichkeit.

Französische Kultur und französisches Geistesleben

Noch deutlicher als in der Geschichte schlägt sich die Lebensart und kulturelle Vitalität eines Volkes in der Kunst nieder. In ihr spiegeln sich die sozialen und psychologischen Phänomene einer bestimmten Epoche und kommen Tradition und Gesinnung einer Zeit zum Ausdruck. Frankreich hat sich von jeher den lebendigen kulturellen Wesensarten der Völker und den mannigfaltigen geistigen Einflüssen geöffnet und im Laufe der Jahrhunderte viele fruchtbare Anregungen erhalten. Noch heute gibt die schöpferische Kraft des Künstlers den Gradmesser für die geistige Potenz eines ganzen Volkes ab. Die Massenmedien sind ein geeignetes Mittel, die Kunstwerke des Landes weit über die Grenzen hinaus einem breiten Publikum zugänglich zu machen.

Eine jahrhundertealte Kultur

Es wäre zwar absurd, die prähistorische Kunst auf französischem Boden als «französisch» einzustufen – sie gehört wegen ihrer überregionalen, ja globalen Bedeutung der ganzen Menschheit; doch kann man nicht umhin, mit diesen Kunstwerken zu beginnen. Frankreich nämlich ist mit einer Vielzahl urgeschichtlicher Zeichnungen, Malereien und Gegenständen gesegnet. Wir erinnern an Statuetten wie die Venus von Lepugne oder diejenigen der Madeleine-Höhle in der Dordogne. Die Tierdarstellungen von Les Eyzies im Périgord oder in der Höhle von Lascaux sind bereits erste Anzeichen künstlerischen Schaffens. In der Bretagne und in vielen andern Regionen Frankreichs zeugen die megalithischen Monumente und Gräber (Dolmen, Menhire usw.) vom Geist eines Volkes, das lange vor den Kelten bzw. Galliern im Lande wohnte.

Ein idealer Nährboden für Kunst

Von den Galliern gibt es dagegen nur wenige kulturelle Überreste, sieht man von Stein- und Metallskulpturen sowie von Schmuck ab. Außerdem läßt sich innerhalb des keltischen Siedlungsraums, der weit über Frankreich hinausreichte, keine eigentliche hervorstechende «gallische Kunstprovinz» herauslösen; eher könnte man schon einen kontinentalen und einen britisch-irischen Stil unterscheiden. Nicht daß die Gallier unfähig gewesen wären, eindrucksvolle Monumente, Festungen, Brücken oder Wohnstätten zu bauen. Aber ihr Material, das Holz, das die Wälder in Hülle und Fülle lieferten, konnte dem Zahn der Zeit und den Witterungseinflüssen nicht widerstehen. Indessen ist der griechische Einfluß in den Mittelmeerregionen Frankreichs noch heute zu erkennen, etwa in der Bauweise der Stadtmauern von Saint-Blaise, Saint-Rémy-de-Provence sowie in gewissen Skulpturen ionischen Stils (Votivstele von Marseille). Die Häfen von Marseille (Massalia, lateinisch Massilia), Nizza (Nikaia), Antibes (Antipolis) und Agde (Agatha) eröffneten den Griechen den Zugang zu diesem Land und begünstigten auch dessen Kontakte mit dem italischen und etruskischen Kulturkreis.

Am Anfang war der Stein, der dann im Menhirfeld von Carnac zwischen blühenden Ginsterbüschen auf geheimnisvolle Weise von frühen Bewohnern in Reihen aufgestellt wurde. Hier ist die Zeit vor Jahrtausenden stehengeblieben. Graue Vorzeit, Traum und Übernatürliches verschmelzen zu einer geheimnisvollen Einheit, und in der Nacht führen der Legende gemäß Irrwische und Kobolde ihre Tänze auf.

Wie stark der griechische Einschlag war, das zeigt auch die prächtige Ausstattung des Grabes von Vix; hellenische Kunst ist demnach bis weit nach Norden vorgedrungen, nämlich bis nach Burgund. Gleichwohl entfaltete sich das Griechentum vor allem an der Mittelmeerküste. Auf die Griechen folgen als militante Eroberer, später als Kolonisatoren, die Römer (Provence leitet sich von lateinisch provincia her). Ihnen verdankt Südfrankreich eine große Menge von Baudenkmälern. Das Gebiet ist buchstäblich mit Arenen, Theatern, Palästen, Viadukten und Triumphbogen übersät, die man in Arles, Nîmes, Narbonne, Orange, aber auch in ländlichen Gegenden bewundern kann (Aquädukt Pont du Gard). Durch Cäsar wurde ganz Gallien Teil des Römischen Reiches und ließ jene gallo-römische Kultur entstehen, deren Kunst zwar in der antiken Tradition stand, sich aber zugleich in einer persönlichen Nuance äußerte, welche einen Grundstein zur künstlerischen Tradition Frankreichs legte. Vom Alltag inspiriert, verraten die gallo-römischen Skulpturen und Mosaiken einen ungezwungenen, gleichwohl aber ernsthaften Lebensstil, wie man ihn später etwa in der karolingischen Buchmalerei wiederfindet und wie er auch die Romanik mitgeprägt hat. Das Können der romanischen Baumeister erhob die Architektur auf einen Gipfel, welcher in der aus dem Osten stammenden Basilikaform seinen adäquaten Ausdruck fand: Kühnheit des Glokkenturms und des Steingewölbes, Wucht der soliden Pfeiler, der dicken Mauern mit den Strebepfeilern, ausgewogene Form des Narthex, wo die Pilger empfangen wurden, welche religiöse Versenkung suchten. Zu dieser Harmonie tragen auch Hauptschiff, Querschiff, Chorumgang und Chorkapellen bei (letztere dienten zur Aufbewahrung der Reliquien). Die romanische Kunst bemüht sich um Einklang mit der sie umgebenden Natur. Sie manifestiert sich in verschiedensten Varianten, je nach Provinz: Auvergne, Périgord, Katalonien, Burgund, Normandie. Die romanischen Steinmetzen, Baumeister und Bildhauer waren die Schöpfer von Gemeinschafts-

Chronologische Tafel der französischen Staatsoberhäupter und Regierungsformen

481–752 Merowinger
481 Chlodwig I.
743 Childerich III.

752–987 Karolinger
751 Pippin der Kleine
768 Karl der Große
814 Ludwig I. der Fromme
843 Karl II. der Kahle
877 Ludwig II. der Stammler
879 Ludwig III.
879 Karlmann
885 Karl der Dicke
898 Karl III. der Einfältige
936 Ludwig IV. der Überseeische
954 Lothar
986 Ludwig V. der Faule

987–1792 Capetinger
Die Capetinger in gerader Linie
987 Hugo Capet
996 Robert II. der Fromme
1031 Heinrich I.
1060 Philipp I.
1108 Ludwig VI. der Dicke
1137 Ludwig VII. der Junge
1180 Philipp II. Augustus
1223 Ludwig VIII. der Löwe
1226 Ludwig IX. der Heilige
1270 Philipp III. der Kühne
1285 Philipp IV. der Schöne
1314 Ludwig X. der Zänker
1316 Johann I. das Kind
1317 Philipp V. der Lange
1322 Karl IV. der Schöne
Haus Valois
1328 Philipp VI.
1350 Johann II. der Gute
1364 Karl V. der Weise
1380 Karl VI. der Wahnsinnige
1422 Karl VII. der Siegreiche
1461 Ludwig XI. der Grausame
1483 Karl VIII.
Haus Valois-Orléans
1498 Ludwig XII. von Orléans
Haus Valois-Angoulême
1515 Franz I.
1547 Heinrich II.
1559 Franz II.
1560 Karl IX.
1574 Heinrich III.
Haus Bourbon
1589 Heinrich IV.
1610 Ludwig XIII.
1643 Ludwig XIV. der «Sonnenkönig»
1715 Ludwig XV.
1774 Ludwig XVI.
1793 Ludwig XVII.

1792–1804 Erste Republik
1792 Der Konvent
1795 Das Direktorium
1799 Das Konsulat

1804–1814 Erstes Kaiserreich
1804 Napoleon I.

Erste Restaurationszeit
(Haus Bourbon)
1814 Ludwig XVIII.

Die Herrschaft der Hundert Tage
1814 Napoleon I.

1815–1830 Zweite Restaurationszeit
(Haus Bourbon)
1815 Ludwig XVIII.
1824 Karl X.

1830–1848 Das Juli-Königtum
1830 Louis-Philippe

1848–1852 Zweite Republik
1848 Louis Napoleon Bonaparte

1852–1870 Zweites Kaiserreich
1852 Napoleon III.

1871–1940 Dritte Republik
1871 Adolphe Thiers
1873 Mac-Mahon
1879 Jules Grévy
1887 Sadi Carnot
1894 Jean Casimir-Périer
1895 Félix Faure
1899 Emile Loubet
1906 Armand Fallières
1913 Raymond Poincaré
1920 Paul Deschanel
1920 Alexandre Millerand
1924 Gaston Doumergue
1931 Paul Doumer
1932 Albert Lebrun

1940–1944 Etat Français
1940 Philippe Pétain

1940–1944 Exilregierung France Libre
1940 Charles de Gaulle

1944–1947 Provisorische Regierung
1944 Charles de Gaulle
1946 Félix Gouin
1946 Georges Bidault
1946 Léon Blum

1947–1958 Vierte Republik
1947 Vincent Auriol
1954 René Coty

1958– Fünfte Republik
1958 Charles de Gaulle
1969 Georges Pompidou
1974 Valéry Giscard d'Estaing
seit 1981 François Mitterrand

werken und mit ihrem Baumaterial, dem Stein, aufs engste vertraut. Außerdem waren diese Künstler um ein reiches Ausstattungsrepertoire bemüht. Die Kunst diente vor allem dazu, die Religionsinhalte einer Mehrheit von Gläubigen verständlich zu machen, welche weder lesen noch schreiben konnte. Von der Frömmigkeit dieser Zeit zeugen Abteien, wie die von Cluny in Burgund, die im Jahre 910 gegründet wurde. Hier befand sich das bedeutendste Reformzentrum für das abendländische Mönchstum («kluniazensische Reform») und für die Gesamtkirche, das über Hirsau auch in deutsche Lande ausstrahlte. Nicht zuletzt gingen von Cluny bedeutende baukünstlerische Impulse aus.

Trotz entstellender baulicher Veränderungen, welche die Denkmäler teilweise im Laufe der Geschichte erlitten, sind uns große Werke erhalten geblieben. Der Wille zur Form war immer ein Hauptanliegen des französischen Künstlers.

Als überzeitlich gültige Monumente sprechen die romanischen Kirchen, Kreuzgänge und Klöster Frankreichs die Touristen auf ähnlich elementare Art an, wie sie früher die Pilger in Andacht versetzten, die auf dem Weg waren zum Mont-Saint-Michel, nach Vézelay oder Santiago de Compostela: Die Kapitelle dieser geweihten Stätten erzählen vom Chaos der Urzeit, wo fürchterliche Gnome und höllische Monster «wie Gestalten eines großen kollektiven Traumes» (Focillon) auftauchten. Weitere Themen sind die Heilsgeschichte sowie auf Tympanon und Archivolten der Portale Apokalypse und Jüngstes Gericht.

Die romanische Malerei bleibt lange Zeit sowohl ikonographisch wie stilistisch der byzantinischen Kunst verpflichtet. Sie bemüht sich indessen um naturgetreue Darstellung der Einzelheiten. Die Tendenz zur Vertikalen, die man im 12. Jahrhundert an gewissen romanischen Bauten der Ile-de-France feststellt, markiert den Übergang zum gotischen Stil. Ursprünglich ein Schimpfwort der Renaissance (gotisch = barbarisch ganz im Sinne des «finsteren Mittelalters»), umreißt der Begriff die auf die Romanik folgende Epoche. Augenfälligstes Merkmal ist der Spitzbogen, der dem Streben des Bauwerks in die Höhe entspricht.

Meisterwerke der Gotik sind die Kathedralen von Amiens, Chartres, Reims sowie die Sainte-Chapelle in Paris. In diesem Stil drückt sich die Intellektualität der hochmittelalterlichen Gesellschaft aus. Die Entwicklung dieser großartigen Kunst stand in Zusammenhang mit der Ausdehnung des französischen Königreichs sowie mit dem Wirken religiöser Orden in ganz Europa (Zisterzienser, Franziskaner, Dominikaner). Jenseits der französischen Grenzen – vor allem in Deutschland und England – erfuhr die Gotik eine andere Ausprägung; es wäre unangemessen, wollte man von einer Verwässerung oder Verfälschung des ursprünglichen «reinen» fran-

Der Pont du Gard: monumentales Zeugnis gallo-römischer Technik, gleichzeitig von einer Schönheit, die Epochen überdauert.

In den Arenen von Arles ist der Beifall seit dem Altertum nicht verstummt. Zwar sind es keine Gladiatorenkämpfe mehr wie in römischer Zeit, aber während der Osterfeiertage erwacht der Stierkampf regelmäßig zu neuem Leben. ▷

Die romanische Kunst Frankreichs suchte die Harmonie mit Natur und Landschaft. Sie entwickelte in der Auvergne, in Katalonien, im Périgord, in Burgund und in der Normandie verschiedene Stilrichtungen, die mit der Umgebung stets eine Einheit bildeten. Den realistischen, subtil getönten Fresken der Prioratskirche von Saint-Gilles in Montoire-sur-le-Loir (links) scheint dieselbe Gestaltungsidee zugrunde zu liegen wie den wuchtigen, robusten Pfeilern und dem Steingewölbe der Kirche Saint-Philibert in Tournus (Saône-et-Loire, rechts). Die Architektur stimmt andächtig und feierlich.

zösischen Stils sprechen (man vergleiche nur die Plastiken von Naumburg und Reims!). Der reife Stil der Hochgotik, im 13. und 14. Jahrhundert, mündet später in den Flamboyantstil ein. Zugleich tritt im Spätmittelalter die Malerei immer mehr in den Vordergrund. Ein Übergang von der religiösen zur profanen Kunst ist festzustellen *(Porträt von Johann II. dem Guten)*. Es zeichnen sich höfische Tendenzen ab, während die burgundische Schule von Dijon eine Stilrichtung zeitigt, als deren Hauptvertreter vor allem der Niederländer Claus Sluter *(Der Mosesbrunnen)* gilt. Bildteppiche werden in den Rang hoher Kunstwerke erhoben, z.B. die *Dame mit dem Einhorn* und die *Apokalypse* von Angers.

Im Zeitalter der französischen Kathedralen wirkte auf dem Gebiet der Musik die sogenannte Notre-Dame-Schule oder Ars Antiqua (u.a. Perotinus Magnus), welche die erste Blüte der Drei- und Vierstimmigkeit brachte; ähnlich bahnbrechend war im 14. Jahrhundert die Ars Nova (Hauptvertreter: Guillaume de Machaut) mit ihrer beweglichen, feingegliederten Rhythmik.

Die Anwesenheit der Päpste in Avignon und vor allem von Meistern aus Siena wie Simone Martini, der zeitweise am päpstlichen Hof wirkte, zog den Blick der französischen Herrscher unwillkürlich auf Italien. Diese Erweiterung des Horizonts veranlaßte sie, die höfische Kunst zu fördern und eine

Kunstpolitik zu betreiben, die unter Ludwig XIV. im Barockzeitalter zu voller Entfaltung gelangen sollte. Das Tal der Loire ist daher mit jenen Schlössern geschmückt, die heute zu den touristischen Hauptattraktionen des Landes zählen. Den feudalen Festungen von Chinon und Plessis-lez-Tours, den Schlössern von Blois und Amboise, in denen Gotik und Renaissancestil sich vermischen, gesellt sich in italienisierendem Stil das Schloß von Fontainebleau zu mit seinen horizontalen Linien, seinen Dreiecksgiebeln über den Fenstern und seinen Pilastern.

Franz I. macht sich ein Vergnügen daraus, an den Ufern der «Douce Loire» italienische Künstler zu empfangen: zunächst den berühmten Leonardo da Vinci, der in seinem Gepäck das Bild der Mona Lisa mitbringt.

Auf Anraten Colberts erwirbt Ludwig XIV. einen Teil der Galerie Mazarins. Mit dieser Geste begründet der junge König, der den einstigen Glanz der Monarchie wiederherstellen will, seinen Ruf als Kunstsammler und führt die Linie weiter, die schon von Franz I. vorgezeichnet war. Die kunstfördernden Institutionen und namentlich die Akademien des mächtigsten Monarchen Europas gelten bei den Zeitgenossen als beispielhaft. Den Künsten fällt jetzt die Rolle zu, die strahlende und imposante Herrschaft des Königs zu unterstreichen. Der Geschmack des Königs wird der Geschmack der Epoche: Die Bildteppichmanufakturen von Beauvais, Aubusson und vor allem des Maison de Gobelin arbeiten für ihn, während mit dem Ebenisten A. Ch. Boulle die Kunsttischlerei aufkommt, die sich auf eine reiche, im Mittelalter wurzelnde Möbeltradition stützt.

Für Frankreich hat die Antithese Renaissance-Barock, die im übrigen Europa mit wechselnder Ausprägung zur Wirkung kommt, keinerlei Bedeutung – seit Stilelemente der italienischen Renaissance verarbeitet wurden, zieht sich kontinuierlich eine klassizistische Tradition durch die französische Architekturgeschichte. Repräsentative Beispiele sind die Schlösser von Marly-le-Roi, Vaux-le-Vicomte und vor allem der Riesenpalast von Versailles. Le Vau und Hardouin-Mansart schaffen die Bauten, Le Nôtre die Gärten, Coysevox und Girardon die Statuen; Puget, der bedeutendste französische Barockbildhauer, nimmt stilistisch eine Außenseiterposition ein.

An diesem glänzenden Hof führt der gebürtige Italiener Lully (Lulli) die Oper ein. Mit Janequin und dem Niederländer Orlando di Lasso hatte die französische Musik schon im 16. Jahrhundert ein erstes goldenes Zeitalter erlebt. Das Werk der Familie Couperin, die ebenfalls zum Hof von Versailles gehört, trägt zur Verbreitung der Cembalomusik in Europa bei. Die Divertissements von Delalande verschönern die abendliche Tafel des Königs.

Die Kunstrevolution im Zeitalter der Aufklärung

Am Anfang des Jahrhunderts der Aufklärung führt der Regent die Tradition königlich-höfischer Kunst weiter, aber die Kunstliebhaber sind die konventionellen Normen, den Pomp und die Riesenmaschinerien der vorangehenden Epoche satt. Weichheit und Grazie lösen die großspurige Darbietung und den schwerfälligen Prunk ab. Dieser Hang zur Intimität führt zu einer Betonung der bürgerlichen Tugenden und schafft den verfeinerten «esprit parisien». In Amsterdam, dem wichtigsten Handelsplatz in Europa für den Kauf und Verkauf von Bildern, machen sich die Kunsthändler Guersaint, Mariette und Sirois mit der Kunstauktion vertraut und führen sie in Frankreich ein. Nicht mehr einzig und allein Könige und Fürsten erteilen Aufträge. Das höfische Leben wird durch das gesellschaftliche abgelöst, und wenn man ein Bild kauft, so deshalb, um es zu Hause aufzuhängen und sich daran zu freuen und nicht, um damit zu prunken.

Das Hauptinteresse des Staates gilt der Architektur. Berühmte Stadtbilder werden entworfen wie der Place Louis XV in Paris, der Place Stanislas in Nancy oder die Börse in Bordeaux, der Hauptstadt Aquitaniens. Dieses Gebäude ist eines der repräsentativsten der Epoche, aber auch viele Handelsstädte wie Nantes, Rennes, Straßburg, Metz und Toulouse sind von der würdevollen Eleganz der Architektur des 18. Jahrhunderts geprägt. Unter den Baumeistern dieser Zeit zeichnet sich vor allem die Familie Gabriel aus. Der «Style Louis XV» ist ein Synonym für das französische Rokoko (Louis-quinze hat sich auch im Deutschen als Epochenbezeichnung eingebürgert) – das Spielerische, Zierliche, die Verfeinerung des Ornaments (Rocaille) und vor allem die Hinwendung zur Innenausstattung, die der Abwendung vom barocken Pathos entspricht, sind typisch. Die Anzahl der Salons nimmt zu, die Konversation wird in größerem Stil gepflegt.

Was die Malerei angeht, so zeigt Ludwig XV. Interesse für Boucher, der vor allem in Darstellung von Schäferszenen glänzt, ferner für Lancret, Vanloo und Quentin de La Tour, dessen Pastelle die aristokratische Gesellschaft bezaubern. Dabei muß freilich festgehalten werden, daß die Aufträge des Staates in erster Linie an die unternehmungslustigsten Künstler ergehen und nicht an die begabtesten. Der herrliche Chardin, dieser «Vereinfacher, der auf weiche Art zu herrschen versteht», wie André Malraux ihn qualifizierte, wird eher von der bürgerlichen Gesellschaft gefeiert als bei Hofe. Was Watteau betrifft, so verwehrt ihm die freidenkerische Atmosphäre seines *Liebesfestes,* in die königlichen Sammlungen aufgenommen zu werden, obwohl es durchaus im Einklang steht mit der überschäumenden Lust dieses lebensfrohen Jahrhunderts. Fragonard mit seiner Genremalerei und seinen rustikalen Sujets ergeht es nicht besser. Schon eher dem zeitgenössischen Geschmack entsprechen seine kleinformatigen Gemälde, die Lieblingsobjekte der Kunsthändler. Mit dieser Art von Kunst vermag er sich auch einem breiten Publikum mitzuteilen. All diese Beispiele illustrieren die Tatsache, daß im 18. Jahrhundert die Kunst einem neuen Interessenkreis zugänglich wird, der mit seinen verschiedenen Erwartungen und Bedürfnissen recht eigentlich die Kunstrevolution einleitet, die den Wirren der politischen Revolution vorausgeht.

Da die Leidenschaft der Bildhauer weniger den mythischen Heroen als vielmehr den ganz irdisch-diesseitigen menschlichen Individuen gilt, widmen sie sich vor allem der Porträtbüste. So ist beispielsweise Pigalle realistisch bis ins kleinste und unscheinbarste Detail. Bei solchen Bestrebungen scheuen sich die Künstler dieser Epoche auch nicht, Materialien zu verwenden, die sich leichter bearbeiten lassen (Marmor, Ton, Gips) und das Licht besser zur Geltung bringen; sie erlauben nicht zuletzt, der geistigen Mobilität des aufgeklärten Menschen besser gerecht zu werden. Das sarkastische Lächeln von Voltaire, den melancholischen Blick von Rousseau, das durchgeistigte Gesicht Diderots, den energischen Kopf von Mirabeau – all das hat Houdon eingefangen, einer der besten französischen Bildhauer.

Auch der musikalische Genius findet einen neuen Ausdruck. Alles wird von einem Namen überstrahlt: Rameau. Als großer Theoretiker wurde er für die neuere Harmonielehre bis ins 20. Jahrhundert bahnbrechend; als Komponist (Ballett, Oper; *Les Indes galantes)* wirkte er durch stärkere Ausdrucksmittel des Orchesters bis hin zu Gluck, über diesen sogar bis zu Wagner.

Der Hauch der Freiheit

1789: Das Ancien Régime bricht zusammen, die Republik wird gegründet. In diesem apokalyptischen Klima des Bürgerkriegs und des Kampfes gegen die äußeren Feinde, die an den Grenzen das Land bedrängen, in jener düsteren Atmosphäre der Schreckensherrschaft und der Guillotine wird per Dekret vom 27. Juli 1793 die wichtige Institution des «Zentralen Kunstmuseums» gegründet. Zum Symbol der Revolutionseroberungen bestimmt, dient der ehrwürdige Louvre-Palast als Hort sämtlicher Meisterwerke aus Europa, welche von den Soldaten geraubt und vom Wohlfahrtsausschuß als Kriegsentschädigung betrachtet wurden. Diese Plünderungen, die vom Kriegsglück begünstigt waren, begründen eine wesentliche Komponente dessen, was man «Museumspolitik» nennen könnte. Die eigentliche Kunstrevolution hatte zur Zeit der Aufklärung stattgefunden, und jetzt ist der Moment der Aneignung, der «Organisation des Kunstwesens» gekommen. Übrigens betrachteten sämtliche Staaten eine solche Aneignung fremden Kulturgutes als natürlich. Vom moralischen Standpunkt fragwürdige Mittel müssen auf diese Weise für vornehme

Gotische Glasmalereien in der Kathedrale Saint-Etienne in Bourges.

Vor der Mündung des Couesnon ▷ ragt im Golf von Saint-Malo einsam der majestätische Mont-Saint-Michel empor. Dieses «Wunder des Abendlandes», durch einen Damm mit dem Festland verbunden, vereinigt Dorf, Abtei und Kirche zu einem einmaligen architektonischen Ensemble.

Pläne herhalten. Ebenso müßte dann auch die Tatsache nachdenklich stimmen, daß der Ruhm eines eroberungssüchtigen Kaisers dazu dient, dem neugegründeten Museum als dem «Musée Napoléon» seinen Namen zu leihen. Vivant Denon ist der Organisator dieser großen Kunstsammlung und einer der zielstrebigsten Museumsdirektoren, die je gelebt haben. Diese wichtige Institution wird zu einem Ruhmesblatt Frankreichs, vor allem zu einem außerordentlichen Bildungsinstrument für französische Künstler.

Als 1815 das napoleonische Abenteuer zu Ende geht, wird deutlich, daß die Rückkehr zur Antike, die sich bereits im «Style Louis XVI» abgezeichnet hatte, die Hauptinspirationsquelle der großen Meister des Ersten Kaiserreichs bildet. Wichtigster Vertreter dieser klassizistischen Richtung ist David, dem die Umrißzeichnung seiner Gemälde wichtiger ist als die Farbe. Alle Maler der ersten Jahre des 19. Jahrhunderts werden, sobald Friede und Ruhe wieder eingezogen sind, heftig angegriffen. Aber dies scheint in der unerbittlichen Kunstdialektik begründet zu sein. Es beginnt der Kampf der Romantik, und zwar elf Jahre vor der mehr literarisch orientierten Auseinandersetzung, welche auf der Bühne durch den Theaterskandal um *Hernani,* das Stück von Victor Hugo, hervorgerufen wird. Géricault mit seinem berühmten Bild *Das Floß der Medusa* eröffnet die Debatte. Dieses Gemälde erhebt eine Lokalnachricht zum Heldenepos. Delacroix kommt es zu, den durch Géricault beschrittenen Pfad weiterzugehen. Er erklärt sich zum entschiedenen Verfechter der Farbe, der Heftigkeit der Bewegung, welche die Gewalt der Leidenschaften unterstreichen soll *(Die Freiheit führt das Volk an).* Im Kunstschaffen der Romantik, wo Victor Hugo als bildender Künstler sich mit Tusch- und Federzeichnungen hervortut, findet Ingres, der als Schüler Davids ursprünglich klassizistisch geprägt ist, ebenfalls zu neuen Ausdrucksmitteln: In Rom entscheidend durch die Werke Raffaels geprägt, entfernt er sich sehr weit von seinem Lehrer; das zeigt nichts treffender als sein *Türkisches Bad* mit seiner sinnlich-schwülen Atmosphäre.

In der Bildhauerkunst ist Rude der erste, der an den klassizistischen Grundfesten zu rütteln wagt. Seine berühmte *Marseillaise* am Arc de Triomphe ist ein Werk voller Elan und Kraft. Aber in der ersten Hälfte des 19. Jahrhunderts gelangt diese Kunst kaum über einen akademischen Stil hinaus, wenn man von den bewegten Kompositionen eines Carpeaux absieht *(La danse).* Die Revolutionen von 1830 und 1848 schließlich führen proletarische Motive in die Kunst ein.

Courbet, späterer Kommunarde und im Jahre 1871 emigriert, ist ein großer Meister des Realismus, der

Nach der Pest von 1598 hat ein unbekannter Künstler aus dem dunklen Granit von Kersanton 150 Figuren von urtümlicher Ausdruckskraft geschaffen. Sie gehören zum Kalvarienberg (steinerne Kreuzigungsgruppe) von Plougastel-Daoulas in der Bretagne.

Gewaltig muß die Wirkung gewesen sein, die ein solcher Reichtum an Bildern und Formen, welche die Lehren der Heiligen Schrift veranschaulichen sollten, auf ein andächtiges, aber ungebildetes Publikum ausübte. Nicht umsonst hat Victor Hugo die Kathedrale mit einer Bilderbibel verglichen (bemaltes Kapitell der Kirche Saint-Austremoine in Issoire). ▷

nur Sujets aus dem wirklichen Leben wählt *(Begräbnis in Ornans)*. Daumier *(Die Wäscherin, Crispin und Scapin)* drückt in seinen Zeichnungen und Gemälden ironisch-ätzend soziale Ideen aus.
Ein weiterer Realist, aber weniger «engagiert», ist Corot. Die Landschaftsmaler der Schule von Barbizon (Théodore Rousseau, Daubigny u.a.) sehen ihn als ihren Meister an, obwohl er nur am Rande zu ihnen gehört.
Millet hingegen zählt von Anfang an dazu. Auch er ist ein Realist: Im Grunde seines Herzens Eklektiker, setzt er sich zum Ziel, «das Triviale in den Dienst des sublimen Ausdrucks zu stellen», und wird der «Maler der Bauern», dessen berühmte Bilder *Abendgebet* und *Ährenleserinnen* ein vom Landleben geprägtes Frankreich in ihren Bann gezogen haben.

Impression, soleil levant

Dieser Titel, den Monet einem seiner Gemälde gegeben hat, das er im ersten Salon einer Gruppe junger Künstler ausstellte, erregte anscheinend die Phantasie der Boulevardpresse-Journalisten so sehr, daß sie die Veranstaltung spöttisch als «impressionistisch» bzeichneten. Unter diesem Etikett wurde eine Kunstrevolution aus der Taufe gehoben, die auf Belgien, Deutschland, England, ja selbst auf die Vereinigten Staaten übergriff. Ins Rollen war diese Bewegung schon vorher gekommen, nämlich mit dem Skandal, den *Das Frühstück im Freien* und *Olympia* von Manet hervorgerufen hatten. Als Vorläufer des Impressionismus gelten sicher zu Recht Jongkind und Eugène Boudin. Diese waren von dem starken Willen beseelt, eine neue Bildsprache und neue Ausdrucksmittel zu finden, die ihnen erlaubten, mit der offiziellen Kunst zu brechen. Was ist denn eigentlich so revolutionär an diesen Werken, die vom zeitgenössischen Publikum abgelehnt wurden, heute dagegen zum unveräußerlichen Kanon der Kunstgeschichte gehören? Zunächst einmal lassen diese Maler die Tradition hinter sich, und zwar dadurch, daß sie ihre Sujets dem wirklichen Leben entnehmen, um ihre Impressionen auf unmittelbare Art vermitteln zu können. Dabei wollen sie auch die flüchtigsten Elemente der Natur einfangen: Lichtreflexe, Nebel, Rauch und seine Bewegung.
Aus diesem Geist heraus malt Monet seine Serien der *Kathedrale von Rouen* und der *Seerosen*. Die Impressionisten sehen sich gezwungen, eine neue Maltechnik zu entwickeln. Wenigstens die radikalsten unter ihnen eliminieren scharfe Konturen; ihre Palette reduzieren sie auf sieben oder acht Farbtöne, wie sie ungefähr den Abtönungen des Spektrums entsprechen. Die monumentalen Gemälde, die auf pompöse Art patriotische Themen verherrlichen und in allegorischer Weise die Ideale und Tugenden des Volkes preisen, berühren sie kaum. Auch verachten sie den Aufruhr der Elemente als Thema. Die Impressionisten bevorzugen glitzernde Flüsse *(Überschwemmung von Port-Marly* von Sisley) oder die Kälte *(Effet de neige* von Guillaumin). Sie fühlen sich vom Nebel angezogen, der an den Bauwerken zehrt *(Bahnhof Saint-Lazare* von Monet), von der Baumblüte *(Gemüsegarten und blühende Bäume in Pontoise* von Pissarro) oder Kindern *(Die Wiege* von Berthe Morisot). Sämtliche Ausdrucksformen des Lebens kommen zur Geltung: ländliche Vergnügen *(Das Frühstück der Ruderer* und *Die Schaukel* von Renoir) ebenso wie die Tätigkeiten der Frauen *(Le foyer de la danse à l'opéra, Die Büglerinnen* von Degas). Indem die Impressionisten alle Alltagsbereiche in ihren Bildern erfassen, bestätigen sie in schönster Weise den von Baudelaire geprägten Begriff der Modernität. Zwischen Impressionismus und Fotografie besteht eine eigenartige Wechselwirkung: Einerseits tritt diese Kunstrichtung – im Unterschied zum voraufgegangenen Realismus – zur Fotografie nicht mehr in Konkurrenz, da sie ein ganz anderes Anliegen vertritt und nicht mehr bloß «abbildet», zum andern werden ganze Fotografengenerationen von der neuen Kunst angeregt, ihr Augenmerk auf völlig andere Aspekte zu richten als nur auf die Oberfläche der Dinge.
Anders als der Impressionismus wendet sich der Symbolismus dem Märchenhaften, Unbewußten, der Traumwelt zu. Beispiele sind Gustave Moreau und, in einem andern Stil, Odilon Redon und Puvis de Chavannes. Diese Maler lösen sich thematisch von der Realität und werden dadurch auf ihre Art zu Wegbereitern der modernen Kunst. Aber bis eine solche entstehen kann, gibt es noch verschiedene Vorstufen: die Strenge der Nachimpressionisten Seurat und Signac, den oft schonungslosen Realismus von Toulouse-Lautrec, die Ruhelosigkeit Gauguins, welcher erstmals die Welt der Südsee nahebringt, die Heftigkeit und Phantasie der Malergruppe Nabis sowie das Fieberhafte in den Gemälden van Goghs.
Auf dem Gebiet der Architektur zeichnen sich Namen ab wie Garnier (Baumeister der Opéra), Violet le Duc (Restaurator von Baudenkmälern) und Haussmann (Städteplaner).
Die Bildhauerkunst ist in den letzten Jahrzehnten des 19. Jahrhunderts führend: Von Romantik und Symbolismus beeinflußt, beherrscht Rodin auf souveräne Weise das Feld. Eine ausgezeichnete Technik ist seiner Kunst dienlich. *Der Denker* und *Die Bürger von Calais* stehen stilistisch auf gleicher Höhe wie die riesige Komposition des *Höllentors*, das von Dante inspiriert ist. Bourdelle, dem Jünger dieses französischen Michelangelo, kommt es dann zu, im 20. Jahrhundert das großartige Werk seines Meisters weiterzuführen. Dabei zeichnet ihn eine wirkungsvolle Darstellung griechisch-antiker Motive aus *(Herakles mit Bogen)*. Ebenfalls von der hellenischen Zivilisation inspiriert ist Maillol. Inmitten des Taumels moderner und abstrakter Schöpfungen hält er die Tradition einer figürlichen Kunst aufrecht.

Einen nicht minder ungewöhnlichen Anblick als der Mont-Saint-Michel in seiner Bucht bietet aus der Vogelperspektive die mittelalterliche Stadt Carcassonne in der Weinebene der Aude: Der Vergleich mit einem großen Schiff drängt sich auf. Die doppelte Stadtmauer dieses Katharer-Orts, im 19. Jahrhundert von Viollet-le-Duc restauriert, vermochte dem Kreuzzug gegen die Ketzer nicht zu widerstehen.

Das goldene Zeitalter der französischen Musik

In dieser Epoche, da der Bildhauerkunst eine so große Bedeutung zukommt, erlebt auch die französische Musik ein goldenes Zeitalter. Man kann nie genug betonen, daß der Musik Frankreichs immer noch nicht die Beachtung geschenkt wird, die sie eigentlich verdient. Merkwürdigerweise finden die französischen Komponisten im Ausland mehr Gehör als in Frankreich selber. Berlioz ist auf dem Gebiet der Musik das, was Victor Hugo in der Literatur oder Delacroix in der Malerei sind. Werke wie *Symphonie fantastique, Damnation de Faust,* das *Requiem* oder *Roméo et Juliette* sind mit Recht weltberühmt. Besonders der Vergleich mit Delacroix ist überaus aufschlußreich: Bei beiden findet sich die «Überhitzung von Farbe und Linie», was sie ganz wesentlich etwa von der deutschen Romantik unterscheidet.

Gounod, Saint-Saëns, Bizet *(Carmen* und *Arlésienne),* Lalo *(Symphonie espagnole),* Chabrier *(España)* zählen zu den größten Komponisten. César Franck *(Béatitudes)* ist bahnbrechend für den instrumentalen französischen Impressionismus; nicht zufällig zählt Debussy zu seinen Schülern.

Von Gabriel Fauré, der es versteht, subtilste Nuancen auszudrücken, ist der Mehrheit seiner Landsleute vor allem sein überwältigendes *Requiem* bekannt. Claude Debussy, ein besonders hell leuchten-

In den Höfen des päpstlichen Palastes zu Avignon hallt das Echo der Schauspieler von den Mauern, wenn das berühmte, 1947 von Jean Vilar ins Leben gerufene Theaterfestival stattfindet.

der Stern am abendländischen Musikhimmel, beschreitet neue Wege. Er nimmt Einflüsse der verschiedensten Musiker aus aller Welt, aber auch aus früheren Epochen auf und fühlt sich der impressionistischen und symbolistischen Ästhetik verbunden (vor allem der des Dichters Mallarmé). Begründer des Impressionismus in der Musik, glänzt er unter anderem mit Stücken für Klavier *(Préludes, Estampes). Pelléas et Mélisande* ist für die dramatische Musik der Moderne bahnbrechend. Eine nicht geringere Wirkung als Debussy übt Ravel auf das zeitgenössische musikalische Schaffen aus; er zählt zu den Lieblingen des Publikums. Sein *Bolero* ist mehr als nur populär. Ravel verbindet ausgefallenste Kühnheiten mit durchsichtiger, ausgefeilter Instrumentierung. Sein Werk ist ungeheuer reich und versetzt den Zuhörer in eine märchenhafte, exotische Welt *(Habanera, Schéherazade, Pavane pour une infante défunte, Daphnis et Chloé).*

Internationale Einflüsse

In der Malerei beginnt das 20. Jahrhundert mit den Fauves: Matisse, Vlaminck, Dufy, Marquet, Derain, Rouault. Diese Gegenbewegung zum Impressionismus charakterisiert sich durch reine, aggressive Farben; die Fauves räumen denn auch der Farbkomposition die Priorität ein.

So wild und avantgardistisch die Fauves (zu deutsch: «wilde Tiere») sich auch gebärdeten – die eigentlich wegweisenden Impulse für eine Malerei des 20. Jahrhunderts gingen nicht von ihnen aus, sondern von einem Mann, der schon gestorben war, als der Fauvismus sich auflöste (1907): dem aus Aix-en-Provence gebürtigen Cézanne. Er hatte mit seiner theoretischen Forderung, die Kunst zu «geometrisieren», aber auch mit seinen eigenen Werken die Voraussetzung für den Kubismus geschaffen, der sich erstmals in den berühmten *Demoiselles d'Avignon* manifestierte. Deren Schöpfer, Pablo Picasso, war das führende Haupt der Künstlergruppe des «Bateau-Lavoir» auf dem Hügel von Montmartre, der Geburtsstätte des Kubismus. Picasso war der erste Maler, der zu Lebzeiten mit einer Ausstellung im Louvre geehrt wurde.

Die abstrakte Malerei, die mit Kandinsky vor dem Ersten Weltkrieg auftaucht, ist nicht mehr typisch französisch, sowenig wie die Ecole de Paris, die Künstlern aus aller Welt offensteht – wie Chagall, Kisling, Modigliani, Soutine, Foujita. Diese intellektuelle und zugleich internationale Strömung schließt auch die Welt des Traumes und des Unbewußten ein, der sich die Surrealisten Arp, Picabia, Marcel Duchamp und Tanguy verschrieben haben. Andere künstlerische Wege werden durch den «Zöllner» Rousseau mit seiner naiven Malerei beschritten, die untergründig surrealistische Tendenzen erkennen läßt, ferner durch Utrillo, ein Kind des Montmartre, mit seinen trostlosen Stadtansichten.

International wird auch die Architektur, die seit Anfang dieses Jahrhunderts verstärkt die Entwicklung der Geisteswissenschaften wie der Soziologie berücksichtigt sowie die Fortschritte der Technik und Naturwissenschaften. Die Architektur stellt sich in den Dienst des modernen Städtebaus. Der Eiffelturm ist ein deutliches Symbol für den Einbruch des Maschinenzeitalters und die Verwendung von Eisen in der Baukunst. Dieses Beispiel findet übrigens seine Fortsetzung im Schmiedeeisen des Jugendstils, das einige Metroeingänge in Paris schmückt.

1903 baut Auguste Perret in Paris ein Haus aus Eisenbeton. Edouard Jeanneret-Gris, Le Corbusier genannt, fällt in der Zwischenkriegszeit die Aufgabe zu, den Wechselbeziehungen zwischen Architektur, Industrialisierung und Urbanisierung Rechnung zu tragen. Als Theoretiker des Funktionalismus tritt er für den Bau in die Höhe ein, der die vermehrte Anlage von Grünflächen ermöglicht. Dieser Architekt schweizerischer Herkunft war einer der kühnsten Erneuerer.

Die Meisterwerke der französischen Literatur

Persönlichkeiten wie Thomas von Aquin und Albertus Magnus machen deutlich, daß seit dem Hochmittelalter eine ununterbrochene französische Tradition in der Literatur wie in der Philosophie besteht. Die «Unsterblichen» der Académie Française wie diese Institution selbst spiegeln den unbeirrbaren Willen, französisches Geistesgut zu sichten, zu ordnen und zu werten.

Die verschiedensten, teilweise gegensätzlichen Schulen und Geistesströmungen haben in unzähligen Schriftstellern, Dramatikern und Philosophen ihr Sprachrohr gefunden. Diese Autoren allesamt aufzuzählen und ihrer jeweiligen Epoche zuzuordnen wäre gewiß ein faszinierendes, aber im Rahmen eines Bildbandes undurchführbares Unternehmen. Mehr als die Ebenen und Hügel springen die hohen Gipfel der Literaturgeschichte in die Augen. Die Dichtungen der Trouvères und Troubadours, die *Chansons de geste* (Rolandslied), *Aventures de la table ronde* sind die ersten Pfeiler einer Literatur, an deren Anfang die Gattung des Heldenepos steht. Der *Roman de Renart* (eine der frühesten Fassungen von *Reineke Fuchs),* die Werke von Rutebeuf und Adam de la Halle, der als Trouvère sowohl Komponist als auch Dichter ist, erscheinen wie eine Literatur des «Widerspruchs» in einem Mittelalter, das vor allem von Scholastik und Philosophie geprägt ist. Aber die Höhepunkte sehen wir in der Lyrik des spätmittelalterlichen Villon, in Marot sowie in den zur Gruppe der Pléiade gehörenden Dichtern Du Bellay und Ronsard. Dies vielleicht nicht zuletzt deshalb, weil das spätmittelalterliche Lebensgefühl dem unsrigen doch soviel näher verwandt ist. All diese Leute drückten ihr Leid aus, standen im Bann der Schönheit, waren entweder

Der schöne Garten «à la française» ▷ des Schlosses von Chenonceaux in der Touraine ist ein typisches Symbol kartesianischen Geistes, der – logisch bis zum Exzeß – nicht davor zurückschreckt, jede Spur urwüchsiger Vegetation zu tilgen, um einen künstlichen Lebensrahmen zu «konstruieren». Welch Unterschied zum englischen Garten, der der Natur nachempfunden ist und sich mühelos in die Wirklichkeit des Alltags einfügt!

Eine ungeheure Vielfalt der Details und der Farben: die Rosette in der Kathedrale von Chartres.

Spielleute, die ihr Saiteninstrument mit sich trugen, oder aber Fürsten, Höflinge des Königs und Anbeter der hübschen Passantinnen: «Mignonne, allons voir si la rose qui, ce matin, avait éclose...» (Mein Liebchen, komm und schau, ob die Rose, die heute morgen erblüht ist...). Rabelais verherrlicht in urwüchsiger Sprache das Leben der Riesen Gargantua und Pantagruel und läßt in diese im Märchenton gehaltene Zeitsatire das gesamte Wissensgut der Frührenaissance einfließen, während Montaigne aus seinen Reisen und seinem Bildungsschatz den Stoff zu den *Essais* schöpft. In diesem Werk formuliert er mit einem lächelnden Skeptizismus die Regeln einer tief humanistischen Lebenskunst und regt noch heute den Leser zur Erforschung des Seelenlebens und zum Nachdenken über ethische Fragen an. Im 17. Jahrhundert steht die Tragödie im Vordergrund (Corneille, Racine). Daneben ist Descartes' *Abhandlung über die Methode* sehr wichtig, deren Rationalismus im französischen Geist untilgbare Spuren hinterlassen hat. «Ich denke, also bin ich»: Jeder, der einmal mit Philosophie in Berührung gekommen ist, kennt diesen fundamentalen Satz, der Descartes erlaubte, aus dem systematischen Zweifel herauszufinden.

Im Theater stellt Molière das Menschlich-Allzumenschliche dar, das dank seiner funkelnden Sprache eine Steigerung erfährt. Viele seiner Stücke sind von unnachahmlicher Leichtigkeit und sollen den Zuschauer zum Lachen bringen *(Der Geizige, Der Bürger als Edelmann).* Aber seine unsterblichen Meisterwerke *(Der Menschenfeind, Tartuffe, Don Juan)* erweisen sich als heftige und bissige Satiren auf die menschlichen und gesellschaftlichen Schwächen und Laster ihrer Zeit.

Im «Jahrhundert der Aufklärung» steht ganz Europa im Bann der französischen Sprache und Zivilisation. Hauptgegenstand der Konversation in den Salons ist die Philosophie, die den menschlichen Geist zur Wissenschaft, zum Fortschritt, zu Vernunft, Freiheit und sozialer Gerechtigkeit befähigt.

Von all diesen großen Ideen, wie sie der scharfsinnige Montesquieu, der despektierliche Voltaire, der Freidenker Rousseau und schließlich Diderot, der große Begründer der Enzyklopädie, verfechten, erhofft man sich den Fortschritt der Menschheit.

Am Anfang des 19. Jahrhunderts herrscht der romantische Idealismus vor – mit Chateaubriand, später Victor Hugo, dessen Genie in allen literarischen Gattungen großartige Werke hervorbringt (Roman, Drama, Lyrik). Lamartine, Musset, Vigny und Nerval sind weitere Vertreter der Romantik, von denen vor allem Nerval der deutschen Vorstellung von Romantik als der «Nachtseite des Lebens» am meisten entgegenkommt. Die Flamme der Romantik erlischt nicht so bald, und der revolutionäre Wind, der sie unterhält, veranlaßt Baudelaire, der übrigens an Nerval anknüpft, das alte Erbe neu zu beleben und zugleich die Hauptmerkmale moderner Dichtung festzulegen. Balzac entfaltet mit den neunzig Romanen seiner *Menschlichen Komödie* seine große erzählerische Kraft, während die realistische Strömung mit Flaubert, Maupassant und dem Naturalismus eines Zola Triumphe feiert. Am Anfang eines neuen goldenen Zeitalters stehen Dichterpersönlichkeiten wie Péguy, Barrès, Loti, Proust, Gide, Valéry, Mauriac, Claudel, Montherlant, Martin du Gard.

Traum und Unbewußtes, von der Psychoanalyse erforscht, weisen in der Zwischenkriegszeit den Weg zum Surrealismus, der von Apollinaire zuerst begangen worden war, dem Vorläufer von Breton, Aragon und Eluard. Von Romantik, Mystik und anderen irrational motivierten Geistesströmungen ausgehend, lehnte der Surrealismus jede logisch-rationale Begründung des Kunstschaffens ab, war also im innersten Kern unbürgerlich. Diese Strömung, die ebenso unterschiedliche wie eigenständige Persönlichkeiten beeinflußte (Artaud, Leiris, Prévert, Queneau, Michaux), war von weltweiter Wirkung und schuf die Grundlagen der heutigen Kunst und Kultur.

Die Kultur der Gegenwart

In einer Welt, in der alles auf die große Schau ausgerichtet ist, die Kunstgalerien zu Märkten degradiert werden – wer hört da noch den Ruf dieses Wesens, das man Dichter nennt? Vielleicht noch jene Frauen und Männer, die sich intensiv dagegen wehren, von einer unpersönlichen Zivilisation zu konsumierenden Robotern herabgewürdigt zu werden. Es sind Tausende von Leuten, die von den republikanischen Schulen, Gymnasien und Fakultäten geprägt wurden. Sie kamen mit einem kulturellen Ideal in Berührung, das sie entweder akzeptieren oder verwerfen. Auf jeden Fall entsprach dieses Ideal durchwegs den Vorstellungen einer bürgerlichen Gesellschaft. Diese gibt zwar oft auch Anlaß zu heftiger Kritik, unbestritten aber war sie es, die dem literarischen und künstlerischen Schaffen den Weg wies. Die künstlerische Darstellung erfreut sich nach wie vor eines großen Publikums, das allerdings, gemessen an der Gesamtbevölkerung, weiterhin eine Minderheit bildet. Jedes Jahr strömt die Volksmenge in die großen Ausstellungen, Theater und Konzerte, zu den Festivals und den Kulturstätten, die Malraux so sehr am Herzen lagen. Für das staatliche Kunst- und Kulturzentrum von Paris, das auf Anregung Georges Pompidous erbaut wurde, erwartete man ursprünglich 7000 Besucher pro Tag. Es sind aber 25000 und an manchen Sonntagen sogar 35000, welche die Kassandrarufe widerlegen, die Zweifel am allgemeinen Interesse für eine so große Kulturinstitution ausdrückten. Auf jeden Fall erweist sich das Experiment als ein großer Erfolg, dem symbolische Bedeutung zukommt.

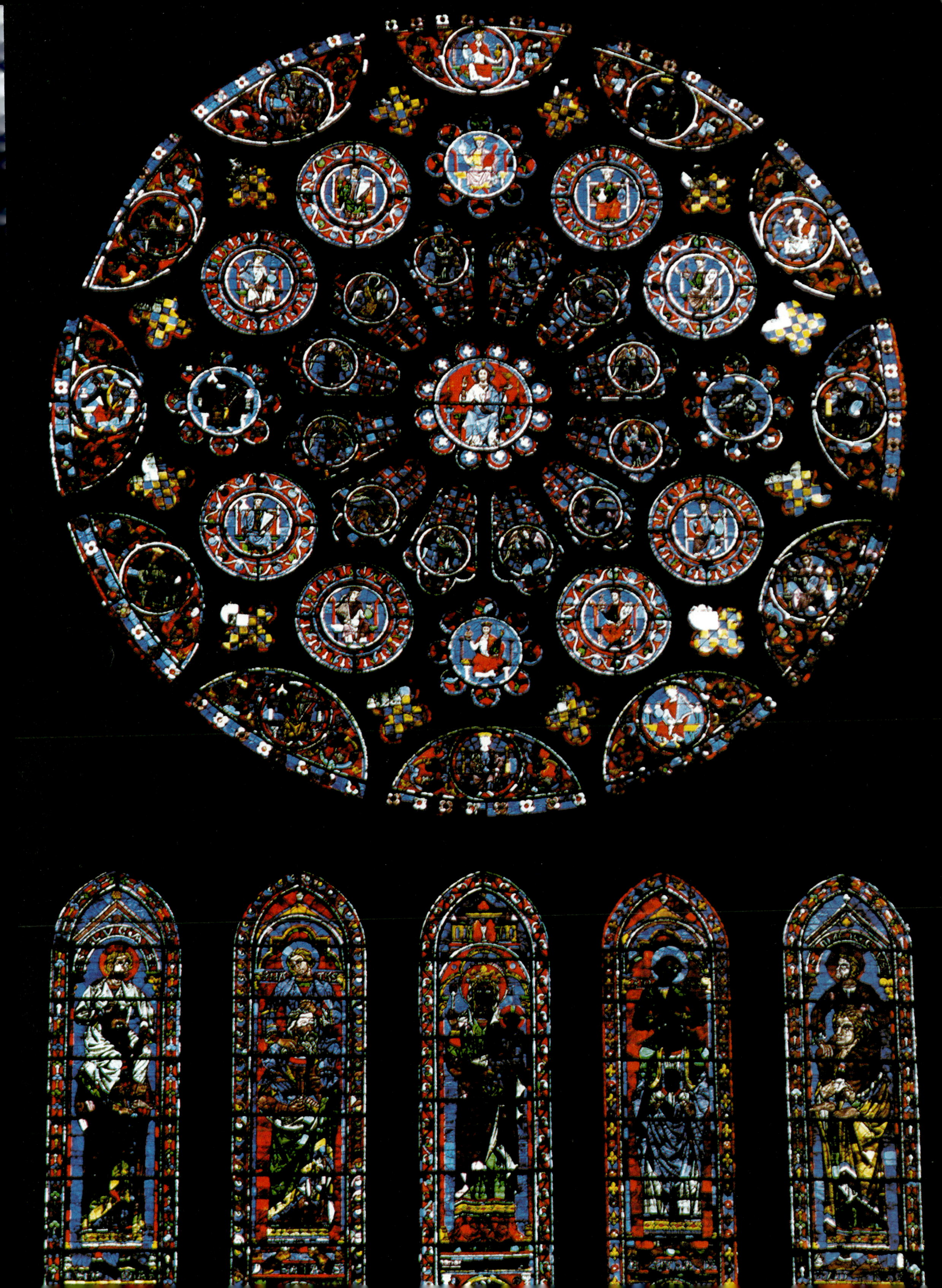

PHARMACIE

«Vor allem Musik»

Einer der bedeutendsten kulturellen Marksteine der letzten fünfzehn Jahre ist in Frankreich zweifellos der Aufschwung des musikalischen Schaffens. Das gilt auch für die Volksmusik. Dieses neuerwachte Interesse ist auf eine wachsende und unaufhaltsame Liebe zur Musik zurückzuführen, die sich durch alle sozialen Klassen zieht und sich bei der Jugend besonders stark abzeichnet. Fest steht, daß die Musik in jüngster Zeit das «gehätschelte Kind» des Staates war, aber besonders unterstützt wurde sie von den Massenmedien, vor allem dem Rundfunk. Die Förderung der Festivals in Aix-en-Provence, Bordeaux, Besançon, Orange, Straßburg, Royan, La Rochelle, Prades, Nancy und in Paris (vor allem im Marais-Viertel) sowie die zahlenmäßige Zunahme der Konzerte unterstreichen noch das Interesse der heutigen Franzosen für die Musik und namentlich auch für die Werke der Zeitgenossen. Trotz der Einflüsse aus dem Ausland führt die moderne Musik Frankreichs die Tradition der alten Meister fort und knüpft aber auch unter anderem bei Debussy, Satie sowie der «Gruppe der Six» an, zu der sich junge Komponisten 1918 in Paris unter der Führung von Satie zusammengeschlossen hatten. Von ihren Bestrebungen sind auch Persönlichkeiten wie Darius Milhaud und Georges Auric sowie Francis Poulenc ausgegangen.

Entscheidend bleibt auch der Einfluß von Edgar Varèse und vor allem Olivier Messiaen; letzterer verarbeitet mittelalterliche Zahlenmystik sowie indische Rhythmik. Sein Werk zeugt von tiefer Religiosität *(Petite liturgie de la présence divine, Le livre d'orgue).*

In der «progressiven» Strömung, mit Jolivet, Henry Dutilleux, Marius Constant und Ballif, verdeutlicht sich das Bedürfnis nach neuen Experimenten und Erneuerung des Klangvokabulars. Dabei wird der starre Systemzwang zwar abgelehnt, aber die Verbindung mit der Tradition bleibt erhalten.

Die «avantgardistische» Strömung hat in Frankreich unter dem Einfluß der Wiener Schule und vor allem Schönbergs die Zwölftonmusik eingeführt. Pierre Boulez, Dirigent, Komponist *(Le marteau sans maître)* und Direktor des IRCAM (Forschungs- und Koordinationsinstitut für Akustik und Musik), ist zur Zeit der Hauptvertreter dieser Richtung.

Schließlich wäre noch die elektroakustische Richtung zu erwähnen. Ihr Merkmal ist die Einführung neuer Klangträger. Pierre Schaeffer ist der Erfinder der «konkreten» Musik, die auf der Kombination verschiedener Geräusche und Töne fußt (fallende Flasche, verstimmtes Klavier...), die auf Band aufgenommen werden und das klangliche Material zu einem musikalischen Kunstwerk liefern. Pierre Henry *(Messe pour le temps présent)* zählt gegenwärtig zu den Hauptvertretern dieser Richtung, während Iannis Xenakis, griechischen Ursprungs, sich der eigentlichen elektronischen Musik zugewendet hat.

Theater und Bühnenaktivität

Das Theater ist im sozialen Leben Frankreichs tiefer verwurzelt als jede andere Kunst. In den letzten dreißig Jahren hat es einen grundlegenden Erneuerungsprozeß durchgemacht: Einerseits paßte es sich den Bedürfnissen eines breiteren Publikums an, und andererseits entwickelte es einen dramatischen Ausdruck, der sich gegen die Normen des herkömmlichen Theaters wandte. Jene Normen hatten sich im Laufe der Zeit aus den Mirakeln und Mysterienspielen des Mittelalters, später aus der Renaissance, der Klassik des 17. Jahrhunderts, der Romantik und schließlich aus dem Symbolismus entwickelt. Letzterer kündigte schon Anfang unseres Jahrhunderts eine Rückkehr zur Einfachheit an.

Vier Faktoren waren für die Erneuerung der Bühnenkunst entscheidend: Der erste ist die Verschärfung der Klassenkämpfe und die Entstehung des Vierten Standes, der zweite die bürgerliche Kulturkrise, der dritte die Entwicklung von Film und Fernsehen (welche beide die Rolle eines Volkstheaters übernahmen) und der vierte Faktor schließlich die Internationalisierung des Repertoires, der Regisseure und der Schauspielensembles.

Jene «andere» Bühne zeichnet sich durch ihren kritischen Geist und ihre Kompromißlosigkeit aus. Dadurch hebt sie sich vor allem vom Boulevardtheater ab, wo noch heute gewisse Autoren glänzen (Sacha Guitry, Achard, Roussin u.a.). Andererseits unterscheidet sie sich auch von den subventionierten Bühnen wie der Comédie-Française, dem Théâtre de Chaillot und dem Odéon. Außer den Klassikern werden dort traditionsgemäß ebenfalls die Stücke der großen Autoren des 20. Jahrhunderts gegeben: Claudel *(Der seidene Schuh, Goldhaupt),* Montherlant *(Die tote Königin, Der Ordensmeister, Port Royal).* Im übrigen fanden schon vor dem Zweiten Weltkrieg in diesen Theatern hier und da Aufführungen folgender Autoren statt: Jules Romains *(Dr. Knock oder Der Triumph der Medizin),* Giraudoux *(Der Trojanische Krieg findet nicht statt),* Cocteau *(Nein, diese Eltern...),* Anouilh *(Antigone),* Camus *(Caligula, Die Gerechten),* Sartre *(Die Eingeschlossenen).*

Seit der Zwischenkriegszeit hatten die Regisseure Dullin, Jouvet, Baty und Pitoëff die Lehre von Jacques Copeau wiederaufgenommen, der danach trachtete, «dem Theater seine Wahrheit und Würde zurückzugeben und es zugleich dem breiten Volk zugänglich zu machen». Jean Vilar, Leiter des Théâtre National Populaire und Gründer des Festivals von Avignon, hat diesen Leuten viel zu verdanken. Dasselbe gilt für alle Regisseure, die in den fünfziger und sechziger Jahren und zum Teil bis heute an der Erneuerung der Bühne mitwirkten, um zu einer umfassenden Kunst zu gelangen. Die bekanntesten Pioniere unter ihnen heißen Barrault, Wilson und Maréchal.

Bei den jungen Künstlern unserer Generation, die im allgemeinen stark von Brecht beeinflußt sind

◁ Die berühmte Westfassade des Straßburger Münsters (an deren Entwurf Erwin von Steinbach beteiligt war) mit der eigentümlichen «Steinharfe», dem vor die Fassade gespannten, freistehenden Stab- und Maßwerk.

(Planchon, Serreau, Ariane Mnouchkine), gilt hingegen Artaud als einer der Haupttheoretiker des modernen französischen Theaters. Nach Barrault, der lange sein einziger Jünger war, haben führende Köpfe verschiedener Gruppen seinen Ruf vernommen und den Schwerpunkt auf die «Beschwörung der expressionistischen Vision mittels eines Theaters der Beklemmung und der Revolte» gelegt: Béjart, Lavelli, Garcia.
Als Sprach- und Situationstheater und nicht mehr als reines Personendrama findet die französische Bühne verschiedene Ausprägungen: Da ist einmal die Allgegenwart des Absurden zu nennen, mit *Warten auf Godot* von Samuel Beckett, *Bei geschlossenen Türen* von Sartre, *Die kahle Sängerin* von Ionesco. In *Der Lauf des Bösen* von Jacques Audiberti manifestiert sich das Worttheater, und in dem von den Antillen stammenden Aimé Césaire *(Und die Hunde schwiegen)* jenes der Lyrik und der Revolte. Jean Genet läßt in seinen Stücken *Die Zofen* und *Wände überall* seinem Spott freien Lauf.
In den letzten Jahren ist vor allem der Erneuerung der Bühnenausstattung große Aufmerksamkeit geschenkt worden; ferner zeichnen sich neuartige Beziehungen zwischen den Schauspielern und dem Publikum ab. Mit Stücken wie *1793, Das goldene Zeitalter, Die roten Mützen,* die in früheren Militärhangars der Pariser Vororte aufgeführt wurden, hat das Théâtre du Soleil den Zuschauern, die sich unter die Akteure mischten, Gelegenheit zur geschichtlichen oder politischen Reflexion geboten, z.B. über die Lebensbedingungen der Gastarbeiter.
Im ungestümen Suchen und Experimentieren wird auch das Wirken von Michel Hermon, Llorca und Jérôme Savary, dem Gründer des Magic Circus, sichtbar. Dieser ist geradezu ein Symbol der festlichen Veranstaltung im Freien geworden. Sehr oft gehören die Regisseure «dezentralisierten» Bühnen an (staatliche Provinztheater). Wie ihre unmittelbaren Vorläufer betonen diese Leute den Wert, der einer Aufführung zukommt, welche nur ein Kulturmittel für die Masse sein will. Mit dem Erfolg des Festivals von Nancy, von Jack Lang ins Leben gerufen, erscheint die Berechtigung solcher Tendenzen hinreichend belegt. Leider haben diese neuen Impulse infolge materieller Schwierigkeiten ihrer Initiatoren eine Abschwächung erfahren. Dies ist andererseits auch ein Grund für den Aufschwung der Café-Theater. Die Veranstaltungen dieser Lokale werden oft von einem einzigen Schauspieler bestritten *(One Man Show)* und sind aus Platzgründen nur für ein begrenztes Publikum gedacht.
Es ist nicht zu leugnen, daß das Theater als Statussymbol einer kultivierten Oberschicht in Frankreich an Bedeutung verliert. Aber was tut's, wenn es dafür in der Suche nach neuen dramatischen Ausdrucksformen das Publikum besser überzeugt und dazu beiträgt, die komplexen Beziehungen zwischen den Menschen zu erhellen...

Les Thiaulins-de-Lignières im Berry. Der Volksliederschatz der Sänger Mic Baudiment und Roger Pearon enthüllt eine Geschichte Frankreichs, wie sie von den Historikern unbeachtet bleibt.

Das lyrische Chanson

Jedermann weiß, daß in Frankreich «alles mit dem Chanson aufhört». Dieser Scherz von Beaumarchais unterstreicht nur noch die sprichwörtliche Frivolität eines Volkes, das oft den Glauben erweckt, es nehme sich nicht ganz ernst. Dabei ist das Chanson, falls es nicht plumpen kommerziellen Zwecken dienen will, etwas durchaus Ernsthaftes und alles andere als minderwertige Kunst. Zudem ist es in der Lage, alle sozialen Schichten anzusprechen und dadurch die Gesellschaft zu beeinflussen.
Das französische Chanson – eigentliche Volkskunst – besitzt eine lange und reichhaltige Tradition, und noch heute ist seine Wirkungskraft, wie sie schon den mittelalterlichen Pastorellen eignete, ungebrochen. Es besteht kein Zweifel, daß Aristide Bruant dem realistischen Aktualitätenchanson zu neuem Leben verholfen hat (seine Gestalt, mit dem schwarzen Hut und dem Cape, wurde dank der Plakate Toulouse-Lautrecs populär). Anfang unseres Jahrhunderts führen Mayol, Fragsen, Polin, Yvette Guilbert diese Tradition weiter. Das war vor dem Aufkommen der Music-Hall mit der Mistinguett, mit Maurice Chevalier *(Valentine, Ma pomme)* und Josephine Baker, die den Einbruch des Jazz und afrikanischer Rhythmen ankündigt. Mikrophon, Schallplatten und vor allem das Radio verhalfen dem Chanson zu seiner Popularität und machten es allgemein zugänglich. Bekannt wurden ferner Tino

Rossi, Damia, Frehel und Lucienne Boyer. Der «verrückte Sänger» Charles Trénet symbolisiert die Euphorie einer Epoche, da die Franzosen sich der eben errungenen sozialen Vorteile erfreuen, welche die Volksfrontregierung unter Léon Blum 1936 eingeführt hat (bezahlter Urlaub, 40-Stunden-Woche): *Je chante, Fleur bleue,* später *Douce France* und *La mer.* Das alles hat nichts mit den unverfrorenen Chansons der Edith Piaf zu tun, dem «Spatz von Paris» mit der unverwechselbaren, herzzerreißenden Stimme. Sie, die als Straßensängerin begonnen hatte, sang als Anwältin der Unterprivilegierten ihres Herkunftsmilieus – vielleicht hält ihr Erfolg weit über ihren Tod und die Grenzen Frankreichs hinaus gerade deshalb unvermindert an. («Sie hätte das Telefonbuch hersingen können», meinte Boris Vian, «und hätte dabei die Massen zum Heulen gebracht»): *Les amants d'un jour, Mon légionnaire, Milord, La vie en rose, L'homme à la moto.* Piaf «ist einfach schön, weil es traurig ist», auch mit den «Compagnons de la chanson», der Truppe, mit der sie die Welt bereiste.

In den Kellern von Saint-Germain-des-Prés ist unter Beihilfe von Sartre und Boris Vian *(Monsieur le Président)* das ebenfalls sehr schöne intellektuelle Chanson entstanden. Seine Interpreten gelten immer noch als ausgezeichnet: Juliette Gréco, Cora Vaucaire, Catherine Sauvage, Mouloudji. Jenseits von Modeströmungen und Engagements gibt es einige Künstler des Chansons, die nach wie vor führend sind: Georges Brassens, der Nonkonformist, ist lange vor seinem Tod im Oktober 1981 zur nationalen Institution geworden. 1967 verlieh ihm die Académie den Prix de poésie, und sein Repertoire zählt zum Prüfungspensum der «écoles normales supérieures». Jedes Jahr studieren Tausende von Schülern und Gymnasiasten seine Texte, die von Freundschaft und Zärtlichkeit handeln: *L'Auvergnat, La mauvaise réputation, La mauvaise herbe, Les copains d'abord.* Léo Ferré *(Avec le temps)* wurde lange als Randerscheinung betrachtet. Er hat sich kürzlich den Luxus geleistet, für sein *Chanson du mal aimé* im riesigen Palais des Congrès ein Orchester mit mehr als hundert Musikern zu versammeln.

Als im Jahre 1979 Jacques Brel starb, fühlten sich viele Franzosen vereinsamt. Seine Texte in ausgefeiltem Stil *(La chanson des vieux amants, Le plat pays, Quand on n'a que l'amour)* rühren die Gemüter auch heute noch, während der *Valse à mille temps* immer noch mitreißt.

Einen kurzen Abriß der Sänger, Dichter und Musiker ohne Erwähnung der «Dame in Schwarz» – Barbara – abzuschließen wäre eine Unterlassungssünde, denn ihre Musik ist sehr ansprechend, und ihre Texte vibrieren vor Empfindsamkeit: *Solitude, Göttingen, Dis quand reviendras-tu?, Un aigle noir...*

Seit mehr als zwanzig Jahren zählt der Rock viele Anhänger. Diese gewährleisten den Erfolg von Johnny Halliday und Eddy Mitchell. Andererseits haben viele Künstler Schwierigkeiten, sich bei einem breiten Publikum durchzusetzen. Unter jenen, die immer noch an der ursprünglichen Idee des französischen Chansons festhalten, figurieren Anne Sylvestre, Catherine Ribeiro, Ferrat, Bécaud, Montand und Nougaro, letzterer ein wahrhafter Meister des Worts.

Die Einzelgänger unter den Künstlern

Die abstrakte oder nichtgegenständliche Kunst geht zwar in ihren Wurzeln auf die Zeit vor dem Ersten Weltkrieg zurück, genießt aber vor allem seit 1945 besondere Aufmerksamkeit seitens der Öffentlichkeit. Diese will nicht den Fehler wiederholen, den sie beging, als sie seinerzeit den Impressionisten so sehr unrecht tat. Philosophen und Schriftsteller sind vom Begriff des Absurden stark beeinflußt; wir nennen nur die Namen Sartre und Camus, Ionesco und Beckett. Picasso verkörpert mit dem fieberhaften Ausdruck seiner Kunst am augenfälligsten das, was Huyghe das Empfinden der Epoche genannt hat, die ebenso vom Schicksal zerrissen ist wie erfüllt von Groll gegen die Wirklichkeit, gegen sich selbst und gegen alles. In den letzten dreißig Jahren hat die französische Kunst also keineswegs die angenehme Seite des Lebens gefeiert. Das abstrakte Kunstschaffen in seinen verschiedensten Ausprägungen konnte den Intellekt des Volkes nur deshalb für sich einnehmen, weil dieses darin einen Widerschein seiner eigenen Vorstellungen fand. Das ermöglichte es der nichtgegenständlichen Kunst, das heißt der geometrischen Abstraktion (Vasarély, Deyrolle), der lyrischen Abstraktion, der informellen Kunst, auch Informel genannt (Fautrier, Dubuffet), und dem Tachismus (Nicolas de Staël), immer mehr an Boden zu gewinnen. Es scheint, daß der Höhepunkt dieser ganzen Richtung mit dem abstrakten Expressionismus von Mathieu erreicht ist. Daneben bleiben viele französische Maler der gegenständlichen Tradition treu: so Gruber, Buffet und Lorjou *(L'Ange atomique)*, die einen Humanismus apokalyptischer Zeiten zu verkünden scheinen. Die Malerei von Balthus, ebenfalls gegenständlich, ist weiter nichts als rätselhaft, wie auch die von Pédousseau. Savignac, Villemot, Colin, Morvan, Folon, Pagès beleben die Plakatmalerei aufs neue und stellen so das entgegengesetzte Extrem dar: aktualitätsbezogen, engagiert, aggressiv. Die großen Richtungen der Malerei finden sich natürlich in den anderen bildenden Künsten wieder, vor allem in der Bildhauerei: stilisierte Linien bei Brancusi, abstrakte Formen bei Arp, Zadkine, Etienne Martin, expressionistische Züge bei Germaine Richier *(Le Christ d'Assy).* In der Atmosphäre solcher Kreativität erklärt César ein in der Schrottpresse deformiertes Auto zur Skulptur, und auch der gebürtige Schweizer Tinguely mit seiner kinetischen Kunst läßt sich vom Zauber des Maschinenzeitalters verführen. Dadurch nähern sich Kunst und Technik einander an...

«Wenn die Musik den Taubstummen nicht gefällt, ist das kein Grund, die Musik zu verkennen» (Erik Satie). ▷

12

Was die moderne Architektur angeht, so paßt sie sich dem «internationalen Stil» an, der von der französischen Tradition oft weit entfernt ist. Abgesehen von einigen geglückten Bauwerken, die in vielen Fällen von Le Corbusier, einem weiteren Schweizer, stammen, muß der unvoreingenommene Betrachter eingestehen, daß Frankreich – wie andere Länder auch – in den letzten dreißig Jahren häßlicher geworden ist mit seinen Vorstadthäusern und den erdrückenden Blöcken. Wenn die Architekten auch nicht ganz Frankreich verschandelt haben, so haben sie doch zweifellos die Chance vertan, die vom Krieg zerstörten Städte in einem ansprechenden Stil neu aufzubauen. Heute würden die Franzosen wohl kaum mehr dulden, was sie zu einer Zeit akzeptierten, da das elementare Bedürfnis nach einer Wohnstätte den Vorrang vor jeglichen ästhetischen Erwägungen hatte.

Die Renaissance des Kunstgewerbes (Dekoration, Keramik, Glasmalerei, Mosaik) brachte in die ganze Hoffnungslosigkeit der Moderne eine gewisse Neubelebung, und dies sowohl in Frankreich wie auch im übrigen Europa. In diesen Zusammenhang gehört auch die Pop-art, die außerfranzösischen Ursprungs ist (USA, England) und auf ihrem Siegeszug durch die Welt in Frankreich Eingang fand. Die labile Gratwanderung zwischen Kunst und Industrieprodukt, die sie in ihren echten Werken so faszinierend macht, ist in dem Augenblick verlassen, wo die Pop-art «eingleisig» nur noch das ist, was sie spielerisch-ironisch zu sein vorgab, aber ganz und gar nicht war: nämlich Kunstgewerbe. In diesen degenerierten Kunstbetrieb, der Frankreich oft zur (unzulänglichen) Imitation fremder Strömungen verleitet, bringen zu neuem Leben erstandene Handwerksprodukte wie der Bildteppich einen wohltuenden, frischen Wind. Wegbereiter dieser Erneuerung waren bereits Jean Lurçat, Matisse, Cocteau, Picart, Le Doux und Millecamps. So wie in der Malerei das Dargestellte sich von der Leinwand plastisch abhebt oder gar von ihr löst, so verselbständigen sich Textilelemente in der Objektkunst, in Kollagen usw. Man könnte also sagen, auch der ehrwürdige Bildteppich ist von den neuesten Tendenzen der Kunst erfaßt.

Die Fotografie galt lange nur als eine Kunst zweiten Grades. Mit Henri Cartier-Bresson und Doisneau, für viele talentierte Berufsfotografen wegweisend, ist sie den anderen Künsten ebenbürtig geworden.

Ballett und Pantomime

Die Regeln des französischen Balletts wurden im 17. und 18. Jahrhundert von der königlichen Akademie des Tanzes sowie der Tanzschule der Opéra festgelegt. Nachdem es in der Romantik eine Blütezeit erlebt hatte, blieb es Anfang des 20. Jahrhunderts unter dem Einfluß des russischen Stils von Diaghilev in Konvention erstarrt. Als vielseitige Kunst, an der Musiker, Bühnenbildner und Dichter teilhaben, erfuhr das Ballett in der Zwischenkriegszeit unter dem Einfluß von Serge Lifar, später auch in den fünfziger Jahren eine Erneuerung. Zu dieser Zeit gehörte das Corps de ballet der Opéra von Paris zu den berühmtesten der Welt. Aber Maurice Béjart, der sich nicht nur als Tänzer, sondern auch als Choreograph hervortat, hat seit der Mitte der sechziger Jahre in dieser Kunst einen völlig neuen Weg eingeschlagen, so daß das letzte Viertel des 20. Jahrhunderts als eine der wichtigsten Epochen in die Geschichte des französischen Balletts eingehen dürfte.

Mit der Verbindung von indischem Tanz, Gymnastik und klassischem Ballett hat Béjart einen neuen Stil begründet. Janine Charrat in Lille, Blaska in Grenoble und Jacques Garnier im Théâtre du Silence zählen zu den originellsten französischen Choreographen.

Die Pantomime, die mit der Verbreitung des Kinos praktisch verschwunden war, erwachte mit Marcel Marceau zu neuem Leben. Dieser Künstler ist in der ganzen Welt bekannt. Zusammen mit den Choreographen und den neuen Theaterregisseuren der Avantgarde hat er es verstanden, seinen Landsleuten ein Gefühl für körperlichen Ausdruck und Tanz zu vermitteln.

Die «Nouvelle Vague» des französischen Films

Die Erneuerung des französischen Films in den Jahren 1958–1960, die sogenannte «Nouvelle Vague», fällt seltsamerweise zeitlich mit dem politischen Machtwechsel zusammen. Ist die «alte Garde» (Cayatte, Delannoy, Autant-Lara, Christian-Jaque) einfach gleich den Ruinen der Vierten Republik hinweggefegt worden? Man ist versucht, zwischen der Entwicklung des Filmschaffens und dem politischen Geschehen Parallelen zu ziehen. Dies gelingt indessen nur teilweise: Zweifellos haben Truffaut, Chabrol, Godard und Rivette in Handlung und Filmtechnik mit der Tradition gebrochen. Gleichwohl konnten sie sich doch nicht vollständig von den fünfzigjährigen Errungenschaften dieser «Siebenten Kunst» lösen. In den achtziger Jahren des 19. Jahrhunderts war in verschiedenen Ländern mit der lebenden Fotografie experimentiert worden: in den USA, in Italien, Deutschland und Frankreich. Im folgenden kann natürlich nur die Entwicklung nachgezeichnet werden, insofern sie Frankreich betrifft.

Louis Lumière, der mit einer Weiterentwicklung des von Edison erfundenen Kinematographen auch die Geschichte der französischen Filmtechnik einleitete, schuf den dokumentarischen Film *(La sortie des usines Lumière,* 1895). Einige Zeit später führte Meliès das Filmatelier, die getreue Nachbildung der Wirklichkeit und die Trickaufnahme ein; er wurde der Pionier des phantastischen Films.

Schon vor und dann während des Ersten Weltkriegs hatte Louis Feuillade in einigen genialen Filmserien

(Fantomas, Judex, Les vampires) seinen Beitrag zum volkstümlichen Kino geleistet. Er fand den Beifall der Surrealisten, die sich nach dem Krieg selbst avantgardistischen Experimenten zuwandten. Mit ihrer Bewegung verbinden sich Namen wie Germaine Dulac, Louis Delluc, Man Ray, Luis Buñuel, Abel Gance und Marcel L'Herbier.
Jean Epstein *(La belle Nivernaise, Finis terrae)* ist einer der klassischen Filmschaffenden dieser Generation. Sein aufrichtiger Naturalismus zeigt eine Ästhetik, die mit dem geschilderten Milieu in vollkommener Harmonie steht.
Nachdem in den dreißiger Jahren der Tonfilm aufgekommen ist, dominiert in Frankreich der poetische Realismus der Werke von René Clair *(A nous la liberté)*, Jean Vigo *(Zéro de conduite)*, Jean Grémillon *(Remorques)*, Marcel Carné *(Quai des brumes)*, Julien Duvivier *(La belle équipe)* und vieler anderer Persönlichkeiten. Zu dieser Zeit treten Filmautoren in den Vordergrund: Sacha Guitry *(Le roman d'un tricheur)*, Marcel Pagnol *(César)* und schließlich der größte von allen, Jean Renoir. Der Sohn des Impressionisten bleibt das Musterbeispiel eines Cineasten, dem es gelang, sowohl die Sternstunden wie auch die dramatischen Konflikte des Menschen darzustellen *(La chienne, Le crime de monsieur Lange, Toni, La grande illusion, La bête humaine)*. Aber als sein Meisterwerk wird noch heute *La règle du jeu* angesehen, eine vollkommene und unerreichte Schöpfung in den Augen unzähliger Filmfreunde. Nach der Okkupationsperiode mit Werken wie *Les visiteurs du soir* und *Les enfants du paradis* von Carné oder *Le corbeau* von Clouzot scheint sich in der französischen Filmproduktion trotz ihrer Vielseitigkeit eine gewisse Erschlaffung abzuzeichnen. Gleichwohl sind die von der Résistance angeregten Filme wie *La bataille du rail* von René Clément, die poetischen Werke wie *La belle et la bête* von Jean Cocteau oder Bearbeitungen literarischer Themen wie *Lola Montez* von Ophüls erfolgreich. In der Rückschau erweisen sich Robert Bresson *(Les dames du Bois de Boulogne)* und Jacques Tati *(Jour de fête)* als die beiden größten Regisseure dieser «unfruchtbaren» Zeit, im eigenen Land zuwenig bekannte, wichtige Filmschöpfer. In den oberen Rängen des französischen Filmschaffens figurieren Cayatte, Allegret, Christian-Jaque sowie Jacques Becker *(Casque d'or)* und Jean-Pierre Melville *(Le silence de la mer)*. Das ändert allerdings nichts an der Tatsache, daß sich der französische Film in der zweiten Hälfte der vierziger Jahre in einer Krise befand. Diese zeigt sich in der vorwiegenden Darstellung eines «romanhaften» Kleinbürgerschicksals und in einer vom Theater übernommenen Regie. Andererseits wird die Malaise zu Beginn der fünfziger Jahre auch im Publikum spürbar: Die Besucherzahl geht zurück. Die Wende tritt

Volksweisen bleiben der lebendigste Ausdruck regionaler Besonderheit – nichts könnte diesen Satz besser belegen als der lustige Alte aus der Gegend von Cantal mit seiner Fiedel.

UNIC
ES
PEUPLE
S

Der sinnliche Realismus der *Olympia* von Manet (vorhergehende Doppelseite) stieß das bürgerliche Publikum seinerzeit vor den Kopf. Der Meister, der erst in seinem Spätwerk ein Hauptvertreter des Impressionismus wurde, setzt hier auf revolutionäre Weise helle und dunkle Partien gegeneinander, wie überhaupt seine Flächigkeit bahnbrechend wirkte. Ein anderer, nicht weniger wichtiger Wegbereiter der Moderne war der «Zöllner» Henri Rousseau, dessen Intellektualität es verbietet, ihn einfach als «Naiven» zu klassifizieren *(Hommage à la République,* links).

Die *Apokalypse* in Angers: ein frühes Meisterwerk in einer alten, ehrwürdigen Tradition des Bildteppichs; «Gobelin», der Name einer Pariser Färberfamilie, wurde seit dem 17. Jahrhundert zum internationalen Begriff. ▷

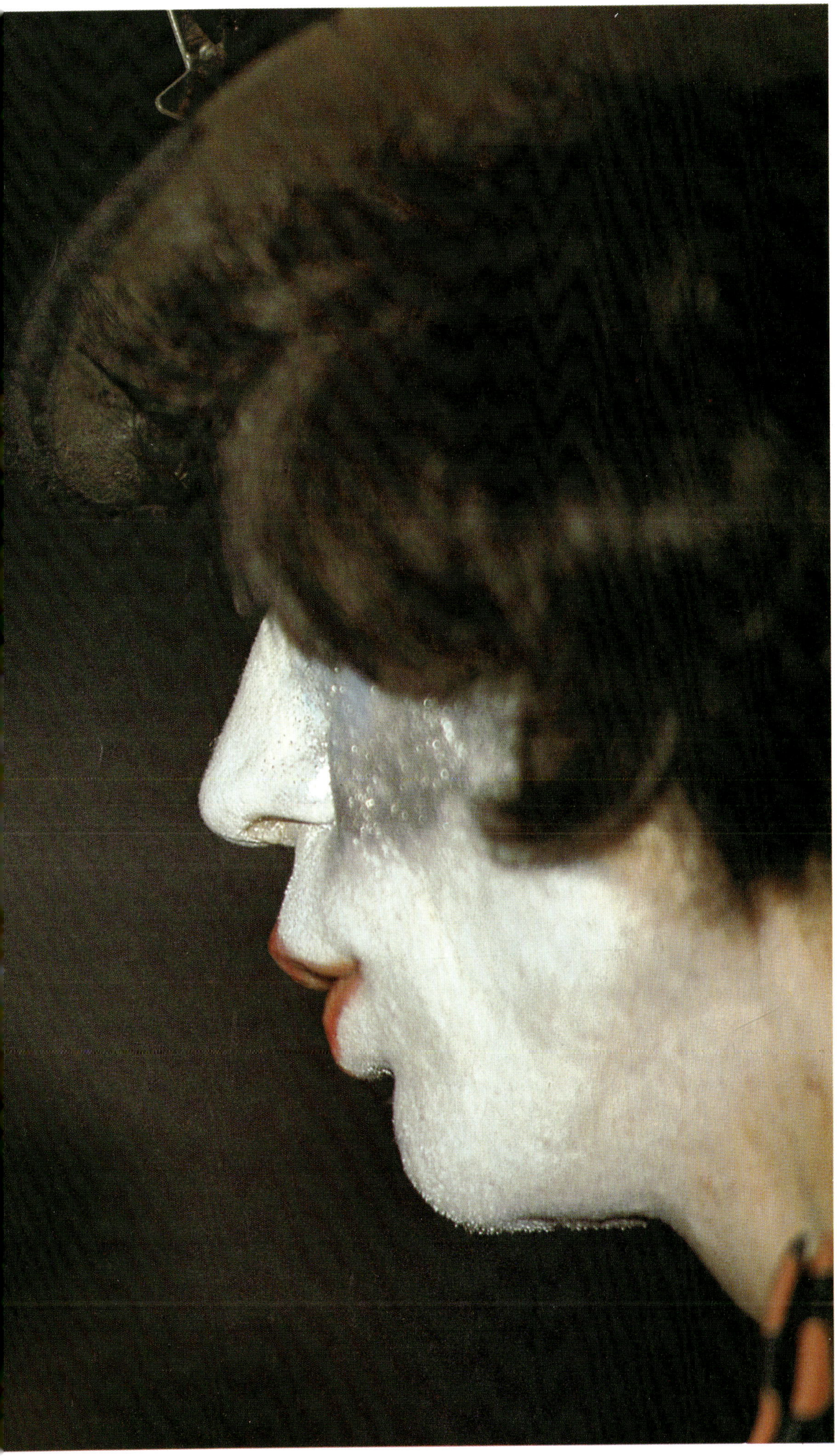

Es ist nicht zu bestreiten, daß das Theater heute nicht mehr die «bürgerliche Weihestätte» ist, die es einmal war. Aber was tut's, wenn es dafür dank einer neuen Dramaturgie das Publikum besser überzeugt? Pantomimen, Clowns, Choreographen und Tänzer nehmen an dieser Erneuerungsbewegung teil.

Mit den hohen, im Leeren hängenden Passerellen oder der seltsamen, raupenförmigen Röhre, die sich längs der Glasfassade hinzieht, zeugt inmitten eines jahrtausendealten Paris das Centre Pompidou vom Formwillen zeitgenössischer Kunst. In den kühnen Dimensionen dieses eindrücklichen Bauwerks verkörpert sich eine Dynamik, die für das heutige Frankreich typisch ist. ▷

1951 ein, mit der Gründung der «Cahiers du Cinéma» durch Jacques Doniol-Valcroze und vor allem André Bazin.
Charakteristisch für die damit einsetzende «Nouvelle Vague» sind Reformen im Bereich der Handlung. Diese neue Bewegung ist auf der Suche nach andersartigen filmischen Ausdrucksformen und bedient sich dabei einer moderneren Technik. Eine größere Freiheit des Stils zeichnet sich ab sowie die Vorliebe für naheliegende, die menschliche Existenz berührende Themen. Neue Schauspieler treten auf (in diesen Filmen beginnen Jeanne Moreau, Jean-Claude Brialy, Jean-Pierre Léaud, Anna Karina, Jean-Paul Belmondo ihre Karriere). Künstler wie Claude Chabrol *(Le beau Serge)*, François Truffaut *(Les 400 coups)*, Louis Malle *(Les amants)*, Jean-Luc Godard *(A bout de souffle)*, Jacque Rivette *(Paris nous appartient)* und Jacques Rosier *(Adieu Philippine)* treten an die Öffentlichkeit. Daneben gibt es noch andere Cineasten wie Alain Resnais *(Hiroshima mon amour)* und Agnès Varda *(Cléo de 5 à 7)*.
Alles in allem spricht die «Nouvelle Vague» ein Publikum an, das aus intellektuellen und zweifellos jungen Filmfreunden besteht. Ins Kino gehen ist noch heute fast gleichbedeutend mit Jugendlichkeit: Die 15- bis 24jährigen Besucher stellen fast 54% der Kino-Besucher. Es ist das Publikum der Cinémathèque Française (deren Gründung das große Verdienst von Henri Langlois ist) und der Filmklubs. Es ist das Publikum, das die rund 300 künstlerisch hochstehenden progressiven Kinos besucht und die Filmzeitschriften liest. Die älteren Jahrgänge dagegen halten den konventionelleren Filmen die Treue (Unterhaltungs-, Kriminal- und politische Filme, Komödien, Tragödien).
Ein besonderer Platz muß Eric Rohmer eingeräumt werden, diesem großen Moralisten, der auch fähig ist, für seine geschichtlichen und sprachlichen Themen zu begeistern *(La marquise d'O., Perceval le Gallois)* sowie die Aufmerksamkeit der Zuschauer auf die existentiellen Probleme des Managements zu lenken *(Ma nuit chez Maud)*. Ebensowenig wie das Schaffen Rohmers läßt sich das sehr persönliche Werk von Marguerite Duras *(India song)* einer bestimmten Stilrichtung zuordnen.
Die heutige avantgardistische Bewegung manifestiert sich in den Arbeiten von Jean-François Stevenin, Jacquot, Doillon, Juliette Berto, Luc Béraud, C. Miller oder Comolli. All diese Filmautoren arbeiten an der Verwirklichung ihrer Ziele, aber sie haben auf ihrem Weg zum Ruhm viele Hindernisse zu überwinden. Das hängt damit zusammen, daß das französische Kino große Anstrengungen unternehmen muß, wenn es den steilen Weg zum Erfolg bewältigen will: Das Fernsehen hat ihm das Publikum abspenstig gemacht. Im Zeitalter des Videorecorders bedarf der Film einer marktgerechten Produktion, damit er nicht eine tote Kunst der Vergangenheit wird, sondern seine besondere, von keinem anderen Medium zu ersetzende Funktion erfüllen kann.

Das intellektuelle Leben der Gegenwart

Die literarische und die philosophische Tradition Frankreichs mit ihrem fruchtbaren Gegensatz zwischen klassischen und progressiven Strömungen reichen achthundert Jahre zurück. Dieser schöpferische Widerspruch beeinflußt auch heute noch eine Literatur, deren Hauptmerkmale die Spracherneuerung und die Empfänglichkeit für äußere Einflüsse bilden. Dabei bleibt die französische Literatur ihrem humanistischen Erbe durchaus treu. Von immer größerer Wirkung auf die Autoren sind indessen die Forschungsergebnisse und Ideen der Naturwissenschaftler, Philosophen, Wirtschaftsfachleute, Geographen, Historiker und spezialisierten Geisteswissenschaftler. Diese Fähigkeit, sich Wissen anzueignen, hat bei den Schriftstellern eine Berufung zur Enzyklopädie gezeitigt, die zwar oft kritisiert wurde, aber zweifellos dem literarischen und philosophischen Gedankengut ermöglichte, seine Konsistenz und Glaubwürdigkeit zu bewahren. Dazu wirkte sich noch die Tatsache günstig aus, daß die Autoren in Frankreich weniger unter Zensurvorschriften zu leiden hatten als anderswo. Schon immer zog es die wegen freier Meinungsäußerung verfolgten Intellektuellen aus aller Welt in das kosmopolitische Paris.

Als Tochter der Architektur, von der sie sich einst im Mittelalter loslöste, ist die Bildhauerei eine recht eigentlich städtische Kunst. Abstrakte und anonyme Formen vermögen den Intellekt anzusprechen (rechts), während die *Drei Grazien* von Maillol (links) ein Beispiel sind für durchaus sinnliche, figürliche Plastik.

Nach der Befreiung 1944 tritt eine Autorengeneration immer mehr in den Vordergrund, die teilweise schon vor dem Krieg bekannt war, sich dann aber vor allem in der Résistance mit ihrem politischen Mut einen Namen machte. So Saint-Exupéry, der Dichter der Tat und des humanitären Ethos *(Nachtflug* und *Wind, Sand und Sterne)*, André Malraux, der schon in der Zwischenkriegszeit Romane veröffentlicht hat *(Eroberer, So lebt der Mensch, Die Hoffnung)* und später ein von Kunstphilosophie und Geschichtsverständnis geprägtes Werk schreibt *(Stimmen der Stille, La métamorphose des dieux)*.
Montherlant setzt sein eigenes dramatisches und episches Schaffen fort. Der klassischen Romanform treu bleiben Schriftsteller wie der Nobelpreisträger François Mauriac *(Das Lamm, Mémoires intérieurs)*, Hervé Bazin *(Viper im Würgegriff)*, Jules Roy, Bernard Clavel, Romain Gary und Roger Peyrefitte. Marguerite Yourcenar verleiht in den fünfziger Jahren und später dem historischen Roman neue Impulse *(Ich zähmte die Wölfin, Die schwarze Flamme)*. Die aus Belgien gebürtige Françoise Mallet-Joris ist unter anderem Autorin des pathetischen *Rempart des Béguines*.
Unter diesen Autoren, die zu den Unsterblichen der französischen Literatur gehören, nimmt Jean-Paul Sartre eine Sonderstellung ein. Er ist der geistige Führer des Existenzialismus, wie er sich in den verschiedensten Werken niederschlägt, namentlich

Das französische Filmschaffen ist einmalig: in dem Sinne nämlich, als es sich von allen andern Richtungen unterscheidet und sich nach Meinung einiger Kritiker als ein Autorenkino definieren läßt, das weitgehend von der Literatur geprägt wurde. Neben politischen und sozialen Problemen bilden die großen menschlichen Gefühle (Lebensangst, Liebe, Freude) die Thematik dieser Kunst, und ihre populären Schauspieler sind bemüht, möglichst lebensnahe Personen darzustellen. Links: *Tout va bien* von Jean-Luc Godard, mit Yves Montand und Jane Fonda. Filme von Marcel Carné: *Les enfants du paradis* mit Jean-Louis Barrault (links unten) und *Le jour se lève* mit Jean Gabin (rechts).

in den Romanen und Erzählungen *Der Ekel, Die Mauer, Die Wege der Freiheit,* in den Theaterstücken *Die Fliegen, Bei geschlossenen Türen,* ferner in den philosophischen Abhandlungen *Das Sein und das Nichts* und in der Zeitschrift *Les temps modernes.* Aus der existenzialistischen Philosophie leitet Sartre den Begriff des Absurden her, der den Ruhm dieses Autors begründen sollte. Sartre hat mit seinem politischen Engagement (ohne parteiliche Bindung), seinem Kampf gegen Ungerechtigkeit, Zensur, Krieg, Unterdrückung von Minderheiten und diskriminierende Rassentrennung – kurz: gegen alle Absurditäten der Existenz als Verfechter der Freiheit die französische Jugend aufs tiefste beeinflußt. Sartre, der 1980 starb, bleibt eine der überragenden Gestalten des 20. Jahrhunderts.

Das Werk von Sartres Lebensgefährtin Simone de Beauvoir unterscheidet sich von dem des großen Philosophen, obwohl unter dem Einfluß seines Gedankengutes stehend, und hat das heutige Bild der Frau entscheidend geprägt. Eher als Randerscheinung des Existentialismus ist Albert Camus mit seiner Erzählung *Der Fremde* vom Nihilismus ausgegangen. Er hat sich dann einer neuen Form von säkularisiertem Humanismus zugewandt und ist damit zum Sprachrohr einer ganzen Generation geworden, welche die schonungslose Offenbarung des Absurden in der Welt erfahren hatte. Aus die-

Rock-Konzert anläßlich einer politischen Feier. ▷

Jean-Paul Sartre auf dem Pont-des-Arts in Paris. Als Oberhaupt der existentialistischen Bewegung schlug dieser Verfechter der Freiheit mit seinem Kampf gegen die Ungerechtigkeit, die Zensur, die Schrecken des Krieges, die Unterdrückung von Minderheiten, kurz: die Absurditäten der Existenz eine ganze Jugend in seinen Bann. Henri Cartier-Bresson, der große Fotograf, hat die Züge des 1980 verstorbenen Philosophen und Schriftstellers festgehalten, einer der herausragenden Persönlichkeiten dieses Jahrhunderts.

sem Blickwinkel sind seine tiefsinnigsten Werke entstanden wie *Die Pest*, *Der Mensch in der Revolte* und Stücke wie *Caligula* und *Die Gerechten.*

Am Rande des Surrealismus gedeiht auch die Lyrik: Saint-John Perse *(Anabasis, Preislieder, Exil, Winde, Seemarken)*, Jouve *(Ihr seid Menschen)*, Supervielle *(Gravitation, Les amis inconnus)* und Patice de la Tour du Pin. Nach dem Krieg verschieben sich die Akzente: Den Liedern der Hoffnung und Revolte der früheren Surrealisten wie Aragon *(Les yeux d'Elsa, Crève-cœur)*, Eluard *(Le devoir et l'inquiétude, La vie immédiate)* schließen sich die Stimmen von Cocteau, Desnos, Henri Michaux, René Char, Ponge und des sehr populären, unkonventionellen Jacques Prévert an.

Die Suche nach einer neuen, immer poetischeren Sprache erfährt mit der jungen Dichtergeneration der Gruppe Tel Quel noch eine Intensivierung, vor allem dank Philippe Sollers. Aimé Césaire und Léopold Sédar Senghor verliehen der französischen Lyrik eine neue Note, indem sie als Vertreter der Négritude dem afrikanischen Erbe Stimme und Gewicht geben.

Unter den Gegenbewegungen zum engagierten Roman zeichnen sich die jungen «Hussards», von denen Nimier mit seinem Roman *Der blaue Husar* am meisten Aufsehen erregte, als begabte Gruppe ab.

Neue Wege des Romans beschreiten indessen Jean Genet und Samuel Beckett («nouveau roman»). Von den einen beschimpft, von den anderen in den Himmel gehoben, nimmt sich diese Bewegung, deren Hauptvertreter Nathalie Sarraute, Robbe-Grillet und Michel Butor sind, wie ein literarisches Experiment aus, das alles Anekdotenhafte, alle zeit-, orts- und formgebundenen Konventionen abstreift. Gegenüber dieser sehr intellektuellen Literatur und der «nouvelle critique», die sich mit Roland Barthes *(Le degré zéro de l'écriture)* als eine neue, vollwertige literarische Gattung erweist, schöpfen einige moderne Autoren ihre Motive aus sozialen Phänomenen der jüngsten Vergangenheit. In *Les choses* tritt Georges Perrec in die Fußstapfen Flauberts, der seinerzeit ähnlich revolutionär war. Und die weiblichen Autoren wenden sich nach dem Mai 1968 vor allem den Frauenfragen zu. In diese neue Richtung sind Werke von Violette Leduc, Flora und Benoîte Groult, Marie Cardinal und Annie Leclerc einzuordnen.

Die Aufgabe der Massenmedien

In ihren verschiedensten Formen kommen Kunst, Literatur – und schöpferische Tätigkeit überhaupt – vielfach nur dank ihrer Verbreitung durch die Massenmedien zur Geltung. Wer also über französische Kultur mitreden will, muß notgedrungen den sieben Milliarden Exemplaren von Zeitungen und Periodika Rechnung tragen, die von den Bürgern gelesen werden. Er muß die staatlichen oder die immer zahlreicher werdenden «freien» Radiosender (radio libres) hören, wenn er orientiert sein will. Die Tagespresse wurde nach der Befreiung 1944 neu organisiert. Sie ist einerseits durch Konzentration und andererseits durch Dezentralisierung (Provinzblätter) gekennzeichnet. Konzentration findet sich aber auch im Bereich der Nachrichtenagenturen. Agence France-Presse zählt zu den zehn großen Nachrichtenagenturen der Welt. Daneben gibt es noch die Agence Centrale Parisienne de Presse und die Union Française d'Information. Mehr als zwei Drittel aller Tageszeitungen bestehen aus Lokal- und Regionalblättern. Die politischen Informationsorgene, wie es sie während der Dritten Republik in großer Zahl gab, sind fast alle verschwunden und haben einer sogenannten Informationspresse Platz gemacht, die den wichtigsten politischen Strömungen Rechnung trägt. Diese Presse hat durch Herausgabe von Wochen- und Monatszeitschriften eine Auffrischung erfahren. Im Gegensatz zu den Medien Radio und Fernsehen rekapituliert die periodische Presse die verschiedenen Domänen menschlicher Aktivität, mit denen sie sich befaßt: Beruf, Politik, Religion, Liebe, Jugend, Alter, Sport usw. Nicht selten beeinflußt sie das Denken der Bürger und wird dadurch auf diskrete Art zu einem Organ des individuellen oder öffentlichen Gewissens. Es muß auch hervorgehoben werden, daß der Franzose dem gesprochenen Wort des Radios und des Fernsehens zwar ein wenig mißtraut, daß er hingegen seine gewohnte Tageszeitung wie einen Katechismus liest – so groß ist sein Respekt vor allem Geschriebenen. Dies gilt vor allem dann, wenn es sich um *Le Monde* handelt, eine echt französische Institution und eine der neun großen Pariser Zeitungen (die andern sind: *L'Humanité, Le Matin, Libération, Le Parisien, Le Figaro, L'Aurore, France-Soir, La Croix)*. Der populäre Satz «Es stimmt, es steht in der Zeitung» ist typisch für diese geistige Haltung des Durchschnittsfranzosen gegenüber einer Presse, die ebensosehr die Meinung formt, wie sie diese widerspiegelt. Obwohl – wie bereits gesagt – die ausgesprochen politischen Organe verschwunden sind, versuchen politische Kräfte immer wieder, die Presse zu kontrollieren, indem sie Geldmittel flüssig machen oder sich unmittelbar in die Pressekonzerne einschalten. Natürlich ist das Recht auf freie Meinungsäußerung und freie Publikation gesetzlich verankert, aber die realistisch denkenden Bürger dieses Landes wissen, daß zwischen die natürlichen Kommunikationspartner (Autor und Publikum) in Wirklichkeit eine komplexe Maschinerie eingeschaltet ist, die den Wirtschaftsmächten gehört und auf welche die Bürger im allgemeinen keinen direkten Einfluß nehmen können. Nicht besser steht es um die Möglichkeit der Leserschaft, die Verteilung der publizierten Blätter zu steuern. Das Radio, Informations- und Kulturmedium von gestern, ist heute in voller Umbildung begriffen. Neben dem staatlichen Rundfunk, Radio-France, der fünf verschiedene Programme ausstrahlt (France Inter, France Culture, France Musique, FIP und Radio France International), gibt es die «peripheren» Sender, an denen der Staat zumeist maßgeblich beteiligt ist und deren Anlagen sich außerhalb des Landes befinden. Es handelt sich um Radio Monte-Carlo und Europe I. Diese Stationen sollen offiziell alle Meinungstendenzen vertreten. Das ändert jedoch nichts an der Tatsache, daß sie unter dem gewaltigen Konkurrenzdruck leiden, der von den sogenannten «freien» Radiosendern (radio libres) ausgeht. Jene senden vom staatlichen Territorium aus, jedoch auf einer andern Frequenz. So ungewohnt und verwirrend die von den Randsendern begrenzt. Das hindert sie jedoch nicht daran, über alle möglichen – auch unbequemen – Themen zu berichten. Aber nicht nur alle Themen werden von den «freien» Sendern berücksichtigt, sondern auch jede Art Musik, vom Rock oder «New Wave» bis hin zu afrikanischen Rhythmen. Dadurch, daß diese Sender auch die Dialekte und Minderheitensprachen zum Zuge kommen lassen, etwa das Flämische, stellen sie sich in den Dienst regionaler Bestrebungen. Zu diesen «radio libres» gesellen sich noch die illegalen Piratensender.

Die Television spielt innerhalb der französischen Familie eine nicht zu unterschätzende Rolle. Im Durchschnitt verbringt der Franzose 20 Stunden pro

So lästig und indiskret die Reportagefotografen auch manchmal mit ihren Kameras scheinen mögen, immer auf der Suche nach aufsehenerregenden Schnappschüssen – ohne sie könnte die Kultur eines Volkes heute kaum verbreitet werden und bliebe zu einem Schattendasein verurteilt (Elysée-Palast in Paris).

ausgehende Informations- und Kulturwelle auch sein mag, sie zeugt doch von einem unauslöschlichen Mitteilungs- und Kommunikationsbedürfnis. Die großen staatlichen oder kommerziellen Radiosender sind darauf angewiesen, ein möglichst breites Publikum zu gewinnen. Dieses Ziel wird unter anderem dadurch erreicht, daß man niemandem mißfällt: Jedes heikle Thema wird demzufolge entschärft. Dadurch laufen die Medien freilich Gefahr, einem achtungheischenden Konformismus zu verfallen. Um so mehr spüren sie die Konkurrenz des frischen Windes, der von den kleinen Radiostationen ausgeht. Da diesen oft jedoch die nötigen Geldmittel fehlen, bleiben sie in ihren Möglichkeiten

Woche vor dem Fernsehschirm. 90% aller Haushalte sind mit einem Fernsehapparat ausgerüstet. Seitdem im Jahre 1975 das frühere Office de Radio Télévision Française seine Tore geschlossen hat, bieten dem französischen Fernsehzuschauer drei Kanäle ihre Programme an. Diese Kanäle stehen zueinander in Konkurrenz, werden aber zugleich vom Staat kontrolliert: TF 1 (Télévision Française 1), A2 (Antenne 2), Fr3 (France 3). Während mehr als insgesamt 9200 Stunden pro Jahr gewährleisten sie die Übertragung von Nachrichten sowie Sendungen über allgemeinbildende, erzieherische und kulturelle Themen. Dabei fällt den Nachrichten die wichtigste Rolle zu.

Bilder des Alltags

Es versteht sich fast von selbst, daß sich das Tagesgespräch des Franzosen kaum in erster Linie um so abstrakte Begriffe wie Nation und Heimat dreht: Der Franzose von heute will vor allem die Früchte seiner Arbeit genießen, sich entspannen und vergnügen und dabei seine Traditionen und Jahresbräuche in Ehren halten. Wer ihn in seinem Alltag genau beobachtet, entdeckt in Erscheinung, Haltung, Wort und Gebärde manches, was für das ganze französische Volk kennzeichnend ist, auch die Widersprüche. Feste und Überlieferungen, die schlichte, natürliche Anmut der Frauen, der lebhafte, oft vertrauliche und unverblümte Gesprächston, die Eßkunst, die verhältnismäßig großzügige Haltung gegenüber sittlichen Fragen – all das zeugt von einer Verfeinerung des Lebensstils, die das Land in ein äußerst reizvolles Licht setzt und den bitteren Geschmack der Ironie vergessen läßt, welche freilich auch zur französischen Eigenart gehört. Naiv ist der Franzose gewiß nicht: Jahrhundertealte Lebensgewohnheiten, ungezügeltes Temperament, viel Gefühl sowie Neigung zur Poesie bestimmen seinen Charakter. Dies offenbart sich in einer Lebenskunst, die mit der Suche nach dem Glück Hand in Hand geht.

Die Tafelfreuden

Wer zu den tiefsten Geheimnissen der französischen Zivilisation vordringen will, darf an den Tafelfreuden nicht vorübergehen: Für den Franzosen zählt die Koch- und Eßkunst zu den wichtigsten Lebensinhalten. Sieht er sich einmal genötigt, sein Land für einige Tage oder Wochen zu verlassen, so läuft ihm bei dem Gedanken an die köstlichen Gerichte daheim das Wasser im Munde zusammen. Vom Genuß eines Gläschens Beaujolais an der Theke ganz zu schweigen!

Ein solch flüchtiger und trivialer Gedankenflug genügt bereits, in unserem Franzosen das Heimweh zu wecken. Nie wird er sich zu modernen Diätvorschriften bekehren lassen, und alle Ermahnungen des alten Harpagon, der sprichwörtlichen Titelfigur in Molières Lustspiel *Der Geizige*, daß «der Mensch nicht lebt, um zu essen», stoßen bei ihm auf taube Ohren. Der Franzose, ob alt oder jung, gebildet oder einfachen Gemüts, reich oder arm, ist nämlich von der Überzeugung durchdrungen, daß niemand zu leben versteht, der die Freuden der Tafel nicht kennt.

An dieser genießerischen Grundhaltung vermögen weder die immer mehr um sich greifenden Selbstbedienungsrestaurants nach amerikanischem Muster, die Schnellimbißecken, Pizzerias oder exotischen Restaurants noch die Fertigmenüs aus der Konservenbüchse oder der Tiefkühltruhe etwas zu ändern. Auch der starre Tagesrhythmus des städtischen Berufslebens kann der Neigung des Franzosen zum behaglichen Speisen kaum etwas anhaben. Wenn er sich tagsüber aus zeitlichen Gründen auch oft einschränken muß, nach getaner Arbeit genießt er sein gutes Mahl dann um so mehr.

Allmählich beginnt man in Frankreich, sich stärker gegen den Streß und die Hektik des Stadtlebens aufzulehnen. Dieser Protest wird von gastronomischen Zeitschriften, Büchern und Reiseführern noch geschürt, welche das Essen zu einem intellektuellen, wenn nicht gar ästhetischen Zeitvertreib erheben, zu einer Kunst im wahrsten Sinne des Wortes. Gleichzeitig nimmt auch die Zahl der erstklassigen Köchinnen und Köche ständig zu.

Die Märkte bieten eine ausgezeichnete Gelegenheit, das französische Alltagsleben zu studieren. Nicht zuletzt sind es die zahllosen Käsesorten der verschiedenen Provinzen, die mit ihren verführerischen Gerüchen die Käuferscharen anlocken.

Es gibt jedoch nicht nur *eine* französische Küche. Curnonsky, Fürst der Gastronomie und geschätzter Spezialist der kulinarischen Gelehrsamkeit, glaubt vier Kategorien unterscheiden zu können:

Die *Grande Cuisine* bildet insofern ein Gegenstück zur «Haute Couture», als sie ebenfalls eine der bekanntesten Verkörperungen französischen Geschmacks darstellt. Stets auf der Suche nach seltenen und erlesenen Gaumenfreuden, schmeichelt sie vor allem dem gastronomischen Snobismus. Diese anspruchsvolle Küche hat ihre großen Adepten, die das Geheimnis ihrer Kochtöpfe hüten und ihres Amtes walten, während die Gourmets aus aller Welt ihnen zu Füßen liegen und sie beweihräuchern.

Die *bürgerliche Küche* ist der Stolz des häuslichen Herdes, ob einfach oder vornehm. Daneben begründet sie den Ruhm vieler kleiner, «sympathischer und nicht zu teurer» Restaurants, deren Adressen im Freundeskreis weitergegeben werden. Die gastronomischen Kritiken, denen diese Lokale unterzogen werden, interessieren übrigens oftmals mehr als die Film- und Theaterbesprechungen.

Die *Regionalküche* ist sehr vielfältig, da nicht weniger als 32 Regionen mit eigenen Spezialitäten untereinander wetteifern. Besonderer Berühmtheit erfreuen sich von alters her das Périgord, Burgund, das Lyonnais, die Landes, das Elsaß und die Normandie. Diese rustikale Küche ist so vielfältig wie die Folklore – trotz zeitweiliger, oft unumgänglicher Konzessionen an den Tourismus.

Schließlich gibt es noch die *Küche im Freien,* die aus dem Hang zur Natur und zur Exotik hervorgegangen ist. Die mit Kräutern gewürzten Grilladen, die katalanischen Schneckengerichte, die Krevettencocktails, ja sogar die am Spieß über dem Feuer gebratenen Hammel gehören zu den geschätzten Spezialitäten, die am Holzkohlengrill (Barbecue) gegessen werden.

Die abwechslungsreiche Tradition des Essens stammt übrigens aus der Renaissance und hat nicht nur kulinarische Bedeutung. Sie bildet vielmehr eine Seite jenes lebenskünstlerischen Hanges zur Geselligkeit, über den schon Brillat-Savarin 1825 in seiner berühmten Abhandlung *Physiologie des Geschmacks* geschrieben hat. Innerhalb eines solchen Kreises fröhlicher Gemütlichkeit sind die sozialen Unterschiede aufgehoben.

Es heißt, der Hang zum Schlemmen sei ein wichtiges gemeinschaftsförderndes Element der französischen Gesellschaft. Jedenfalls trifft es zu, daß für die Zubereitung des Essens weder Zeit noch Mühe gescheut werden und daß der Franzose, wenn er einem Gast die eigene Tür öffnet – was zum Glück trotz gegenteiliger Behauptungen hie und da geschieht –, alles daransetzt, um den Eingeladenen zu beehren. In solchen Fällen dauert die Mahlzeit in der Regel mindestens zwei Stunden.

Nach den Wurstwaren oder den verschiedenen Horsd'œuvres wird die Gastgeberin je nach Jahreszeit ein Gericht ihrer Herkunftsprovinz auftragen oder ein Mahl, das ihrer Inspiration zu verdanken ist: etwa eine provenzalische Bouillabaisse (Fischsuppe), einen Eintopf aus dem Languedoc, eine katalanische Gemüsesuppe, Bordeaux-Steinpilze, Elsässer Sauerkraut, Lyoner Klößchen, einen Gratin dauphinois, einen bretonischen Hummer, eingemachtes Gänsefleisch nach Périgord-Art, Burgunder Rindfleisch, eine Quiche lorraine (Specktorte), Kutteln nach Caen-Art oder einen Lachs aus dem Loiregebiet mit Butter. Dann folgen die Käsesorten, die in Frankreich so zahlreich sind (300 verschiedene Spezialitäten, darunter weltberühmte wie Camembert und Roquefort). Durch einen edlen Tropfen erfährt die Tafelfreude noch eine sublime Steigerung. In Frankreich gilt der Wein mehr denn nur als landwirtschaftliches Produkt: Man vergleicht ihn gern mit einem Kunstwerk. Dies trifft namentlich zu für Spitzenweine wie den Bordeaux, Burgunder, Elsässer und für den König aller Schaumweine, den Champagner.

Es darf schließlich nicht verschwiegen werden, daß die Mahlzeiten sich oft sehr in die Länge ziehen, daß manche sonntägliche Bankette bisweilen den ganzen Nachmittag dauern und die Gäste wirklich ermüden können. Es besteht daher die Gefahr, daß die Tafelfreuden mit all ihren Delikatessen und Gaumenkitzeln auch hin und wieder zum Exzeß ausarten. Dies hat übrigens Marco Ferreri zu seinem Film *La grande bouffe* (Das große Fressen) angeregt, der, obschon eine Karikatur, recht eindrücklich die Absurdität aufzeigt, die in solch einer übermäßigen Schlemmerei liegt.

Sichtbares und Hintergründiges

Trotz des französischen Sprichworts, daß die Kutte nicht den Mönch ausmacht, gibt es in Frankreich sicher nur wenige, die zwischen Kleidung und Persönlichkeit überhaupt keinen Zusammenhang sehen. Welche Rolle spielt also die Mode? Zunächst einmal steht fest, daß sie nicht nur von den großen, weltberühmten Modeschöpfern (Dior, Chanel, Féraud, Saint-Laurent, Cardin, Courrèges) bestimmt wird, sondern ebenso von den Frauenzeitschriften und den im «Cénacle de la Haute Couture» zusammengeschlossenen Couturiers.

Zwar besucht die Mehrheit der Franzosen die Modenschauen und die Kollektionssäle nicht, aber der Einfluß der Mode auf die Damenwelt ist trotzdem ungeheuer groß und greift auch immer mehr auf das männliche Geschlecht über. Nicht daß dieses ihr bislang gleichgültig gegenübergestanden hätte, aber die Herrenmode bewahrte lange Zeit einen gewissen klassischen Schnitt. Allerdings hat die Revolte vom Mai 1968 auch an diesen Fundamenten gerüttelt: Heute sind auf den Straßen Frankreichs sowohl indische Gewänder und peruanische Ponchos als auch Kampfanzüge und russische Pelze anzutreffen. Wer sich dagegen betont proletarisch geben will, trägt den blauen Overall. Kurz, man findet im Bereich der Kleidung die verschiedensten Varianten vor, die eine unbestreitbare Einfühlungsgabe in die verschiedenen Kleidungsmöglichkeiten und einen toleranten Geist verraten. Jedermann in Frankreich präsentiert sich nach seinem persönlichen Geschmack, überläßt aber sein Äußeres fast nie dem Zufall.

Neuerdings macht sich vor allem bei jungen Leuten der Einfluß der fünfziger Jahre bemerkbar: Die Kleidung der einen verrät die Neigung, den existentialistischen Wirbel von Saint-Germain-des-

Prés nachzuahmen, manch anderer dagegen zeigt in seinem Äußeren eine geradezu beunruhigende Phantasielosigkeit.

Beim Management zeichnet sich hinsichtlich der Kleidung insofern eine gewisse Liberalisierung ab, als seine Mitglieder sich inzwischen erlauben, während einer Sitzung im Büro die Jacke auszuziehen. Zweifellos fallen auf dieser Stufe die Schranken der Konvention am wenigsten rasch. Wer sich davon überzeugen will, braucht nur an einem Montagmorgen in Orly einen Airbus von Air Inter zu besteigen. Die Bankiers und Generaldirektoren erkennt man an ihren Schuhen und ihren grau- oder blaugestreiften luxuriösen Flanellanzügen. In einer solch gehobenen Stellung kann sich der geringste Geschmacksfehler verhängnisvoll auswirken. Die Werbefachleute dagegen und all jene, die einen mehr künstlerischen Beruf ausüben, dürfen sich so extravagant anziehen, wie sie wollen – vorausgesetzt, daß ihre Kleidung nicht vulgär wirkt. Die Führungskräfte des Marketings wiederum fallen durch tadellose Eleganz auf. Alles in allem erscheinen die Vertreter der Geschäftswelt in jener distinguierten Aufmachung in der Öffentlichkeit, wie sie heute international üblich ist und sich gleichmacherisch über nationale Eigenarten hinwegsetzt.

Ganz anders, lässiger und zum Glück auch menschlicher erscheint die Volksmenge auf den Straßen, wo man dem spöttischen Mundwerk freien Lauf läßt. Die Schlagfertigkeit der Klatschbasen auf dem Kapzuzinermarkt von Bordeaux steht jener der Händlerinnen am Vieux Port von Marseille in keiner Weise nach. Die Laufburschen von Paris, pfiffig, unverschämt, schwatzhaft, aber schnell wie der Wind, stets ein wenig zum Anbändeln geneigt, verkörpern das spaßhafte Element der großen Stadt.

Anders sieht es in der Pariser Metro aus. Man sollte die Hölle der Einsamkeit in der Metro wenigstens einmal kennenlernen. Millionen von Arbeitern erfahren sie täglich, wenn sie stumm und mit leerem Blick zur Arbeit fahren. Als winzige Rädchen in der großen Wirtschaftsmaschinerie sind dies doch auch Franzosen, die an Freiheit, Gleichheit und Brüderlichkeit glauben. Freilich in anderer und vor allem in konkreterer Form als früher: Freiheit am Arbeitsplatz und Freiheit für den einzelnen, Gleichheit der Lebensbedingungen und der Löhne von Mann und Frau, Brüderlichkeit gegenüber den Betagten und von der Gesellschaft im Stich Gelassenen... Viele sind jedoch zu der Überzeugung gelangt, daß Nächstenliebe eine Chimäre ist und die Menschen sich gegeneinander eher wie Hyänen als wie Brüder verhalten. Die Beamten verdanken ihr gesellschaftliches Ansehen den Titeln und ihre Beförderung den Dienstjahren. Die Beschäftigten in der Privatwirtschaft aber haben erfahren, daß man die Ellbogen gebrauchen muß, wenn man Karriere machen will. So sind auch diejenigen, die danach trachten, auf dem Rücken der anderen die gesellschaftliche Stufenleiter zu erklimmen, offensichtlich in der Überzahl. Den Franzosen dagegen, der auch nach dem dreißigsten Lebensjahr noch ein bißchen Idealismus an den Tag legt, den läßt man selten hochkommen. Die meisten wissen daher, was sie vom Leben halten sollen, und aus Angst, sich falsche Illusionen zu machen, geben sie entweder vor, nichts ernst zu nehmen – auch sich selbst nicht –, oder aber alles zu tun, was ihr Ansehen fördern könnte. Beim Gespräch ist es daher oft schwierig zu erkennen, ob die Aufrichtigkeit echt oder nur vorgetäuscht ist. Im übrigen liebt es der Franzose, den anderen Leuten Kritiklust zu zeigen und dabei sich selbst ständig im tiefsten Schlamassel zu wähnen: immer unter der Voraussetzung, daß er es ist, der diese Ansicht vertritt. Je nach den äußeren Umständen zeigt er sich mehr oder weniger mißtrauisch. Lebhaft und ungeduldig, wie er von Natur aus ist, wartet er nicht gerne. Mißtrauen und Ungeduld können ein unangenehmes Verhalten im Alltag zur Folge haben. Wehe zum Beispiel dem Autofahrer, der beim Überholen auf der Landstraße auf irgendwelchen Gegenverkehr trifft: Er läuft Gefahr, daß ihm niemand freiwillig Platz zum Wiedereinspuren macht.

Oder die Verkäuferin im Milch- oder Bäckerladen, die stets unter Verdacht steht, zuviel zu verlangen oder minderwertige Qualität abzugeben.

Und der höhere Vorgesetzte, von dem seine Arbeitnehmer von vornherein annehmen, daß er lediglich schon wegen seiner Stellung ihr Feind sei und sie ausnutze und aussauge wie ein Vampir...

Umgekehrt ist aber auch der Arbeitnehmer grundsätzlich verdächtig, in dem stets ein Linker schlummert, fortwährend darauf erpicht, jenes Huhn mit den goldenen Eiern zu schlachten, welches «Unternehmen» heißt.

Die französische Gesellschaft wird beherrscht vom Kleinbürgertum und vom Mittelstand, wo jeder in hohem Maße danach trachtet, den anderen zu überwachen. In dieser Gesellschaft hat jede Funktion ihre hierarchische Bedeutung, und die sozialen Beziehungen, die oft autoritär sind, üben kaum wahrnehmbar am aufrichtig gemeinten Ideal der Gleichheit Verrat. Der Franzose gibt sich zwar den Anschein, Vorrangstellungen zu ignorieren, Protektionen und Privilegien zu verachten. Aber trotz des revolutionären Windes von 1968 dürstet er nach Anerkennung. Immer noch läßt er sich von Universitäts- oder gar Adelstiteln beeindrucken. Zwar stimmt er in den Ruf «Nieder mit den Aristokraten!» ein, träumt aber doch insgeheim von einem eigenen Titel. In dieser Gesellschaft streben die Familien danach, im Laufe der Generationen soziales Ansehen zu gewinnen und anzuhäufen. Der Aufstieg der Familie Pompidou beispielsweise gilt denn auch den Franzosen als Vorbild, ein Vorbild in einem zwar materialistischen, aber arbeitsamen und insgesamt liberalen Frankreich.

Unter dem Einfluß von verschiedenen zivilisatorischen und geistigen Strömungen vermochten die Franzosen bestimmte Vorurteile, die etwa zum Fremdenhaß, zum Rassismus, zur religiösen Intoleranz und zum Aberglauben oder zur Engstirnigkeit auf sexuellem Gebiet führen, weitgehend abzubauen. Freilich gibt es heute noch Auseinandersetzungen im Zusammenhang mit reaktionären und kleinbürgerlichen Ansichten, aber sie sind die Ausnahme, wenigstens solange Frankreich nicht in einer Krise steckt.

Die Affäre Dreyfus bedeutete seinerzeit (ab 1894) den öffentlichen Sieg der Menschenrechte, um den Emile Zola zusammen mit seinen Gesinnungsgenossen einen harten Kampf auszufechten hatte. Es bleibt aber noch das Ende der positiven Entwicklung der öffentlichen Meinung in Sachen Gleichberechtigung für Mann und Frau, völlige Austilgung rassistischer Vorstellungen oder Toleranz in bezug auf die Homosexualität (für beide Geschlechter) abzuwarten, besonders in Hinsicht auf letzteres, wo kürzlich eine Lockerung der gesetzlichen Bestimmungen erreicht worden ist. Aber, das darf gesagt werden, Puritanismus steht heute in Frankreich wirklich nicht mehr hoch im Kurs, und viele der vorwiegend auf jüdisch-christlicher Überlieferung fußenden sexuellen Tabus verlieren zunehmend an Bedeutung.

Unfähig, sich zur Askese der modernen Diät zu bekehren, und taub gegenüber den Empfehlungen des alten Harpagon (der Hauptfigur aus Molières *Geizigem*), der behauptet, «daß man nicht lebe, um zu essen», sind sich alle Franzosen – gleich welchen Alters, kulturellen Niveaus oder sozialen Milieus – darin einig, daß, wer nicht gut ißt, auch nicht zu leben versteht.

Gemütlich sind die französischen Bistros, wo fröhliche Stammtischbrüder vor einem Glas billigen Rotweins das Weltgeschehen kommentieren. ▷

Gleich einer phantastischen Märchenwelt voller Goldgarben und Lichteffekte breiten die großen Geschäfte in Paris ihre Schätze vor den staunenden Passanten aus. ▷▷

Im Bistro um die Ecke

Wie die Cafés, so sind in Frankreich auch die Bistros, in denen man immer die gleichen Leute bei ihrem «gros-rouge» trifft, zahlreicher als die Apotheken. Da können sich die Antialkohol-Ligen noch so sehr ins Zeug werfen: Der übermäßige Genuß geistiger Getränke trägt den Sieg davon. Zwar ist der Franzose selten einmal richtig betrunken, dennoch hält er im Alkoholkonsum den Rekord. Auch wenn dies nicht so offen zutage tritt, enthüllen doch Zahlen den Tatbestand: Der Franzose nimmt im Durchschnitt jährlich 16 Liter reinen Alkohol zu sich, während beispielsweise in den USA der entsprechende Wert bei 8,5 Liter liegt. Anscheinend tut er sich mehr an der Theke von Kneipen hervor als etwa auf dem Siegerpodest der Olympischen Spiele, das er übrigens nur selten besteigt. Man kann ja auch nicht überall glänzen! Indessen wäre es ungerecht, nur die vielen Kneipen für die Magen- und Leberbeschwerden verantwortlich zu machen, denn der Franzose trinkt auch zu Hause oder im Freundeskreis gern. Im übrigen dient das Bistro nicht nur den Trinkern und regelmäßigen Barbesuchern als Treffpunkt, es ist – sowohl in der Stadt wie auf dem Lande – Ausdruck eines gewissen Lebensstils.

Gibt es etwas Sympathischeres als den Anblick jener Pariser, die an den Tischen der Café-Terrassen die Beine ausstrecken, und jener südfranzösischen Honoratioren, die im Café am Marktplatz die franzö-

sische Politik umkrempeln wollen? Das Bedürfnis nach Entspannung, Ruhe und auch Zerstreuung, vielleicht bei einem Kartenspiel, sowie die Diskussionsfreude – all das zieht die Leute gesetzten Alters in die Schenken. Die Jungen finden hier ihren Kameradenkreis, werfen einige Münzen in die Musikbox und vergnügen sich am Flipperkasten.
Eigentliche Literaten- oder Künstlercafés sind selten, und ihre Hinterräume sind eher von Billardspielern belegt oder vom Büro des PMU (Paris Mutuel Urbain), welches ein anderes Nationallaster fördert, das Pferdetoto. Auf die Wetten der Pferderennen von Auteuil, Longchamps, Vincennes oder Cagnes-sur-Mer werden Milliarden von Francs gesetzt.
Ein weiterer Faktor des gesellschaftlichen Lebens in Frankreich sind die Spielhöllen, die trotz der vielfältigen Fernsehprogramme weiterbestehen.

Mit Jugendstil-Ornamenten verzierter Eingang der Pariser Metro auf der Place des Abbesses.

Die Kleinfamilie

«O ihr Familien, wie ich euch hasse!» Dieser ebenso berühmte wie giftige Satz, den der Romanschriftsteller André Gide einem seiner Helden in den Mund legt, mag eine gewisse Auflehnung des Kindes gegen den starren Familienzwang ausdrücken. Für die französische Gesellschaft im allgemeinen ist eine solche Haltung indessen kaum repräsentativ. Zwar kann nicht geleugnet werden, daß die Familie seit Jahrzehnten verstärkt einen Schauplatz heftiger Auseinandersetzungen abgibt, aber das ändert nichts an der Tatsache, daß sie auch weiterhin einen Schmelztiegel bildet, in welchem Altes und Neues sich verbinden.
Es muß auf ihre wichtige soziale Rolle hingewiesen werden, die sie nach wie vor zu erfüllen hat. Noch im Jahre 1905 schenkte jede achte Frau sechs und mehr Kindern das Leben. Heute tut dies von hundert Frauen nur noch eine, und die Kleinfamilie, bestehend in der Regel aus Vater, Mutter und zwei Kindern, hat sich allgemein durchgesetzt. Daran vermögen auch die Ermahnungen des Staates, der an einer höheren Geburtenzahl interessiert ist, nichts zu ändern. Die Erklärung der Menschenrechte aus dem Jahre 1948 erinnert daran, daß «die Familie das natürliche und fundamentale Element der Gesellschaft und des Staates» ist. Der Großteil der Französinnen und der Franzosen hat den Wert solch einer dauerhaften Liebes-, Freizeit-, Interessen- und Arbeitsgemeinschaft erkannt, die ja auch den solidesten Kern der Gesellschaft bildet. Es besteht kein Zweifel, daß die Kleinfamilie mit dem Zuhause der Ort ist, wo man sich seiner gesellschaftlichen Maske entledigt, um seiner Phantasie freien Lauf zu lassen und seiner wahren Natur gemäß zu leben. Es soll hier jedoch nicht versucht werden, dieses hübsche Idyll, dessen Charakter stets vom vorherr-

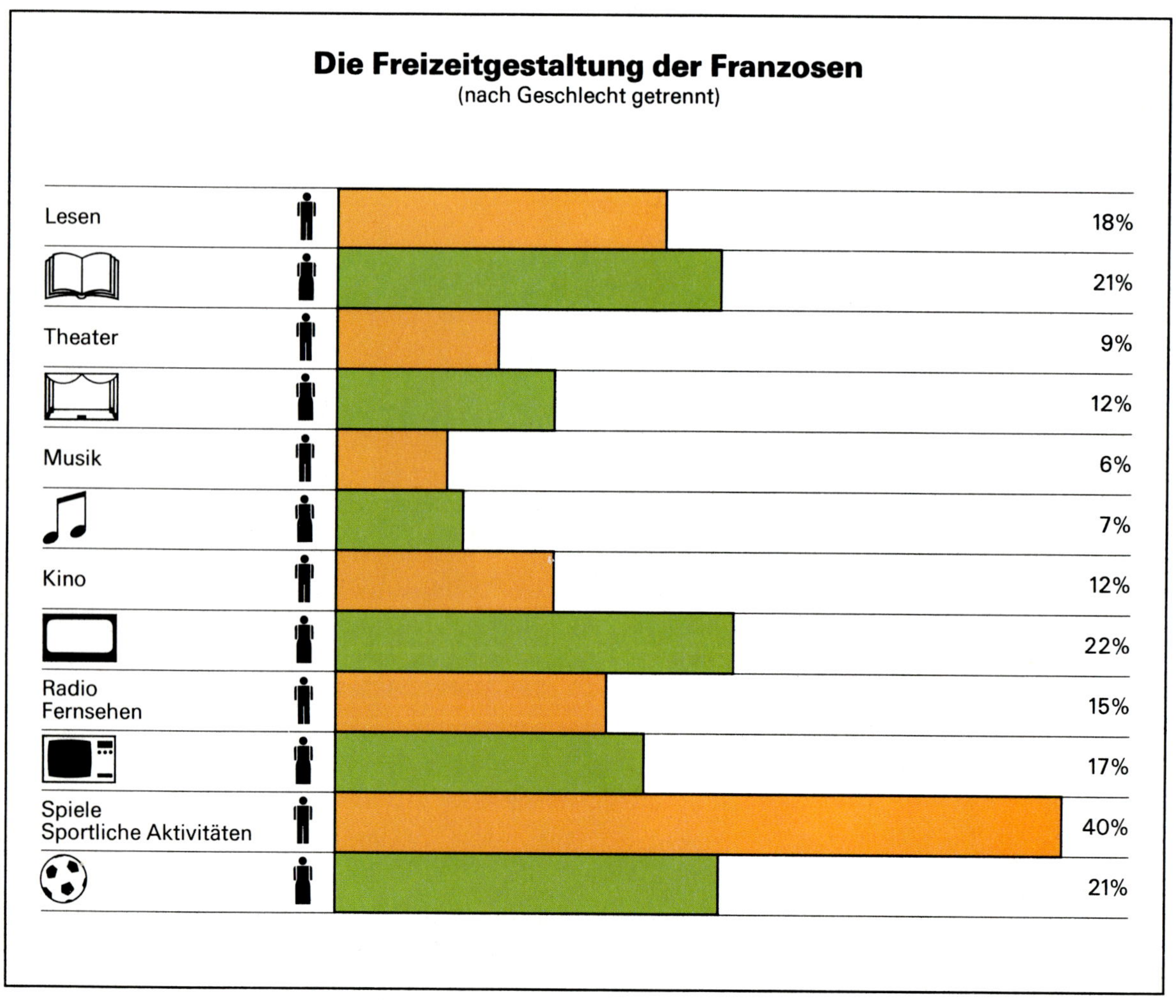

METROPOLITAIN
ABBESSES
CHIRAC
POUR PARIS.
DANS LE 18e
LA NOUVELLE MAJORITE
C'EST

schenden gesellschaftlichen Milieu bestimmt wird, über Gebühr zu idealisieren. Im übrigen hat unter dem Einfluß sich wandelnder Lebensbedingungen, wie sie im Mai 1968 plötzlich akut geworden sind, auch die Familie eine Veränderung erfahren. Das trifft besonders für die bürgerliche Familie zu, die auf Strenge, Festigkeit und Solidarität gegründet war. Die Frauen, durch den unmittelbaren Kontakt mit der Berufswelt unabhängiger geworden, sind nicht mehr so gefügig wie früher. Tagsüber geht jedes Familienmitglied seinen Studien, seinen Neigungen oder seiner Arbeit nach. Meinungsverschiedenheiten sind natürlich oft und reichlich vorhanden, und wenn beispielsweise der Familienvater oftmals immer noch den Ton angibt, so stößt seine Strenge heute bei den Söhnen und Töchtern häufig auf heftigen Widerstand. In diesem verborgenen Kreis wird – für Außenstehende unsichtbar – der Generationenkonflikt ausgetragen, nicht selten auch «die schmutzige Wäsche gewaschen». Sie wahrt Distanz, diese französische Familie, die ihr echtes oder auch nur vermeintliches Glück hinter verschlossenen Türen zu hüten und zu verbergen sucht. Nicht jedermann vermag in diese Gemeinschaft einzudringen, die ihre eigenen Gewohnheiten pflegt, oft auch ihre eigene Sprache spricht, nach ihren eigenen Überlieferungen und geheimen Gesetzen lebt. Diese Familie bleibt bestehen und bewahrt ihren vitalen Charakter, trotz der ständig wachsenden Scheidungsziffer. Wenn im Jahre 1963 noch jede zehnte Heirat geschieden wurde, so ist zur Zeit bereits jede vierte Familie von der Scheidung betroffen. Die Bevölkerungsstatistiken weisen überdies für Eheschließungen eine leicht sinkende Tendenz auf. Der Ehe, dem festen Band des Familienlebens, kommt heute demnach nicht mehr die gleiche Bedeutung zu wie früher, als man «aus Vernunftgründen» heiratete.

In vermehrtem Maße bilden heute Liebe und Zuneigung die treibende Kraft, welche die jungen Leute bewegt, das Leben zu zweit zu versuchen. Das Durchschnittsalter der jungen Paare, die – mit offener oder zurückhaltener Zustimmung der Familie – zum Zeitpunkt der Heirat bereits oft «ein gemeinsames Stück Weges hinter sich haben», liegt für Frauen bei 22, für Männer bei 24 Jahren. Ein verstärkter Hang zu Aufrichtigkeit und freier Gefühlsäußerung erklärt bis zu einem gewissen Grad die erhöhte Zahl der Scheidungen. Das ändert jedoch nichts an der Tatsache, daß auf dem Land und in den traditionsbewußten Volksschichten die Heirat einen Höhepunkt darstellt. Für den Bretonen – sogar für den Städter – ist die Hochzeit immer noch ein großes Ereignis, das nach strengem altem Brauch gefeiert wird. Die Eheschließungen, die sich auf die Ziviltrauung beschränken, bilden in diesem Landesteil eine Minderheit; nach wie vor liegt das Schwergewicht auf dem Gang in die Kirche. Das jungfräuliche, weiße Gewand, in das die meisten Bräute sich kleiden, hat von seinem populären Reiz nichts eingebüßt. Nicht selten schreitet der Hochzeitszug um das ganze Dorf. Das Mahl besteht aus einem üppigen Festessen, an dem auf echt französische Art den Tafelfreuden gefrönt wird. In den gehobenen Kreisen der Stadt dagegen, wo das allzu volkstümliche Wort «Hochzeit» verpönt ist, gibt es in der Regel ein kaltes Büffet. Nicht nur die Eltern und Verwandten sind zur Feier eingeladen, sondern auch die Berufskollegen der Eltern beider Seiten.

Auf der Dorfhochzeit, die ihre Breughelsche Urwüchsigkeit bewahrt hat, werden viele Witze und lustige Anekdoten erzählt, welche zusammen mit den leicht anzüglichen Liedern von einem bodenständigen, etwas derben Humor zeugen. Nicht selten ist auf das Strumpfband der Braut ein Preis ausgesetzt, bis dann zu vorgerückter Stunde der frischgebackene Ehemann seine Schöne raubt und beide sich zurückziehen, während die Hochzeitsgäste weiter tanzen und lustig sind.

Wenn solche Bräuche in der Stadt und in den sogenannten gehobenen Kreisen kaum üblich sind, so erfreuen sie sich doch auf dem Lande noch großer Beliebtheit. Das gilt nicht nur für die eigentliche Hochzeit, sondern auch für die Verlobungsfeier, welche ebenfalls zu Festlichkeiten und Banketten Anlaß gibt.

Auch die Beerdigungen sind alten Sitten unterworfen: Unabhängig von der Trauer über den Verlust eines lieben Verwandten oder Bekannten gehören die Bestattungsfeiern zu den Zeremonien, an denen alle Angehörigen des größeren Familienkreises teilnehmen, und zwar allein schon aus Pflichtgefühl. Nicht selten folgt auf die religiöse Trauerfeier das große Wiedersehensfest beim gemeinsamen Familienmahl.

Nimmt man die französische Mittelmeerküste aus, so kann man sagen, daß die Franzosen nicht jenem spezifisch mediterranen Totenkult anhängen, wie er beispielsweise dem Spanier oder dem Griechen eigen ist. Er bevorzugt eher das Monumentale und Großartige. Seinem Charakter entspricht mehr die Glorifizierung der Verstorbenen, von der das Pantheon zeugt, die Stätte der Totenehrung. Lebendigen Anschauungsunterricht dafür boten die von einer erschütterten Volksmenge besuchten Bestattungsfeiern für Charles de Gaulle oder Jean-Paul Sartre. Ist die Zeremonie vorbei und hat man sich dem Schmerz über den Verlust hingegeben, geht das Leben weiter, nimmt der Familienalltag wieder seinen Lauf.

Hauptsorge der Eltern ist es, ihre Sprößlinge «gut zu erziehen». Davon besitzt jede soziale Schicht ihre eigenen Vorstellungen. Auch setzen die heutigen Eltern – selber Kinder der Konsumgesellschaft – andere Wertmaßstäbe als noch die ältere Generation. Das hängt damit zusammen, daß die Sorgen und Ängste der Kriegsgeneration für die jüngeren Erwachsenen unserer Zeit nicht mehr nachvollzieh-

Raffinierte Eleganz der Mode, in dieser Schaufensterpuppe zur Leblosigkeit erstarrt – Serge Gainsbourg kommt einem in den Sinn: «Poupée de cire, poupée de son/qui ne craint pas la chaleur des garçons».

bar sind. Fortschritte auf dem Gebiet der Psychologie und aufklärende populärwissenschaftliche Abhandlungen in Zeitschriften und Illustrierten erlauben es heute, den Bedürfnissen und Erwartungen der Kinder in höherem Maße gerecht zu werden.

Die Erziehung hat einiges von ihrem früheren autoritäten Charakter eingebüßt. Eine fröhlichere, entspanntere und von mehr Zärtlichkeit geprägte Atmosphäre herrscht heutzutage in den meisten französischen Familien.

Die französische Frau

Vielleicht ist jetzt der passende Augenblick gekommen, etwas über die französische Frau zu sagen. Betrachten wir sie also genauer, die Teenager, jüngeren und älteren Damen, die Ehegattinnen...
Man könnte auch über jene paar Frauen sprechen, die sich kürzlich beim ehrwürdigen Arc de Triomphe versammelt haben, um dort im Gedenken an die Gattin des unbekannten Soldaten einen Blumenstrauß niederzulegen. Dieser symbolische Akt zeigt deutlich, welche Änderungen das Bild der französischen Frau erfahren hat, die bisher fast gänzlich zum Schweigen verurteilt war.
Die von den Ausländern einst so gepriesenen hübschen Pariserinnen erfreuen sich heute nicht mehr

desselben Ansehens, vielleicht weil ihnen die von den Illustrierten hochgespielten «sexy girls» mittlerweile den Rang ablaufen. Die meisten französischen Männer sehen in diesem Punkte allerdings klarer: Von Natur aus dem schönen Geschlecht zugetan, wissen sie sehr wohl, daß jene «girls» nichts weiter sind als ein Blickfang. In der Wirklichkeit setzt sich allmählich das Bild einer Frau durch, die allen gegenteiligen Behauptungen zum Trotz ihre höchste Erfüllung nicht unbedingt nur in der Liebe sieht (im übrigen ist heute auch das überlieferte Klischee des in Liebesdingen unübertroffenen französischen Mannes stark angeschlagen). Tatsächlich sind die Frauen, welche die «große Liebe» gefunden zu haben glauben, in der Minderheit. Es gibt Leute, die den Franzosen als «sinnlichkeitsbedürftig» einschätzen, und zwar zu Unrecht, wie streng wissenschaftliche soziologische Untersuchungen enthüllen. Diese ergaben nämlich, daß von fünf Ehen nur eine aus Liebe geschlossen wird. Fast scheint es, als ob die Frauen und Männer dieses Landes gegen eine übertriebene und anhaltende Liebesbedürftigkeit geimpft wären und als ob die erwachsenen Franzosen das Thema «Liebe» nur in Ermangelung eines andern Gesprächsstoffes berührten.

In Frankreich verbessert sich die soziale Stellung der Frau zusehends, trotz vieler Widerstände seitens der Männer, aber auch der Frauen. Die Emanzipationsbewegung wird durch Kolloquien, Meetings, Zeitungsartikel und Bücher nachhaltig unterstützt. Dem Minister, der für die Wahrung der Rechte der Frau zuständig ist (aus naheliegenden Gründen ist dies in der Regel eine Frau), fällt die Aufgabe zu, «jegliche Frauendiskriminierung zum Verschwinden zu bringen und dafür zu sorgen, daß das Prinzip der Gleichheit auf politischem, wirtschaftlichem, sozialem und kulturellem Gebiet besser verwirklicht wird», wie es im Pflichtenheft heißt.

Dieses weitgesteckte und umfassende Programm beweist, daß die Anstrengungen der Frauenbewegungen nicht umsonst sind und die Teilnahme der Frauen am öffentlichen Leben ihre Früchte zeitigt.

Die Jugend – ein Mythos

Heute ist die Jugend offenbar weniger radikal als im Mai 1968; mittlerweile scheint eine Generation der Mäßigung die Generation der Barrikaden und Pflastersteine abgelöst zu haben. Vernünftiger geworden (wenigstens dem Anschein nach), schmieden die jungen Leute inzwischen friedlichere Pläne und suchen stärker den menschlichen Kontakt. Viele begeben sich auf Reisen, fahren bis ans andere Ende der Welt, um, wie man annehmen darf, die Verständigung mit fremden Menschen zu suchen. Ist diese Jugend auf einmal in die Gesellschaft integriert? Ist sie folgsam geworden? Die Antwort lautet: nein. Eher aus Gleichgültigkeit oder Resignation verhalten sich viele so, als ob sie die psychologische Spannung verkraftet hätten, die noch vor einigen Jahren die Jugend zur weltweiten Revolte gegen das «Establishment» anstachelte. Heute ist der Kampf eher passiv geworden, aber das Feuer der Rebellion glimmt weiter und kann jederzeit neu aufflackern.

Preisvergleiche anstellen, erkennen, daß man in einem anderen Geschäft für dasselbe Geld mehr kriegt – solchen Gedanken haftet nichts Außergewöhnliches mehr an. Wie sollte es daher erstaunen, daß angesichts dieser ständig auf ihren Vorteil bedachten, gierigen Konsumgesellschaft der junge Sänger Renaud, leidenschaftlicher Apologet der Bewohner der Pariser Vorstadt und der Außenseiter, seinen heftigen Aufschrei ertönen läßt: «Société, tu m'auras pas!» («Gesellschaft, du kannst mich nicht gewinnen»). Man könnte es für Zynismus halten – aber Tatsache ist, daß die französische Jugend über viel Zeit zum Nachdenken verfügt, denn jeder zweite Arbeitslose zählt weniger als 25 Jahre.

Paradoxerweise überträgt sich die Ungewißheit dieser Jugend, die krampfhaft ihre erste Anstellung sucht und von der sozialen Ungerechtigkeit schwer betroffen ist, auch auf die Erwachsenen mit unsicherem Status sowie auf jene Leute, die fürchten, ihres Alters wegen auf dem Arbeitsmarkt abgewiesen zu werden. Denn die heutigen Manager ziehen gern junge Leute vor oder – welch Zynismus – hübsche Frauen. Der Mythos der Jugend hat den Arbeitsmarkt erobert, auch wenn einer großen Zahl von jungen Leuten die existentiellen Ängste nicht erspart bleiben. Denn nicht für alle gibt es Stellen; viele gehen leer aus. In einer französischen Gesellschaft, in der die soziale Schichtung einer harmonischen Entwicklung oft noch hinderlich ist, fühlen sich die Jugendlichen nicht in erster Linie als Franzosen. Von zehn betrachten sich sechs eher als solidarisch mit einem Ausländer ihres Alters denn mit einem Landsmann älterer Generation. Im weiteren identifizieren sie sich lieber mit einem Ausländer der gleichen sozialen Schicht als mit einem Franzosen einer anderen Gesellschaftsklasse. Aber trotz dieser Solidarität mit Leuten außerhalb der Landesgrenzen fühlen sich die meisten im Grunde in ihrer Stadt, in ihrem Dorf oder ihrer Provinz verwurzelt. Die Heimat wird heute wieder aufgewertet, und vielleicht liegt hierin mit ein Grund für die neue Welle der autonomistischen Bewegungen auf Korsika, im Baskenland, in der Bretagne, in Katalonien, im Languedoc, im Elsaß. Die regionale Kultur und die unmittelbare Umgebung bieten oft den konkreten Rahmen, den die Jungen wählen, um sich in der Gesellschaft Geltung zu verschaffen. Die französische Jugend geht gern auf Reisen und weist einen gewissen Hang zum Abenteuer auf. Aber trotz ihrer Wunschträume und Probleme bleibt sie nicht weniger als ihre Vorfahren an eine klar begrenzte Welt gebunden.

sondern auch in den neuartigen, aus Reihenhäusern bestehenden Siedlungen.
Aber zugleich zeichnet sich im neuen Lebens- und Wohnstil noch ein anderes Motiv ab: Es ist das Bedürfnis nach einer Rückkehr zur Mutter Natur, welche seit zwei Generationen Tausende von Franzosen anzieht. Ausdruck dieser Nostalgie sind die als Wochenendhäuser fungierenden, wohnlich restaurierten alten Hütten, oft mit eingebauten Holzfeuer-Kaminen, die den kleinen, von der Landbevölkerung verlassenen Ortschaften zum neuen Leben verhelfen. Die Interieurs werden den Wünschen von Ehepaaren gerecht, die eine rustikale Einrichtung einer modernen vorziehen.

So wohl die sich langsam erwärmende Sonne im Frühling tut, so unbarmherzig kann sie im Hochsommer auf die ausgedörrten Felder niederbrennen, wo der geringste Schatten willkommen ist.

Ist Gott Franzose?

Frankreich erfreut sich zahlreicher Kapellen und Kathedralen. Bleibt es seiner Sendung treu, wie es Papst Johannes Paul II. von ihm erwartet? Vielleicht in höherem Maße, als es den Anschein hat. In Frankreich leben nicht nur Katholiken und Protestanten, sondern auch Juden. Aber das Vordringen des Laizismus und des Antiklerikalismus während der Dritten Republik, die Trennung von Kirche und Staat im Jahre 1905 und vor allem die neuen sozialen Lebensbedingungen haben nicht nur die christlichen Konfessionen beeinträchtigt, sondern auch der jüdischen Religion viele Anhänger entzogen. Ist Gott tot? Ist Gott Franzose? («Dieu est-il Français?» lautet die französische Übersetzung von Friedrich Sieburgs Essayband «Gott in Frankreich?»). Weder das eine noch das andere, werden die Gläubigen antworten, die wissen, daß Religion und staatliche Neutralität zwei Traditionen bilden, die aus zwei tiefen und gegensätzlichen Quellen des nationalen Geistes stammen. In der Vergangenheit gab die Religion oft Anlaß zu Disputationen und blutigen Auseinandersetzungen wie den Religionskriegen. Aber anders als in Deutschland, das sich in zwei Konfessionen spaltete, und England, das im Anglikanismus seinen Kompromiß fand, hat das einheitliche und zentralistische Frankreich unter der absoluten Monarchie hartnäckig versucht, das protestantische Element zu vertreiben und auszumerzen. Dazu kommt auch, daß Frankreich – lange ein Agrarstaat und daher konservativ – stets tief im ursprünglichen Glauben verwurzelt blieb. Hierin liegt die Erklärung dafür, daß der französische Charakter mehr oder weniger vom Katholizismus geprägt ist: Von 10 Franzosen sind 9 katholisch getauft. Die katholische Kirche besitzt eine feste Verwaltungsstruktur und erscheint daher beinahe allmächtig.
Die katholische Presse mit der Tageszeitung *La Croix* und verschiedenen Wochenblättern, vor allem *Le Pèlerin* und *La Vie catholique,* beeinflußt die

den Gläubigen selbst. Der Glaube löst sich aus seiner gesellschaftlichen Erstarrung, und das Christentum in Frankreich findet zu seinem wahren Wesen zurück, zu Gott und Christus.
Auch die Form des Gottesdienstes hat beträchtliche Änderungen erfahren: Sie stellt die Verehrung Christi wieder stärker in den Mittelpunkt und drängt die Nebenkulte, die das Wesentliche mit Beiläufigem vermengten, ins Abseits. Außerdem wird heute mehr Gewicht auf den Gemeinschaftsgottesdienst und – nicht zuletzt dank der Reformen des 2. Vatikanischen Konzils – auf eine volks- und bibelnähere Liturgie gelegt. In zunehmendem Maße versucht die Kirche, ihr von einer bestimmten Gesellschaftsschicht geprägtes Image abzustreifen, um sich wieder ganz Gott zuzuwenden. Das heißt freilich nicht, daß sie sich der äußeren Welt verschließt. Ganz im Gegenteil: Wenn sich die Kirche in früheren Zeiten gegen jede Neuerung gewehrt hat, so versucht sie heute, dem Menschen des Fortschritts ebenfalls ihre Hilfe anzubieten. Auch der «Homo technicus» träumt meist noch von einem (wie auch immer gearteten) Jenseits, selbst wenn er die Schwelle der Kirche oder der Synagoge nicht mehr überschreitet. Neue Sekten und der große Widerhall, den die verschiedenen östlichen Religionen finden, sind nichts anderes als ein Zeichen dieses Bedürfnisses nach seelischer Geborgenheit.

Die große Mehrheit der Franzosen ist für die kirchliche Glaubenslehre heute nicht mehr empfänglich. Das will allerdings nicht heißen, daß sie ihr gleichgültig gegenüberstünde, denn ein zweitausendjähriges Erbe läßt sich nicht in einer einzigen Generation austilgen. Die wirklichen Anhänger der Kirche aber praktizieren einen aufrichtigeren, ursprünglicheren und auch persönlicheren Glauben. Diese echte Religiosität überträgt sich auf die Familie, die Ehe sowie auf die Arbeit und erfüllt mit ihrem Geist den Alltag. Es besteht kein Zweifel, daß jene Christen auch all den Leuten einen Weg weisen, die sich nur anläßlich großer Familienereignisse verpflichtet fühlen, in die Kirche zu gehen. Schließlich darf man nicht vergessen, daß Taufe, Kommunion, Heirat und Bestattung auch heute noch Marksteine im Leben vieler Franzosen sind, die immerhin religiös erzogen wurden und wenigstens der gesellschaftlichen Norm Genüge leisten wollen.
Eine ähnliche Schrumpfung wie die katholische Kirche erleidet zur Zeit auch der Protestantismus, der in Frankreich rund 1,5% der Gesamtbevölkerung ausmacht. Viele Protestanten finden sich vor allem in den Regionen, in denen ihre Vorfahren den blutigen Verfolgungen entronnen waren: im Elsaß, in der Franche-Comté, in den Cevennen und in einigen großen Städten. Die Religionskriege waren für die Protestanten eine schlimme Zeit, ebenso die

Wie in anderen Ländern, so hat sich auch in Frankreich Schach zu einer Art Volkssport entwickelt.

Konsumgesellschaft und Massenurlaub: «Sie meinten, daß man in den Ferien rasch miteinander vertraut werde. Ich glaube, es blieb einem gar nichts anderes übrig, da man ja stets zusammenblieb. Mittags und abends aß man gemeinsam am großen Tisch, und tagsüber gingen praktisch alle an denselben Ort» (Christiane Rochefort).

Ära Ludwigs XIV., vor allem nach der von ihm verfügten Aufhebung des Edikts von Nantes im Jahre 1685 (Ludwig Tieck hat mit seiner Novelle *Der Aufruhr in den Cevennen* dieser Zeit ein literarisches Denkmal gesetzt). Die verschiedenen protestantischen Kirchen Frankreichs arbeiten einander in die Hände und haben sich 1905 zur «Fédération protestante de France» zusammengeschlossen. Die wichtigste unter ihnen ist die «Eglise Réformée de France».

Der jüdische Gottesdienst, der dem «Consistoire central» und dem Großrabbiner untersteht, vereinigt etwa 500000 der insgesamt rund 700000 Gläubigen. Abgesehen von den kirchlichen Feiertagen, wie etwa dem Jom Kippur, trifft für das Judentum Ähnliches zu wie für die andern Religionen: Es besteht ein Gegensatz zwischen der dem Kult fernstehenden Masse und den relativ wenigen sehr engagierten Gläubigen. Seit Jahrhunderten nimmt Frankreich jüdische Gemeinden aus Spanien, Portugal, Mitteleuropa und Nordafrika auf, die sich im nationalen Schmelztiegel vermischen, ohne dabei ihrer ursprünglichen Herkunft untreu zu werden. Dasselbe gilt für die Nordafrikaner (Harki oder berberische Kabylen), die trotz ihrer Übersiedlung nach Frankreich ihre islamische Religion beibehielten.

Der Islam ist im «Hexagon» um so lebendiger, als die Zahl der aus den Maghreb-Staaten eingewanderten Arbeiter heute 1,4 Millionen beträgt und die Beziehungen Frankreichs zu diesen Ländern in den letzten Jahren immer wichtiger wurden.

Die neutrale Haltung des Staates ermöglicht in Frankreich das friedliche Nebeneinander der verschiedenen Glaubensbekenntnisse. Rein zahlenmäßig ist die Bedeutung der Religionen zwar zurückgegangen, aber dafür, so scheint es, haben sie an Echtheit und Aufrichtigkeit gewonnen.

Freizeit- und Urlaubsgestaltung

Frankreich ist lange ein Agrarstaat geblieben. Später hat es sich zu einer städtisch geprägten Nation entwickelt. Im Büro oder in der Fabrik wird heute noch mindestens 40 Stunden in der Woche gearbeitet. Bestrebungen zur Reduzierung der Arbeitszeit auf 35 Stunden sind aber im Gange.

Am Wochenende geht jeder seinen persönlichen Neigungen nach: Der eine entspannt sich, besucht den Gottesdienst, treibt Sport, trifft Freunde oder nimmt an Festen teil. Ein anderer erfreut sich an der freien Natur, geht auf die Jagd, den Fischfang oder unternimmt einen Ausflug. Ein dritter wiederum begibt sich in sein Wochenendhaus oder bleibt auch einfach zu Hause, um zu lesen, zu basteln, den Garten zu pflegen oder vor dem Fernsehschirm zu sitzen.

Dieser stete Wechsel zwischen Arbeit und Freizeit wird durch die Ferien unterbrochen, welche für jeden einzelnen das große Ereignis des Jahres bilden. Daraus zu folgern, der Franzose denke überhaupt nur an den Urlaub, wäre zweifellos fehl am Platz. Aber es stimmt, daß von diesen vier Wochen bezahlten Urlaubs (bald werden es fünf sein) ein Zauber von Hochstimmung ausgeht, der die ganze Bevölkerung in seinen Bann schlägt.

Freizeit und Sport

Die Sportbegeisterung des Franzosen ist dagegen nur mäßig. Wenn die Städter das Bedürfnis empfinden, ins Freie zu gehen, so vor allem, um auf dem Lande zu picknicken oder um als «Kenner» auf den Stufen des Stadions den Fußball- oder Rugbyspielen zuzuschauen. Zuschauen? – Bewahre: Der gallische Hahn bläht sich gleichsam auf, schlägt mit den Flügeln, gebärdet sich chauvinistisch, aber schließlich gibt er bei Olympischen Spielen oder Weltmeisterschaften doch eine eher klägliche Figur ab. Seine sympathischen Equipen werden von den sowjetischen, amerikanischen und ostdeutschen Konkurrenten regelmäßig in den Schatten gestellt. Nur einige Aktive des Reit-, Ski- oder Radsports leuchten auf wie Meteore und verblassen wieder. Das hängt damit zusammen, daß der Franzose sich lieber seiner leidenschaftlichen Bewunderung für das ein-

Bei festlichen Gelegenheiten verlassen die weißen Rassestuten ihre Herden im hohen Schilf der Salzsümpfe in der Basse-Provence und stehen den Viehhütern für ihre Reiterspiele zur Verfügung.

zelne Sportidol hingibt, als daß er die Aufstellung eines leistungsfähigen Teams fordert. Die Sieger stehen unter Druck, und die Volksmenge stachelt sie regelmäßig zu Wunderresultaten an. Killy, der unvergessene Ski-Champion der sechziger Jahre, ist ein solcher Idealfall. Aber wir wollen nicht ungerecht sein: Poulidor, der ewige Zweite der Tour de France, gefiel den französischen Zuschauern auch nicht übel, so sehr identifizierten sie sich mit diesem «braven, kleinen Kerl», dem unermüdlichen Kämpfer, der für seine Anstrengungen nie belohnt wurde. Nach dem Fußball und dem Rugby genießt der Radsport tatsächlich die größte Popularität. Die Tour de France wurde 1903 ins Leben gerufen. Sie weckt beim schaulustigen Publikum nach wie vor die höchste Begeisterung, trotz des kommerziellen Mißbrauchs, der mit dieser Veranstaltung getrieben wird.

Immer größerer Beliebtheit erfreuen sich ferner der Alpinismus, der Segelsport und die Unterwasserjagd. Auch findet Tennis bei den jungen Leuten der Städte einen ähnlichen Anklang wie der Skisport vor 15 Jahren. Als mehrfacher Sieger an internationalen Meisterschaften genießt Roland Garros ein gewisses Ansehen; im übrigen aber weisen die französischen Tennisspieler im internationalen Vergleich keine besonderen Leistungen auf. Pétanque – eine Art Boccia –, das die Matrosen der Rhôneschiffahrt in Südfrankreich verbreitet haben, gewährt Entspannung, fördert die Geselligkeit und wird der französischen Vorstellung von einem angenehmen Sport durchaus gerecht. Der Sinn für Wettkampf-Massenveranstaltungen, wie er etwa für die Engländer kennzeichnend ist, geht den Franzosen zum großen Teil ab. Hingegen steht der jahrhundertealte Zeitvertreib des Angelns und der Jagd sehr hoch im Kurs. Damit sind auch die eigentlichen «Nationalsportarten» genannt, die immerhin etwa 6 Millionen Anhänger zählen.

Auf in den Sommerurlaub!

1. Juli, 14. Juli, 30. Juli, 2. August, 15. August: Frankreich ist in Bewegung geraten. In unerbittlich wogenden Schüben füllen die Städter, zu denen sich noch etwa 16 Millionen ausländische Touristen gesellen, die Straßen Frankreichs. Unzählige, bis zum Bersten vollgestopfte Vehikel blockieren die freie Fahrt.

In den Flughäfen sowie auf den Bahnhöfen, wo die Züge doppelt und dreifach geführt werden, herrscht Hochbetrieb. Daran vermag auch die vom Staat geförderte Staffelung der Ferienzeiten nichts zu ändern. Frankreich ist im Urlaub, das heißt: Über die Hälfte der berufstätigen Bevölkerung befindet sich im «Sommerschlaf» und mit ihr die französische Wirtschaft. Was tut's? Während dieser Zeit genießt Frankreich seine Ferien, ist glücklich. Und was schadet es, wenn die Charterflüge die kostspieligen Linienflüge ersetzen, die Wohnwagen und Caravans die Grandhotels verdrängen. Schließlich ist es zu begrüßen, daß sich heute nicht nur Privilegierte, sondern breite Volksschichten Ferien leisten können. Im übrigen gestattet es die Größe des Landes ruhebedürftigen Urlaubern immer noch, die gewünschte Stille und Einsamkeit zu finden, um sich zu entspannen. Für viele Franzosen bietet sich im Sommer auch die Gelegenheit, ihre Heimatprovinz und die dort ansässigen Verwandten zu besuchen.

Früher blieben die Franzosen am liebsten zu Hause. Aber heute verlassen sie in großen Scharen ihr Land, um ihren Urlaub im Ausland zu verbringen – zum Schaden des einheimischen Gastgewerbes.

zwanzig Jahren hat sich Frankreich somit vor allem den regionalen wirtschaftlichen und politischen Problemen zugewandt. Ihre Lösung gehört zum Programm der gesamtfranzösischen Wirtschaftspolitik. Ein anderer wichtiger Schritt des Staates ist die Förderung des Produktionsapparates durch Investitionen, die sowohl eine technologische als auch eine finanzielle Verbesserung der Betriebe bezwecken. Das Mittel dazu liegt in der Unternehmenskonzentration. Ferner ist auf die Anstrengungen hinzuweisen, welche seit 1958 für eine Öffnung zum Ausland und vor allem zur Integration in die Europäische Gemeinschaft unternommen werden. Lange Zeit hemmten Zollschranken die wirtschaftliche Aktivität Frankreichs, das im übrigen damit beschäftigt war, sein Kolonialreich aufzulösen. Kennzeichnend für die ungeheure Veränderung sind die grundlegende Umgestaltung der französischen Landwirtschaft, der industrielle Boom (die wahrhafte Triebkraft des Wachstums), die radikale Erneuerung des inneren Verteilungsapparates sowie die zunehmende Bedeutung von Export und Import. Eine mittlere Jahreszuwachsrate von 5% ließ die Erträge Frankreichs auf das Vierfache ansteigen, und 21 Millionen Beschäftigte legten sich kräftig ins Zeug, um an den Konsumgütern teilhaben zu können. Von da an gehörten sie zur Konsumgesellschaft, die dann von der politischen und sozialen Bewegung im Mai 1968 in Frage gestellt wurde.

Dieser revolutionäre Wind hat indessen über die sechziger Jahre hinaus seine Spuren hinterlassen. Wenn sich zwar einerseits die Unternehmer und die Regierung – vor allem um die Wettbewerbsfähigkeit der französischen Firmen besorgt – an der Bundesrepublik Deutschland und vor allem an Japan ein Beispiel nehmen, so ist doch andererseits die Idee eines Wirtschaftswachstums um jeden Preis seit über zehn Jahren ernsthafter Kritik unterworfen. Zunächst aus politischen Gründen, weil nämlich die Früchte dieses Wachstums ungleich verteilt werden. Zu Beginn der achtziger Jahre eignen sich 10% der Bevölkerung 33% aller Einkünfte an und besitzen 50% des Erbkapitals. Diese Ziffern enthüllen eine der Hauptschwächen der französischen Gesellschaft. Zweifellos geht es der arbeitenden Klasse heute besser. Aber insgesamt gesehen hat der Wirtschaftsboom vor allem jene begünstigt, die schon zuvor reich oder wohlhabend waren, während andererseits die Gastarbeiter als «Subproletariat», das noch unter dem eigentlichen französischen Proletariat steht, zunächst ein kümmerliches Dasein fristeten. An einem Wohlstand um diesen Preis vermag sich kaum jemand zu freuen.

Der Gedanke, die wirtschaftliche Expansion schaffe soziale Gerechtigkeit, reizt daher die Vertreter der verschiedensten geistigen Strömungen zum Widerspruch. Mit dieser Opposition verbinden sich Einwände vom ökologischen Standpunkt her: Denn

So faszinierend die vollendete Technik der in britisch-französischer Zusammenarbeit entstandenen «Concorde» auch ist – wirtschaftlich und finanziell hat sie sich als Versager erwiesen.

Anzahl der großen Industrieunternehmen in Frankreich[1]

Umsatz	USA	Japan	GB[2]	BRD	Frankreich	Italien	Schweiz
Umsatz ⩾ 5 Milliarden $	58	8	11	16	11	3	3
Umsatz ⩾ 2 Milliarden $	173	41	36	32	21	6	5

[1] 1979
[2] inklusive 3 Firmen mit starker ausländischer Beteiligung
Quelle: Revue Fortune

– so mögen sich viele fragen – wozu dient eigentlich das Wirtschaftswachstum, das mit seiner hemmungslosen Industrialisierung das Land überwuchert und maßlose Mengen an Rohstoffen und Energie verschlingt? Trägt es überhaupt noch zur Verbesserung der Lebensqualität bei?

Frankreich ist unwiderruflich mit der internationalen Wirtschaft verflochten; jede Woche arbeitet jeder einzelne Franzose einen Tag lang ausschließlich für den Welthandel, damit das Land die Importgüter bezahlen kann, welche ungefähr 25% des Bruttosozialprodukts ausmachen. Die drastische Verteuerung des Öls hat Frankreich die Konjunkturkrise voll spüren lassen. Dieser Schock traf das Land um so härter und war um so schwieriger zu überwinden, als Frankreich zu 75% von ausländischer Energie abhängig ist. Dazu kommt noch, daß die französische Industrie, Mitte der siebziger Jahre noch in voller Umbildung begriffen, sich nicht so schnell wie ihre Konkurrenten (vor allem Japan) den neuen Gegebenheiten des Weltmarktes anzupassen vermochte. Neben den Spitzensektoren gibt es zahlreiche alte Branchen mit ungenügender Wettbewerbsfähigkeit, welche die Wirtschaft belasten. In den achtziger Jahren zeichnet sich eine deutliche Abschwächung der jährlichen Zuwachsrate ab, und gleichzeitig leidet das Land unter der Geißel der Inflation und der Arbeitslosigkeit.

In den fünfziger Jahren ging es noch darum, neue Arbeitskräfte zu suchen; heute dagegen liegt das Hauptproblem darin, für zwei Millionen Arbeitswillige Stellen zu finden. Der Baby-Boom der Nachkriegszeit beschert Frankreich noch im Zeitraum von 1975 bis 1985 rund 300000 junge Menschen, die im Begriffe sind, neu ins Berufsleben einzutreten. Das Wirtschaftswachstum reicht aber nicht aus, diese Leistungswilligen auch einzusetzen. Die Lage wird jedoch nicht andauern. Die Experten sagen für das Jahr 2000 voraus, daß der gegenwärtige Geburtenrückgang wenn nicht zu einer Verminderung, so doch zur Stagnation der berufstätigen Bevölkerung führen muß, wobei freilich der Eintritt der geburtenstarken Jahrgänge in den Ruhestand die Soziallasten der Berufstätigen erhöhen wird. Dies soll vor allem dann eintreten, wenn der Verlust an menschlicher Arbeitskraft nicht durch andere Produktionsmittel wie Maschinen wettgemacht werden kann. Eine solche Hypothese ist durchaus nicht abwegig. Dabei stellt sich die Frage, wem die Produktionsmittel gehören und nach welchen Gesichtspunkten die Erträge verteilt werden.

Die Antwort hat einen unbestreitbar politischen Charakter. Von politischer Bedeutung sind aber auch die Entscheidungen, die getroffen werden, um die Folgen einer überhandnehmenden, selektierten Arbeitslosigkeit zu mildern, unter denen in erster Linie die Jugendlichen, die Frauen, der Dienstleistungssektor und die aus strukturellen Gründen benachteiligten Regionen (im Norden, Westen, Südwesten, Süden) leiden. Diese wirtschaftlichen Realitäten verkennen hieße, sich einer Verantwortungslosigkeit schuldig machen. Die jahrhundertealte enge Verbundenheit der Franzosen mit ihrer Heimatscholle hinderte sie lange daran, sich nach außen zu öffnen und in die großen Wirtschaftsmechanismen Einsicht zu gewinnen. Heute geben sich die jungen Leute und die Berufstätigen in vermehrtem Maße Rechenschaft über die Fragen, die den Handel und die Industrie betreffen. Auch bringen sie mehr Verständnis für die Probleme des Außenhandels auf, mit denen nach zwanzigjährigen «Anfangsschwierigkeiten» der EG die Bauern konfrontiert sind. Der Agrarmarkt innerhalb der EG, das Flugzeug Airbus oder die europäische Rakete Ariane, deren Entwicklung weitgehend unter französischer Leitung stand, sorgen in den Zeitungen für genügend Schlagzeilen, so daß die Bevölkerung an diesen Ereignissen auch Anteil nimmt und sie in den größeren europäischen Zusammenhang einordnet.

Trotz mancherlei Unstimmigkeiten haben die Franzosen den europäischen Nachbarn viel zu verdanken. Allein die Tatsache, daß die Europa-Idee dem Franzosen abgewöhnt hat, jedem protektionistischen Gelüst nachzugeben, und ihn dazu bringen konnte, sich dem belebenden Wind der internationalen Konkurrenz zu stellen, ist positiv zu werten.

Seine-Brücke von Brotonne: Die raffende, verkürzende Perspektive der Kameralinse verstärkt noch die frappante Modernität einer Technik, die eigene ästhetische Maßstäbe setzt.

Der Bodenpreis verdoppelt sich alle ▷ fünf Jahre. Und doch fühlt man sich gedrängt, immer mehr zu produzieren und die landwirtschaftlichen Betriebe zu vergrößern. Wird dieses ewige Jagen nach Hektaren eines Tages zum Stillstand kommen? Bis jetzt ist keine solche Tendenz sichtbar. Im Gegenteil: Die Planung bestätigt, daß die mittlere Betriebsgröße weiter anwachsen sollte. Aber auf wessen Kosten und mit welchen Mitteln geschieht das? (Diese Betrachtung von Claude Michelet, einem Landwirtschaftsexperten, hat für die ganze Europäische Gemeinschaft Gültigkeit.)

Landwirtschaft: «Das Grüne Gold»

Mit der zunehmenden Verstädterung und Industrialisierung verliert die Landwirtschaft an Einfluß auf die gesamte Wirtschaft Frankreichs. Das ändert jedoch nichts an der Tatsache, daß der französische Landwirt nach wie vor besonders wichtige Aufgaben erfüllt. Rationellere Bodennutzung und modernere Maschinen führten zu immer besseren Erträgen. Im Jahre 1955 konnte ein französischer Bauer so viel produzieren, daß statistisch gesehen 7 Personen davon satt wurden; heute sind es 25 Personen, und sein Hauptproblem ist – wie für die Industrie – nicht die Produktion, sondern der Verkauf. Aber auch auf internationaler Ebene spielt das «grüne Gold» Frankreichs keine unbedeutende Rolle.

Die verhältnismäßig geräumigen Flächen, die Bodenstruktur, das Klima und eine jahrtausendealte Kulturgeschichte bildeten die französische Landwirtschaft außerordentlich vielfältig aus. Die regionale Mannigfaltigkeit ist aus einer langwierigen und mühsamen Erschließung des Landes erwachsen. Der Eisenbahnbau im 19. und 20. Jahrhundert hat diesen Reichtum nur noch gefördert: Getreidefelder in den Ebenen des Nordens und der Ile-de-France; Weinbau in Burgund; Mischkultur im Elsaß; Forstgebiete im Osten und Weideland in den Vogesen; Frühgemüse und Getreide im Westen; Wälder, Obstkulturen, Wein, Tabak, Gemüse- und Getreidefelder im Südwesten; Weideland in den

Arbeit im Rhythmus der Jahreszeiten, im Zyklus von Säen und Ernten – landwirtschaftliche Tätigkeit ruft im Städter unweigerlich nostalgische Gefühle wach, da er in seiner gewohnten Umgebung allenfalls nur noch an einem Stück seidenblauen Himmels, an etwas wäßrigem Schnee merkt, ob Frühling, Sommer oder Winter ist (Plédéliac, Côtes-du-Nord).

Ernte eines reifen Zwetschgenbaumes in Lothringen. Die Gegend, wo diese Aufnahme entstand, wurde einem mustergültigen Raumplanungskonzept unterstellt; das Ökosystem mit all seinen wirtschaftlichen, sozialen und geographischen Aspekten wird hier als Ganzes gesehen.

Anteile der wichtigsten landwirtschaftlichen Produkte Frankreichs und deren Erträge[1]

		in %	in Millionen franz. Francs (laufender Wert)	
Pflanzliche Produktion 45,7%	Getreide	16,0	26 071	Total 74 218
	Früchte und Gemüse	12,1	19 577	
	Wein	10,5	17 007	
	Andere pflanzliche Produkte	4,3	7 026	
	Rüben	2,8	4 537	
Tierische Produktion 54,3%	Milch	17,4	28 327	Total 88 203
	Großvieh	12,6	20 485	
	Schweine	7,4	12 002	
	Kälber	5,2	8 517	
	Geflügel	4,8	7 617	
	Andere tierische Produkte	4,3	7 029	
	Eier	2,6	4 226	
		100	Total Ertrag = 162 421	

[1] 1979

Quelle: Commission des Comptes de l'agriculture de la Nation.

Alpen, im Massif Central und in Mittelfrankreich, vor allem für Großviehzucht (Morvan) und Schafzucht (Causses) geeignet; Obstbäume, Frühgemüse und Reben im mittelmeerischen Süden.

Wenn auch die Vielfalt der regionalen Landwirtschaft den Ausgangspunkt für einen ganzen Problemkreis abgibt, so spielte doch die Landwirtschaft in Frankreich immer eine wichtigere Rolle als in den andern EG-Staaten. Mit 33 Millionen Hektar beträgt die bewirtschaftete Fläche 60% des gesamten Territoriums und mehr als ein Drittel des von der Europäischen Gemeinschaft genutzten Agrargebietes.

Die Ausfuhr landwirtschaftlicher Produkte beläuft sich in Frankreich immerhin auf 16–20% des gesamten Exports. Das wissen nur wenige Franzosen; die meisten von ihnen verkennen den Stellenwert des Bauerntums und vergessen, daß ihre Urgroßeltern vom Land noch Holzschuhe trugen. Wie aber sieht die ländliche Welt heute aus? Diese Frage läßt sich nicht so einfach beantworten. Tatsache ist, daß sich der Einkommensunterschied zwischen einem Getreide-Großbauern der Beauce und einem Bauern der Lozère stärker auswirkt als zwischen einem Spitzenmanager und einem Arbeiter, der den Minimallohn bezieht. Insgesamt umfaßt die Landbevölkerung, die vor dem Krieg noch 35% der Gesamtbevölkerung ausmachte, nur noch 9% der Erwerbstätigen und ist von Überalterung bedroht. Schon 1975 waren fast 40% der 1,3 Millionen Leiter landwirtschaftlicher Betriebe älter als 50 Jahre, und 1985 wird diese Gruppe auf 50% angewachsen sein. Das hängt damit zusammen, daß die französische Landwirtschaft mit immer weniger Arbeitskräften ihre Produktivität zu steigern vermag. Der Traktorenbestand ist in dreißig Jahren verzehnfacht worden und auf 1,3 Millionen Einheiten angewachsen (1,5 Millionen inklusive Mähdrescher). Der Düngerverbrauch, der sich 1960 bei 2 Millionen Tonnen hielt, beträgt heute mehr als das Doppelte. Die Forschungsarbeiten des INRA (Institut National de la Recherche Agronomique) begünstigten die Einführung neuer Pflanzensorten, eine rationellere Nutzung des Wiesen- und Weidelandes und eine Vervollkommnung der Aufzuchtmethoden in dem Maße, daß geradezu von einer agrarbiologischen Revolution gesprochen werden kann.

Arme und in völliger Abgeschiedenheit lebende Bauern gibt es trotz aller Verbesserungen freilich noch heute, etwa im Département Gers, in den Cevennen und im Westen. Gleichwohl läßt sich sagen, daß unter der Einwirkung der staatlichen Behörden die französische Landwirtschaft ihre Strukturen zu ihrem Vorteil verändert hat. Eine entscheidende Rolle spielten ferner die Berufsverbände, die Genossenschaften (von denen es im Land gegen 200000 gibt), die Hilfskassen, Vereinigungen und vor allem die Organisationen wie der Fonds d'orientation et de régulation des marchés agricoles (FORMA; entspricht einer Planungszentrale für die Agrarproduktion), der Fonds d'intervention et de régulation du marché du sucre (FIRS; Zuckeranbau- und -handelszentrale) und das staatliche Amt für Tischweine (ONIVIT). In den Jahrzehnten der großen landwirtschaftlichen Revolution Frankreichs wurden weitere Organisationen gegründet, namentlich für Getreide und Fleisch. Jene stehen größtenteils in enger Beziehung zum Europäischen Ausrichtungs- und Garantiefonds für die Landwirtschaft (EAGFL) innerhalb der EG. An der französischen Agrarreform waren die Banken maßgeblich mitbeteiligt: Durch ihr Engagement wurde die Landwirtschaft vermehrt den ökonomischen Gesetzen der modernen Wirtschaft unterworfen, nach denen sich auch der Landwirt heute richten muß. Ähnlich wie ein Schlossermeister oder «Industriekapitän» ersetzt der Bauer heute die menschliche Arbeitskraft durch Maschinen und entfernt sich dadurch zusehends vom ursprünglichen Selbstverbrauchersystem. Indessen treiben ihn die großen Investitionen, die der moderne Markt ihm aufnötigt, in eine immer höhere Bankverschuldung (120 Milliarden Francs Kredit für einen Produktionswert von insgesamt 200 Milliarden Francs in den Jahren 1978/79). Mehr produzieren, um mehr und vor allem billiger verkaufen zu können – so lautet die Devise des Agrarmarktes.

Zur Zeit ist auch eine Bodenreform im Gange. Die Zahl der Gutsbetriebe wird herabgesetzt (nur noch 1,1 Millionen heute gegen 2,2 Millionen vor dreißig Jahren); dafür erfahren die bestehenden Bauernhöfe eine Vergrößerung, und zwar im Durchschnitt von 16 auf 25 Hektar. Durch die Flurbereinigung und Neuverteilung soll der Parzellierung des Bodens Einhalt geboten werden.

Obwohl es sehr viele Landwirte gibt, denen die Erneuerungen keine Vorteile brachten, haben all die Umstellungen für die französischen Bauern im allgemeinen segensreiche Folgen gezeitigt. Die Jahre von 1945 bis 1974 waren denn auch für Reformen eine recht günstige Zeit, während seit der Energie- und Wirtschaftskrise die Lage verworrener ist. Hatte der Europäische Markt bis dahin eine Preisstabilisierung, ein im weltweiten Vergleich hohes Preisniveau und ein noch nie dagewesenes Produktionswachstum gewährleistet, so bleiben die Einkünfte des Bauern heute unverändert. Der Grund liegt darin, daß die Mehrheit der dem Gemeinsamen Markt angehörenden Staaten landwirtschaftliche Selbstversorger geworden sind und die zunehmende Sättigung der europäischen Nachfrage den einen oder anderen Staat veranlaßt, außerhalb der EG zu exportieren. Hauptanliegen der Zukunft ist die Steigerung der Wettbewerbsfähigkeit. Das Ergebnis eines solchen Bestrebens wird je nach Zweig und Produktionsart unterschiedlich ausfallen, denn nicht überall herrschen gleich günstige Voraussetzungen für die Erreichung dieses Zieles.

Für die offizielle Landwirtschaft ist der biologische Anbau ein Stein des Anstoßes, für den Umweltschützer dagegen eine Wohltat. Aber immer weitere Kreise von Winzern, Züchtern und Ackerbauern erblicken im Verzicht auf Chemikalien eine zweckmäßige, für die Zukunft vielversprechende Bewirtschaftung. Es sind dies vor allem die Besitzer kleiner, herkömmlicher Gutsbetriebe, wie es sie in ausgeprägt ländlichen Gegenden noch gibt.

Indessen scheint diese Rückkehr zur ursprünglichen Einfachheit mit den Methoden eines modernen Acker- und Weinbaus unvereinbar zu sein, vor allem seit nach dem Eintritt Frankreichs in die Europäische Gemeinschaft die Mechanisierung zunahm.

Die fruchtbare Scholle

Die pflanzlichen Erträge machen ungefähr 45% der landwirtschaftlichen Produktion aus. Die UdSSR deckt den Weltbedarf an Weizen zu 27,4% und den an Gerste zu 31,7%. Die Vereinigten Staaten kommen für 49,6% des Weltbedarfs an Mais auf. Mit mehr als 45 Millionen Tonnen Getreide pro Jahr steht Frankreich bei Weizen weltweit an sechster und bei Gerste an dritter Stelle. Dies macht bereits deutlich, daß Frankreich innerhalb des Gemeinsamen Marktes eine Sonderstellung einnimmt: Für die französische Landwirtschaft ist der Getreideexport besonders wichtig. Mehr noch als die flächenmäßige Vergrößerung des angebauten Landes (10 Millionen Hektar Getreidefelder), die auf den enormen Zuwachs der Maiskulturen zurückzuführen ist, hat die Erhöhung der Erträge pro bebautes Hektar zu einer beachtlichen Mehrproduktion geführt (20 Zentner Weizen im Jahre 1950 gegen 50 Zentner heute). Wenn Hafer und Roggen im Rückgang begriffen sind, so kann das Land sich doch mit Reis selber versorgen. Reis wird seit dem letzten Krieg in der Camargue angepflanzt. Die übrigen Kulturen vergrößern sich fortwährend auf Kosten des Getreidebaus: Die 75 Millionen Zentner Kartoffeln dienen in erster Linie als Nahrungsmittel und verschiedenen Industrien als Rohstoff (Stärke, Traubenzucker, Alkohol).

Im steinigen Boden des Départements Var wachsen die Blumen zwar auch wild, aber sie werden – was sich im Landschaftsbild besonders bemerkbar macht – häufig als Kulturen gezogen. Die Reihen der üppigen Bougainvilleas bilden zum Lavendel, zu den Stiefmütterchen und Obstbäumen einen reizvollen Kontrast (Bormes-les-Mimosas).

Die Entwicklung der Zuckerrübenproduktion (4 Millionen Tonnen) untersteht der strengen gesetzlichen Kontrolle durch die EG, die auch die Preisgarantie für eine bestimmte zugelassene Menge übernimmt. So läßt sich sagen, daß der Unterstützungsmechanismus des Zuckermarktes differenzierter funktioniert als jener der meisten andern EG-Produkte.
Neben Zuckerrüben und Kartoffeln wird auch der Anbau sogenannter Industriepflanzen immer wichtiger. Das trifft für den Tabak zu (Aquitanien, Südosten), den für die Bierbrauerei benötigten Hopfen (Elsaß), die Textilfasern wie Flachs und Hanf sowie die eiweiß- und ölhaltigen Pflanzen. Letztere liefern nebst dem Öl auch die Ölkuchen (Preßrückstände), die für die Viehzüchter als Futtermittel von Bedeutung sind. Diese Gewächse werden in großen Mengen importiert. Das erklärt die Anstrengungen der europäischen und insbesondere der französischen Bauern, die seit Beginn der achtziger Jahre danach trachten, sowohl die Erträge der ölhaltigen Pflanzen (Raps, Sonnenblumen) als auch die der eiweißhaltigen Pflanzen (Erbsen, Bohnen) im eigenen Land zu verbessern.

Das gemäßigte Klima Frankreichs begünstigt die Gemüse- und Obstkulturen, jedoch macht sich mehr und mehr die Konkurrenz der anderen Mittelmeerländer bemerkbar. Dazu kommt, daß sich die Empfindlichkeit dieser Kulturen gegenüber klimatischen Einflüssen nachteilig auswirkt. Dennoch sind Mißernten selten, reiche Erträge dagegen häufig. Und jedes Jahr empören sich die Konsumenten, weil die Bauern, die auf ihren Überschußernten sitzenbleiben und gegen die Preispolitik demonstrieren, ganze Berge von Artischocken und Blumenkohl (Bretagne) oder Aprikosen (im Département Pyrénées-Orientales) vernichten.
Ihr größtes Geschäft macht die französische Landwirtschaft ohne Zweifel mit dem Wein, und so steht der französische Winzer nach seinem italienischen Kollegen im Welthandel an zweiter Stelle. In einem normalen Jahr beträgt die Weinernte ungefähr 70 Millionen Hektoliter. Sie kann aber, wie das beispielsweise 1979 der Fall war, bis auf 80 Millionen Hektoliter ansteigen. Über 900000 Weinbauern, die offiziell ihre Ernte deklarieren, bewirtschaften insgesamt ein Rebgebiet von rund 1,3 Millionen Hektar.
Aber mehr als die Quantität ist die Qualität Ursache für die Berühmtheit der französischen Weine, von denen der Burgunder und der Bordeaux sowie von den Schaumweinen der Champagner auf allen Kontinenten bekannt und geschätzt sind. Im Département Gironde befindet sich das größte Rebgelände Frankreichs für Qualitätswein, und mit seinen 3000 Weingütern steht dieses Gebiet auch im weltweiten Weinhandel an erster Stelle. Neben den in Frankreich üblichen Marken mit der Bezeichnung «appellation d'origine contrôlée» (AOC), zu deutsch: «mit geprüfter Herkunftsbezeichnung», gibt es die «vins délimités de qualité supérieure» (VDQS), was sich mit «einfacher Herkunftswein» wiedergeben läßt und vor allem eine gewisse regionale Berühmtheit verrät. Auf jeden Fall sind beide Bezeichnungen gefragt und weisen auf Qualität hin.
Die Franzosen verschmähen auch den «gros-rouge» nicht, der als «gewöhnlicher Konsumwein» (VCC = «vin de consommation courante») gekennzeichnet wird. All diese Erzeugnisse leiden unter der italienischen Konkurrenz. Unruhen in den südfranzösischen Weingebieten sind dann bisweilen auch die Folge der eigenen Überproduktion und der damit verbundenen Absatzschwierigkeiten.

Viehzucht und Fleischproduktion

Die aus der Viehzucht gewonnenen Produkte bilden etwa 55% der Einkünfte des französischen Bauern. Davon entfallen 17–18% auf die 300 Millionen Hektoliter Milch und Milchprodukte (Milchpulver, Butter und Käse). Der Anteil des Rindfleisches macht 12 bis 13% aus, Schweinefleisch 7–8%, Kalbfleisch 5%, Eier und Geflügel 7–8%. Wie der Ackerbau, so hat sich in Frankreich auch die Viehzucht stark entwickelt. Die künstliche Besamung (80 Zentren) ist allgemein verbreitet und trägt – wie der Fortschritt auf dem Gebiet der Vererbungslehre und das Mischfutter – zur Verbesserung der Viehqualität bei. Die minderwertigen Rassen werden durch produktivere ersetzt. Die normannische und die friesische Rinderrasse eignen sich besonders für Milch und Käse, Charolais- und Limousin-Rinder dagegen geben vorzügliches Fleisch. Im gesamteuropäischen Vergleich konsumiert der Franzose am meisten Fleisch (89 kg jährlich, davon 21,7 kg Rindfleisch und 29,2 kg Schweinefleisch).

Eine Erhöhung der Erträge wird laufend angestrebt; dies geschieht vor allem durch Verbesserung und Diversifikation des Futters und namentlich durch die Entwicklung des Mischfutters. Allerdings ist der erzielte Fortschritt oft nur durch eine Tierhaltung möglich, die für Kritiker an Tierquälerei grenzt, und so fehlt es auch nicht an Protest-

Der Viehmarkt von Sancoin (Berry) zieht Interessenten aus ganz Europa an.

stimmen, die sich für ein besseres Los der Zuchttiere einsetzen. Der Rinderbestand Frankreichs beträgt rund 24 Millionen Stiere, Kühe und Kälber, die auf den riesigen Viehmärkten von Parthenay in der Vendée oder von Sancoins im Berry gehandelt werden. Der Markt von Sancoins zählt zu den wichtigsten und spektakulärsten Viehhandelsplätzen in ganz Europa. Der Tierbestand wird von 1,3 Millionen Züchtern gewährleistet: Zwei Drittel von ihnen produzieren Milch und Fleisch zugleich, ein Viertel nur Milch und der Rest nur Fleisch.
Die Rinderzahl von 35 Millionen, die Frankreich im Jahre 1850 verzeichnete, war bis 1950 auf 8 Millionen gesunken. In neuester Zeit ist ein leichter Anstieg festzustellen; inzwischen werden 11,5 bis 12 Millionen Tiere gezählt, wobei der Süden (Korsika, Causses, Provence), das Département Pyrénées-Atlantiques, das Limousin und die Normandie (mit einem durch die Meeresnähe bedingten Salzgehalt der Weiden) die Hauptzuchtgebiete bilden. Die Schweinezucht (12 Millionen Tiere) und die Geflügelhaltung (900000 t Fleisch und 10 Milliarden Eier jährlich) waren früher Sache von Familienbetrieben. Heute dagegen werden diese Funktionen weitgehend von industriellen Großmästereien wahrgenommen.

Die Fischerei

Mit einer rund 5500 km langen Küstenlinie und einem Meeresanteil von 11 Millionen Quadratkilometern ist Frankreich die drittgrößte Seemacht der Welt. Indessen befindet sich die französische Fischerei seit 1974 in einer schweren Krise, die 1980 ihren Höhepunkt erreichte. Das Handelsdefizit der Meeresprodukte wie Fische, Schalentiere, Muscheln und des daraus gewonnenen Fischmehls, Öls und Fetts hat sich stets vergrößert. Abgesehen von den Schwierigkeiten, die auf die Preissteigerungen des Heizöls zurückzuführen sind, trägt die strukturelle Rückständigkeit, welche jetzt schonungslos zutage tritt, zur Verschärfung der Lage bei. Tatsache ist nämlich, daß 25000 französische Fischer, mit 14000 Booten ausgerüstet, lediglich soviel leisten wie 8000 ihrer Kollegen in der Bundesrepublik Deutschland – nämlich ca. 800000 t jährlich. Die Gründung eines Seeministeriums im Jahre 1981 beweist, daß ein politischer Wille da ist, die Probleme der Meeresnutzung entschlossen anzugehen und ihre technischen Voraussetzungen zu verbessern. Die Erneuerung der französischen Fischerei vollzieht sich mit einer kleinen Flotte, die Tausenden von Familien in den Häfen der Nordsee, des Ärmelkanals, des Atlantiks und des Mittelmeeres eine Existenz sichert. Kennzeichnend für die Reformen sind auch die Modernisierung der Schiffe, die Erleichterungen beim Kauf von Treibstoff, der freie Zugang zu den Gewässern der EG (was nicht immer ohne Probleme mit den Partnern abgeht) sowie eine Neugestaltung der Marktpolitik innerhalb dieser Gemeinschaft.
Die Verarmung des Meeresbodens macht neben der Küstenfischerei (Hering, Makrele, Seezunge, Merlan, Sardine) die Hochseefischerei nötig (u.a. Steinbutt, Kabeljau, Seezunge).
Die französische Fischereiwirtschaft hat die Möglichkeit des Gemeinsamen Marktes weniger gut ausgeschöpft als die Landwirtschaft. Heute strebt sie Erneuerungen an, die den verschiedenen Häfen zugute kommen sollen, so etwa Boulogne, Dieppe, Fécamp, Douarnenez, Concarneau, Lorient, La Rochelle. Darüber hinaus wird die mit Ehrgeiz betriebene Nutzungspolitik bis zum Jahr 2000 für das ganze Land segensreiche Früchte tragen.

Ein Hauptkennzeichen der modernen französischen Gesellschaft ist die starke Zunahme der Anzahl erwerbstätiger Frauen (unser Bild: Austernzüchterin). Gleichwohl verbessert sich die Stellung der Frau nur zögernd, und noch sind viele Ungerechtigkeiten zu beseitigen: «Ich finde es abnormal, daß in unserer Zeit eine Austernzüchterin oder Bäuerin ihre Papiere mit dem Vermerk ‹ohne Beruf› ausfüllen muß. Ich bin der Meinung, daß ich so viel arbeite wie mein Mann, und lasse nicht zu, daß meine Arbeit weder anerkannt noch entschädigt wird.» (Auszug aus der Befragung *Bäuerinnen, wer seid ihr? – Agri-Sept.)*

Vor den riesigen Kranen und Docks nehmen sich im Mittelmeerhafen von La Ciotat die Fischerboote wie zierliche Nußschalen aus.

Für ein von Meer umgebenes Land wie Frankreich bildet die Fischerei – ob auf privater oder industrieller Basis – eine wesentliche Einnahmequelle und eine große Hoffnung. Dies um so mehr, als der Fischfang mit einer zielstrebigen Politik der Nutzung, aber auch des Schutzes der Meeresgewässer Hand in Hand geht. ▸

Wie die Maserung eines Furnierholzes nimmt sich aus dieser Höhe der sich verbreiternde Gleisstrang in der Nähe eines Großstadtbahnhofs aus – pulsierende Arterien des nationalen Handels und Verkehrs. ▷

Bécon-les-Bruyères, La Garenne-Colombes, Austerlitz, Vierzon, Bordeaux, Perpignan: Wie faszinierend ist allein schon der Klang dieser französischen Stationsnamen! ▷▷

Die Lebensmittelindustrie

Die französische Lebensmittelindustrie basiert auf der Landwirtschaft und unterstützt daher auch deren Förderung. Verarbeitungsbetriebe für Lebensmittel besitzt Frankreich in sehr großer Zahl: Mühlen für die Mehl- und Grießherstellung, Teigwarenfabriken, Großbäckereien, Metzgereien, Konservenfabriken, Bierbrauereien, Brennereien, Zuckerraffinerien, Fabriken für die Herstellung von Diätnahrung, von Tierfutter usw. Allgemeines Anliegen all dieser Betriebe ist es heute, die Qualität ihrer Erzeugnisse weiter zu verbessern. Das ist möglich dank moderner Technologie und einer besseren Ausrichtung des Angebots auf die Bedürfnisse der Konsumenten, deren Lebensstil und Eßgewohnheiten sich merklich gewandelt haben. Tiefkühlung, Gefriertrocknung, Vakuumverpackung – das alles sind neuzeitliche Formen der Konservierung, welche von den Lebensmittelbranchen entwickelt wurden.

Obwohl unter den Rohstoffproduzenten ein Trend zur Konzentration besteht und fünf Großkonzerne, die pro Jahr mehr als 5 Milliarden Francs Umsatz aufweisen, eine marktbeherrschende Stellung besitzen, ist die Zahl der verschiedenen Firmen in diesem vielversprechenden Sektor sehr hoch.

Industrie und Fortschritt

Am Vorabend der Jahrtausendwende gehört Frankreich zu den führenden Industrienationen. Schon jetzt hat es in den Bereichen Flugzeugbau, Raumschiffahrt, Atomenergie, biologische Forschung, Eisenbahnbau und Rüstungsindustrie eine große Bedeutung erlangt. Ferner entwickelt sich das Land auch in Schlüsselsektoren mit Zukunft wie der Herstellung elektronischer Massenartikel, der Bio-Industrie, der Datenverarbeitung, der Raumforschung, der Computertechnik, des Fernmeldewesens, der Erschließung neuer Energien (vor allem Sonnenenergie), der Off-shore-Erdölbohrung, des Telefons und der elektronischen Daten- und Bildübermittlung.

Die Fortschritte auf dem Gebiet der Industrie bilden einen der wesentlichsten Gradmesser für das wirtschaftliche Niveau eines Staates. Die französische Industrie beschäftigt insgesamt ein Drittel der berufstätigen Bevölkerung, erzeugt etwa 45% des Bruttosozialprodukts und deckt 80% der Exporte. Frankreich wurde aber auch von der Energiekrise und der wirtschaftlichen Stagnation arg in Mitleidenschaft gezogen.

Die Zahl der großen Unternehmen, die einen Beitrag zur Ankurbelung der Wirtschaft leisten könnten und in der Lage wären, sich durch Gründung von Zweigstellen im Ausland Weltgeltung zu verschaffen, ist noch sehr gering.

BABET
OUF!
CORSICA
MA 309688

BL 341121
BL.196323
341072
CL 341143

TOTAL
TOTAL
CHRIST ROI
BL341066

TRAIN
4013
BORDEAUX
HENDAYE
VOIE 14
14411
LIMOGES
BRIVE
VOIE 5
LES AUBRAIS
ORLÉANS
Quai B
VIERZON
CHÂTEAUROUX
VOIE 10
PERIGUEUX
VOIE 11
BORDEAUX
VOIE 16
BORDEAUX
15
17 H 53
TRAIN
1
L'AQUITAINE
BORDEAUX
16
18 H 00
TRAIN
77
LE CAPITOLE
LIMOGES
BRIVE
TOULOUSE
VOIE 13
18 H 04
TRAIN
303
LA PUERTA DEL SOL
BORDEAUX
HENDAYE
MADRID
VOIE 15
18 H 06
TRAIN
4045
ANGOULÊME
BORDEAUX
VOIE 9
18 H 08
TRAIN
4637
ORLEANS
ORLEANS
VIERZON
VOIE 5
18 H 14
TRAIN
165
LA ROCHELLE
NIORT
POITIERS
VOIE 11
18 H 19
TRAIN
4639
VIERZON
BOURGES
VOIE 3
RÉSERVÉ

HOTEL
BOIS

Nur 11 französische Firmen überschreiten einen jährlichen Umsatz von 5 Milliarden Dollar, gegenüber 16 solcher Unternehmen in der Bundesrepublik Deutschland und 58 in den Vereinigten Staaten. Im Bereich der Betriebe, deren Umsatz 2 bis 5 Milliarden Dollar beträgt, steht Frankreich auch nicht besser da. Das Land zählt nur 21 solcher Firmen, die Bundesrepublik Deutschland dagegen 32, Großbritannien 36, Japan 41 und die Vereinigten Staaten 173. Daneben gibt es noch die große Zahl der Kleinbetriebe, die nur 10 bis 49 Arbeitnehmer zählen. Sie stellen in Frankreich 67% aller Unternehmen, beschäftigen aber nur 13% des Personalbestandes. Ihr Verkaufsanteil (ohne Steuern) am Gesamtvolumen beläuft sich auf 8%, ihre Investitionen betragen lediglich 4%. Diese Tatsache erklärt unter anderem, daß ausländisches Kapital in Frankreich ungefähr ein Viertel der Gesamtinvestitionen ausmacht und daß seit Mitte der sechziger Jahre die Regierung alles daransetzt, die Beschleunigung der Finanz-, Handels- und Industriekonzentration energisch zu fördern. Die Verordnung vom August 1967 mit ihren attraktiveren Steuerbedingungen, den Erleichterungen im Kreditwesen, der Reorganisation der Börse hat die Wirtschaft in hohem Maße begünstigt und ist ein Zeichen der Entscheidung Frankreichs für die industrielle Entwicklung. Diese Bestrebungen wurden vom Institut für industrielle Förderung (IDI) nachhaltig unterstützt, vor allem durch die seit 1970 unternommenen Anstrengungen, die Betriebsstrukturen und die Produktionsmittel zu modernisieren.
Seit 1982 spielen die staatlichen Betriebe eine dominierende Rolle. Aber sowohl die staatlichen als auch die privaten Konzerne stellen ihre Wettbewerbsfähigkeit in der internationalen Verflechtung unter Beweis.

Eisen- und Stahlindustrie: ein kritisches Stadium

Mit einer jährlichen Produktion von 23 Millionen Tonnen (4% der Weltproduktion) steht Frankreich als Stahllieferant in Europa an dritter Stelle, auf internationaler Ebene dagegen nur auf dem siebenten Rang.
Frankreich ist ein eher rohstoffarmes Land. Immerhin verfügt es aber – außer über Bauxit und Uran – über Kohle und Eisenerz, die beide für die Stahlherstellung nötig sind. Aber diese Kohlegruben und Erzminen waren vor allem im 19. Jahrhundert rentabel. Heute ist ihre Förderung so teuer geworden, daß die Nutzung der Gruben nur noch aus strategischen Gründen (Gewährleistung der Versorgung in Krisenzeiten) und sozialen Erwägungen gerechtfertigt erscheint. Im übrigen ist die Metallindustrie in der Lage, aus Mauretanien, Liberia und Brasilien reichere und billigere Erze zu beziehen. Dies ermöglichte die Gründung von Stahlwerken etwa im Dünkirchener Hafen und in Fos bei Marseille, schädigte aber die traditionelle einheimische Stahlindustrie in Lothringen und Nordfrankreich. Mittelfrankreich hingegen beschränkt seine Produktion auf Spezialstahl.
Obwohl die Stahlerzeugung etwa 60 Betriebe und 130000 Arbeitnehmer umfaßt, wird die gesamte Produktion praktisch von zwei Gesellschaften bestritten. Aber trotz starker Unternehmenskonzentration vermag die französische Stahlindustrie nicht mit den amerikanischen, japanischen, britischen und deutschen Riesenkonzernen zu konkurrieren, da diese wettbewerbsfähiger sind. Dazu kommt ferner, daß die außerordentlich hohen Investitionen, die für die Modernisierung des Produktionsapparates notwendig waren, nicht in genügendem Maße aus eigenen Mitteln bestritten werden konnten und daß die Verschuldung (110% des Umsatzes!) bis 1978 untragbare Kosten verursachte. Die Intervention von Staat und Banken hat die Krise provisorisch etwas gemildert.

Die chemische Industrie: großzügige Perspektiven

Die chemische Industrie Frankreichs umfaßt Mineralien, organische Stoffe, Textilien, Plastik- und Glaswaren sowie Pharmazeutika. Sie ist sehr leistungsfähig und konnte trotz der Ölkrise ihre Strukturen modernisieren. Heute stellt sie die modernsten Produkte her. Mehr als 330000 Personen (fast 6% der in der Industrie tätigen Bevölkerung) arbeiten in der chemischen Branche. Ihre jährliche Leistung wird auf 142 Milliarden Francs geschätzt; 1979 hatte sie einen Außenhandelsüberschuß von 11 Milliarden Francs zu verzeichnen. Hohe Unternehmenskonzentration ist für diesen Sektor charakteristisch, der sich auf nur fünf Konzerne aufteilt. Mehr und mehr spezialisiert sich die chemische Industrie Frankreichs auf Pharmazeutika und die sogenannte Parachemie, wogegen die weniger einträglichen Zweige zunehmend an Bedeutung verlieren.

Automobil- und Maschinenindustrie: Stützpfeiler des Exports

Mit einer Produktion, die 150 Milliarden Francs übersteigt, und einem Personalbestand von etwa 500000 Arbeitnehmern zählt die Automobilbranche zu den Sektoren, die sich auf dem Binnenmarkt und seit Mitte der siebziger Jahre auch auf dem Weltmarkt am stärksten hervorgetan haben. Diese Industrie, seit 1979 nur noch durch zwei Konzerne vertreten (Peugeot-Citroën-Talbot und Renault), ist ein charakteristisches Beispiel für Konzentration. Die beiden Unternehmen haben im Jahre 1981 über 1,4 bzw. 1,5 Millionen Fahrzeuge hergestellt. Zum Vergleich: Das Volkswagenwerk in der Bundesrepublik Deutschland produzierte im selben Jahr gut 1,8 Millionen Fahrzeuge (allein VW) und der Fiatkonzern in Italien über 1,1 Millionen. Seit einigen Jahren

◁◁ In Reih und Glied, wie zu einer Parade, präsentieren sich diese Serien von Autos, die gerade die Werkstätten von Flins verlassen haben. Die Automobilindustrie bildet einen Hauptpfeiler des französischen Exports.

◁ Canyons der Großstadt – der einzelne Mensch scheint in die Anonymität verbannt.

wird mehr als die Hälfte der in Frankreich hergestellten Neuwagen im Ausland abgesetzt. Renault, der wichtigste französische Exporteur, ist seit einiger Zeit bestrebt, in den Vereinigten Staaten Zweigstellen zu gründen, und zwar durch Verträge mit amerikanischen Konstrukteuren. Ferner arbeitet Renault mit Volvo zusammen und hat inzwischen 20% der Automobilproduktion dieser schwedischen Firma übernommen.
Das Wachstum der französischen Autoindustrie, das viele neue Arbeitsplätze ermöglichte, ist heute jedoch in Frage gestellt: Allmählich haben die amerikanischen und europäischen Märkte ihre Sättigung erreicht (die meisten Haushalte verfügen über einen Wagen), und zugleich beginnt sich die japanische Exportoffensive verhängnisvoll auszuwirken. Im weiteren erweist sich die Autoindustrie, ein Kind des 19. Jahrhunderts, nicht mehr in solchem Maße als markttüchtig wie etwa die Datenverarbeitung oder die Flugzeugindustrie, obwohl sie große Anstrengungen in der Forschung oder im Design unternimmt.
Neben dem Auto dürfen aber auch andere Verkehrsmittel nicht unerwähnt bleiben, die zu den großen technischen Errungenschaften Frankreichs gehören: Der Turbinenzug, die neuen TGV-Züge (die, wie der Name «trains à grande vitesse» besagt, mit hohen Geschwindigkeiten fahren und die 470 km lange Strecke Paris–Lyon in zwei Stunden zurücklegen) und auch die Metro genießen Weltruhm. Aus diesem Produktionszweig resultiert für Frankreich ein Außenhandelsüberschuß von mehr als 30 Milliarden Francs.
Die französische Fabrikation von Werkzeugmaschinen und Präzisionsinstrumenten erfreute sich in den sechziger Jahren eines starken Wachstums. Heute sind diese Branchen jedoch von der wirtschaftlichen Rezession und der allgemein geringeren Investitionsfreudigkeit unmittelbar betroffen.

Flugzeugindustrie und Raumfahrt: Speerspitze der französischen Produktion

In der zweiten Hälfte des 20. Jahrhunderts gehören das Flug- und Raumfahrtwesen zu den vielversprechenden Bereichen der französischen Wirtschaft; in ihnen spiegelt sich die industrielle Leistungsfähigkeit des Landes am besten wider. Mit einem Umsatz von über 35 Milliarden Francs, von denen 58% auf den Export entfallen, und einem hochqualifizierten Personalbestand von mehr als 110000 Beschäftigten, die sich auf die Regionen Bordeaux, Toulouse und Paris verteilen, hat die französische Flugzeugindustrie die achtziger Jahre vielversprechend begonnen, fällt in diese Zeit doch auch die Verwirklichung des deutsch-französischen Gemeinschaftsprodukts Airbus.
Auf dem Gebiet der Raumfahrt rivalisiert seit 1981 – wenn auch in bescheidenem Rahmen – die euro-

In der Gießerei von Auxerre.

päische Rakete «Ariane» mit der amerikanischen Raumfähre «Space Shuttle». Dies ermuntert auch französische Firmen, im Bereich der Satelliten-Trägerraketen den Konkurrenzkampf aufzunehmen.

Elektrische und elektronische Apparaturen: Spitzenindustrien

Dank der Elektronik haben Haushaltsgeräte, Fernsehapparate, Autos, Spielzeug, Motoren, Fernmeldeanlagen und Computer eine rasante Entwicklung erfahren. Ihre Produktion ist vor allem auf den Export ausgerichtet.

Die elektronische Datenverarbeitung gehört zu den vielversprechenden Schlüsselindustrien. In diesem Bereich konnte sich der französische Einfluß 1980 zwar verstärken, trotzdem bleiben aber die amerikanischen Firmen und namentlich IBM auf dem Computermarkt nach wie vor führend. Eine anregende Konkurrenz belebt auch die Branche der Minicomputer, jener Basiselemente der Elektronik. Um gegenüber den Amerikanern und Japanern wettbewerbsfähig zu bleiben, arbeiten französische Firmen verstärkt auch mit ausländischen Unternehmen zusammen.

Im Bereich der elektronischen Daten- und Bildübermittlung steht der Industrie eine große Zukunft bevor; in ihr verbindet sich die Datenverarbeitung mit der Fernmeldetechnik.

Die Industrie für Artikel des täglichen Bedarfs

Zu den Artikeln des täglichen Bedarfs gehören Textilien (inklusive Bekleidung), Lederwaren, Schuhe, Bücher und Zeitungen, Spielwaren. Anfang der achtziger Jahre hatten all diese Branchen insgesamt eine jährliche Produktionsleistung von rund 300 Milliarden Francs zu verzeichnen. Es handelt sich dabei oft um sehr traditionelle Wirtschaftszweige, die größtenteils aus dem Handwerk hervorgegangen sind. Heute allerdings sind sie vom geringeren Ansteigen des privaten Konsums ebenso betroffen wie von der starken Konkurrenz ausländischer Produkte (vor allem aus dem Fernen Osten). Auch sind sie stets gezwungen, der sich wandelnden inländischen Marktlage sowie dem Geschmack der Konsumenten Rechnung zu tragen.

Die Konjunkturlage ist in verschiedenen Industriezweigen zwar ernst, aber nur selten hoffnungslos. Beispielsweise bestreitet die französische Textilfabrikation, über deren angeschlagene Gesundheit häufig geklagt wird, immerhin 4% des weltweiten Branchenbedarfs. Nach wie vor genießt sie für Wolle, Strickwaren, Seide (vor allem aus Lyon), Kleider und Modetextilien hohes Ansehen. Für Modeschöpfungen ist Paris immer noch das wichtigste Zentrum. Die Vorführungen der Mannequins in den Modehäusern der Haute Couture ziehen nach wie vor Kunden und Journalisten von nah und fern an.

Hinter Betonmauern entlassen die Kühltürme des Atomkraftwerks von Dampierre friedlich ihre Dampfwolken. Beklemmung oder Hoffnung? Was ist die Atomenergie wert, und wem soll man glauben: den eifrigen Befürwortern oder den Umweltschützern? Werden wir nicht, nach der Vision von Baudelaire, an dem zugrunde gehen, was unsere Überlebenschance hätte sein sollen?

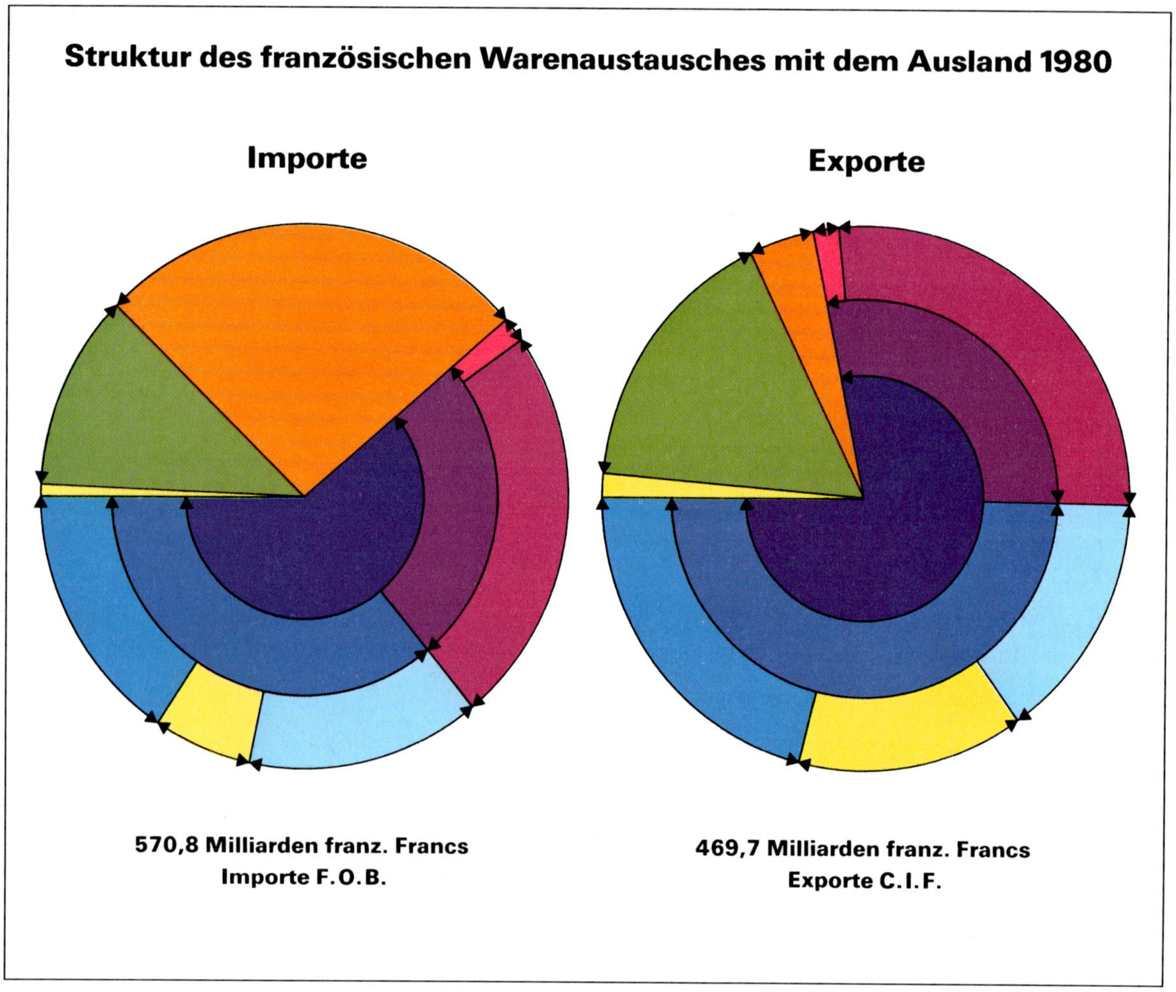

Importe

Landwirtschaft	11,91%
Energie	26,58%
Rohstoffe Mineralien	1,27%
Halbfertigprodukte	23,80%
Zwischenprodukte	25,07%
Industrieprodukte	61,17%
Fertigprodukte	36,10%
Güter für die Berufsausrüstung	15,69%
Transportgüter	5,89%
Haushaltwaren	14,52%
Diverses	0,33%

Exporte

Landwirtschaft	16,97%
Energie	4,02%
Rohstoffe Mineralien	0,87%
Halbfertigprodukte	28,43%
Zwischenprodukte	28,70%
Industrieprodukte	78,14%
Fertigprodukte	49,44%
Güter für die Berufsausrüstung	21,26%
Transportgüter	13,13%
Haushaltwaren	15,05%
Diverses	0,87%

Das Energieproblem

Frankreich gehört zu den hochentwickelten Industriestaaten, obwohl es ein rohstoffarmes Land mit nur spärlichen Energiereserven ist. Es besitzt nur sehr wenig Erdöl (kaum 1% des Landesverbrauchs), dazu Kohle, deren Förderung technisch aufwendig und sehr teuer ist, Erdgasvorkommen in Lacq, die fast ausgeschöpft sind, ein Wasserkraftpotential für die Stromversorgung, das bald nicht mehr weiter ausgebaut werden kann – also nichts, was mit den unermeßlichen Ressourcen der USA, der UdSSR, Brasiliens oder der Länder um den Persischen Golf vergleichbar wäre. Dagegen birgt Frankreich nicht unerhebliche Uranreserven, nämlich 2,5% der weltweiten Uranvorkommen. Aus dieser Sicht wird das Interesse der Regierung an der Atomenergie verständlich, zumal das Erdöl in der letzten Zeit ständig teurer wurde. Die Beschaffung von Energie, für die Wirtschaft so unerläßlich, ist ein großes Problem, weil sich Frankreich zu 75% aus dem Ausland versorgen muß. Sein Gesamtenergieverbrauch erreichte 1980 die stolze Größe von 190 Millionen Tonnen Erdöläquivalenten (alle andern Energieträger sind in dieser Zahl enthalten und auf den Brennwert von Erdöl umgerechnet).

Auch abgesehen von der hohen Ölrechnung, die sich nach der Ölkrise 1974 vervierfacht hatte und 1980 auf 120 Millionen Francs angestiegen war, bereitet die Krisenanfälligkeit Frankreichs auf dem Energiesektor den verantwortlichen Politikern und Wirtschaftsexperten Kopfzerbrechen. Man versucht daher, nach und nach die Struktur der französischen Energiebilanz zu ändern. So konnte seit 1975 der Rückgang der Kohleproduktion in den Steinkohlegruben von Nord-Pas-de-Calais, Lothringen, Mittel- und Südfrankreich aufgehalten werden. Diese betrug 1955 55 Millionen Tonnen, während sie heute nur noch 25 Millionen Tonnen ausmacht. 1955 deckten 42 Millionen Tonnen den jährlichen Bedarf, der heute jedoch auf mehr als 52 Millionen Tonnen angewachsen ist. Deshalb werden 55% des Bedarfs durch Importe aus dem Saar- und Ruhrgebiet, aus Algerien, der UdSSR und den USA gedeckt.

Auf den Gasverbrauch (im Jahre 1973 noch 8% des gesamten Energiebedarfs, 1990 werden es nach Schätzungen 15–17% sein) wirkte die Diversifikation der Quellen und Lieferanten belebend (Niederlande, Algerien, UdSSR). Diesem Trend kann auch die Tatsache nichts anhaben, daß die einheimischen Gasreserven im Südwesten Frankreichs bald zur Neige gehen werden.

Die Kosten für Erdölprodukte bilden die größte Belastung der französischen Wirtschaft und machen mehr als 54% des gesamten Landesverbrauchs an Primärenergie aus. Heute hat sich der Import auf einem Niveau stabilisiert, das unter 100 Millionen Tonnen liegt. Aber ungeachtet der Energiepolitik,

Abraumeinrichtungen jeder Art, vom Schaufelbagger bis zum überdimensionierten Lastwagen, fördern im Tagebau Kohle, Eisen, Bauxit und Uran – nicht zu vergessen die Steinbrüche, die wertvolles Baumaterial liefern. ▷

Weißer Staub hüllt das Gelände der Zementfabrik ein.

die bis 1990 eine Reduktion des Gesamtenergieverbrauchs um mindestens 30 Millionen Tonnen Erdöläquivalente vorsieht, bilden 60 Millionen Tonnen Erdölprodukte den mutmaßlichen Mindestverbrauch, der nicht weiter eingeschränkt werden kann. Um diese Situation zu meistern, suchen die französischen Gesellschaften (vor allem Elf-Aquitaine und die Compagnie Française de Pétrole, die beide dem Staat unterstehen) die Partnerschaft mit den Erdöl produzierenden Staaten und streben gleichzeitig eine geographische Diversifikation der Lieferanten an.

Das bedeutet, daß auch außerhalb der OPEC-Länder eingekauft werden soll. Gleichwohl bleibt die OPEC, und namentlich Saudi-Arabien, der Hauptlieferant (mehr als 75%) für die französische Erdölversorgung. Das «schwarze Gold» wird zu mehr als 70% von der französischen Öltanker-Flotte befördert, die insgesamt ein Fassungsvermögen von 16,3 Millionen Tonnen aufweist.

Dank großer Raffinerien exportiert Frankreich hingegen mehr Fertigprodukte, als es einführt. Der Verbrauch der Raffinerieprodukte im eigenen Land teilt sich folgendermaßen auf: Ein Drittel des Erdöls wird als schweres Industrieheizöl verwendet, ein weiteres Drittel als Heizöl für die privaten Haushalte und ein Viertel als Treibstoff.

Die Elektrizität, von der in unserem Zeitalter so viel abhängt, entfacht heute notgedrungen auch die Diskussion über Atomkraftwerke. Die jährliche Stromproduktion Frankreichs beläuft sich auf etwa 200 Milliarden Kilowattstunden und stammt zur Hauptsache aus mit Heizöl betriebenen Wärme- sowie aus Wasserkraftwerken. Ferner hat Frankreich 1974 sein Programm zum Bau von Atomkraftwerken erweitert. Dadurch konnte seit 1980 fast ein Viertel des Elektrizitätsbedarfs gedeckt werden, was 7% der gesamten Energiebilanz ausmacht. Obwohl dem Kernenergieprogramm durch den Regierungswechsel des Jahres 1981 ein Dämpfer aufgesetzt wurde, gehört die französische Atomindustrie zu den höchstentwickelten der Welt. Sie soll bis zum Jahre 1990 25% des Energiebedarfs decken und ein Potential von 55 bis 60 Gigawatt aufweisen. Dabei ist noch nicht die Leistung berücksichtigt, welche die Brutreaktoren vom Typ Super Phénix abgeben könnten, wie sie in Creys Malville im Département Isère vorgesehen sind. Jedoch ist die Inbetriebnahme solcher Reaktoren noch keineswegs gesichert, da sich Teile der Bevölkerung aus Furcht vor einer möglichen radioaktiven Verseuchung gegen das Projekt wehren. Im Gegensatz zu vielen Politikern, die von der Notwendigkeit einer Energiequelle überzeugt sind, welche die Abhängigkeit vom Ausland einschränkt, stehen die Atomkraftgegner und Umweltschützer dieser «Energie der Hoffnungslosigkeit» ablehnend gegenüber.

Andererseits bringen gerade diese Gruppen den Bemühungen um Erschließung neuer Energiequellen durchaus auch Sympathie entgegen: etwa der Nutzung von Erdwärme, der Energiegewinnung aus Abfallprodukten und Biomasse oder der Sonnenenergie, die im Jahr 2000 5% des Gesamtbedarfs decken könnte. Auf dem Gebiet der für geringe Energiemengen geeigneten Sonnenkollektoren ist Frankreich führend, ebenso im Bau von Sonnenöfen wie in Odeillo und Targassonne, die große Leistungen erbringen. Daneben setzen sich die Umweltschutzgruppen aber auch für eine wirtschaftlichere Energiepolitik ein.

Verkehrs- und Fernmeldewesen

Mit zunehmendem Wirtschaftswachstum sind in Frankreich auch die Verkehrswege und das Fernmeldewesen immer mehr ausgebaut worden. Sie gehören zum wirtschaftlichen «Durchblutungssystem», dem um so größere Bedeutung zukommt, als dadurch zu den anderen Teilen Europas wichtige Verbindungen bestehen. Der rasche technische Fortschritt hat auch vor dem Verkehrs- und Nachrichtenwesen nicht Halt gemacht, sondern zu weitgehenden Veränderungen auf diesen Gebieten geführt. Der Aufschwung ist beim Auto- und Flugverkehr besonders deutlich, während die Bahn, die Binnen- und Hochseeschiffahrt im Begriff sind, ihren Rückstand aufzuholen.

Frankreich verfügt über ein gutes und dichtes Überlandstraßen- und Autobahnnetz (letzteres wird im Jahre 1983 6000 km Länge aufweisen). Die 18 Millionen registrierten Fahrzeuge (davon 2 Millionen Lastwagen) legen jährlich insgesamt etwa 430 Milliarden Kilometer zurück, wobei die starke Zunahme des Gütertransports auf der Straße für die Geschichte des französischen Verkehrswesens kennzeichnend ist. Er macht dem Transport auf dem Schienenweg beachtliche Konkurrenz.

Parallel zu der fortlaufenden Eliminierung der Dampflokomotiven zugunsten der Diesel- und der elektrischen Lokomotiven erhöhte die staatliche Eisenbahngesellschaft (SNCF) ihre Leistungsfähigkeit. Im Zuge dieser Bemühungen wurden freilich oft Nebenlinien stillgelegt. Mit dem Flugverkehr konkurrieren die Schnellzüge, namentlich der Ende 1981 in Betrieb genommene, bereits erwähnte TGV, der erstmals auf der Strecke Paris–Lyon regelmäßig eingesetzt wurde. Wenn die Eisenbahn in Frankreich weitgehende Modernisierungen erfahren hat, so trifft das für die Binnenschiffahrt dagegen nicht zu: Trotz Ausbau und Erweiterung der schiffbaren Strecken (Flüsse und Kanäle) nimmt sich der französische Flußverkehr im Vergleich mit dem der Nachbarländer recht bescheiden aus.

Die französische Handelsflotte steht im weltweiten Vergleich auf dem neunten Rang und zählt fast 12 Millionen Bruttoregistertonnen mit 420 Schiffen: 112 Öltanker, 284 Frachtdampfer, 24 Passagier-

schiffe. Die Häfen von Marseille und Le Havre sind zwar kleiner als der Rotterdamer Hafen, aber größer als beispielsweise diejenigen von Antwerpen, Hamburg oder London. Auf jeden Fall gehören Marseille und Le Havre zu den wichtigsten Häfen der Welt. Sie sind mit neuartigen Einrichtungen versehen, wie zum Beispiel der Terminal von Antifer (Le Havre), wo riesige Öltanker von 500000 t anlegen können.
Frankreich hat als einer der ersten Staaten internationale Flugverbindungen aufgenommen und zählt zu den Drehscheiben des internationalen Passagier-Luftverkehrs. Mit den staatlichen Gesellschaften Air France und Uta, deren Netz sich über die ganze Erde zieht, sowie der Air Inter für den Binnenverkehr gehört das französische Flugwesen nach geflogenen Kilometern und Zahl der beförderten Personen zu den fünf wichtigsten der Welt. Von Bedeutung sind vor allem die internationalen Linien. Daneben spielt der Binnenflugverkehr zwar ebenfalls eine immer größere Rolle, hat aber doch viel weniger Gewicht als in weiträumigen Ländern wie den Vereinigten Staaten, Indien, Brasilien oder Kanada. Paris mit den Flughäfen Orly und Roissy-Charles-de-Gaulle steht mit seinem Verkehrsaufkommen innerhalb Europas nach London auf dem zweiten Rang. Es zählt pro Jahr fast 300000 Linien- und Charterflüge, 25 Millionen Passagiere und über 500000 t Fracht.
Was den Telefon- und Briefverkehr anbelangt, hält nach Angaben des Weltpostvereins Frankreich den fünften Rang inne. Dagegen ist das Telefonnetz des Landes sehr rückständig. 1976 verfügten die Schweiz und Schweden über mindestens 60 Anschlüsse pro 100 Personen, Frankreich indessen nicht einmal über 30. Da dieser Zustand als unbefriedigend betrachtet wurde, hat die Post- und Fernmeldeverwaltung durch große Investitionen diese Lage verbessert. 1980 ist die Zahl der Telefonanschlüsse auf über 15 Millionen angestiegen.

Handel und Konsum heute

In den letzten Jahren haben «Handelsreformer» und Verkünder neuer Ideen die öffentliche Meinung entscheidend mitgeprägt. Seit den sechziger und vor allem den siebziger Jahren ging eine längst fällige Umstrukturierung des Verteilungsapparates in Frankreich vor sich. Nach amerikanischem Muster wurden große Selbstbedienungs- und Handelszentren errichtet, und zwar sowohl in den Städten, wo sie vorwiegend an der Peripherie gelegen sind, als auch auf dem Lande. Innerhalb weniger Jahre machte so das französische Handelswesen eine tiefgreifende Wandlung durch.
Diese Art der Warenverteilung hat für die funktionelle Gestaltung des städtischen Lebensraumes eine

Arbeiter in der Kristallglasfabrik von Saint-Louis-lès-Bitche.

große Bedeutung und entspricht der Massenproduktion auf der Seite des Angebots. Deshalb findet sie auch ihre Kritiker, die zugleich die moderne Konsumgesellschaft anprangern. Die durch den Besitz eines Privatautos erreichte größere Mobilität der Bevölkerung ermöglichte erst dieses Warenverteilungsmuster. Die Franzosen konnten sich zudem immer mehr häuslichen Komfort leisten, und die Berufstätigkeit der Ehefrau – heute in weiten Kreisen akzeptiert – trug vielen Familien zusätzliche Geldmittel ein.

Die Behörden, angesichts des geringen wirtschaftlichen Nutzens bestimmter althergebrachter Verkaufsmethoden, waren daran interessiert, die Industrieproduktion anzukurbeln. Sie haben daher die Modernisierung der Verkaufsmethoden gefördert. Die große Zahl der Unternehmen und die erzielten Umsätze lassen den Erfolg solcher Reformen klar erkennen. Zwischen 1975 und Anfang 1982 wuchs die Zahl der Supermärkte und ähnlicher Zentren in ganz Frankreich von 3151 auf 3879 an, das heißt um etwa 23%.

Die im Handel Angestellten machen 17% der berufstätigen Bevölkerung aus: Das sind 3,7 Millionen Personen, von denen 2,4 Millionen direkt im Handel beschäftigt sind und 1,25 Millionen in Dienstleistungsbereichen, die unmittelbar mit dem Handel zusammenhängen. Damit zeigt sich auch die wichtige Stellung des Handels auf dem Arbeitsmarkt.

Die Bedeutung der Warenverteilung für die wirtschaftliche Entwicklung Frankreichs kann auch an den 18 Millionen Haushalten ermessen werden, die den größten Teil ihrer Ausgaben in Konsumgüter investieren. Von einem 2,43 Milliarden hohen Bruttoinlandprodukt entfallen auf die Haushalte 1,508 Milliarden Francs oder 62%. Wirtschaftswissenschaftler haben festgestellt, daß der zur Deckung der Grundbedürfnisse nach Nahrung und Kleidung verwendete Lohnanteil in den letzten Jahren prozentual sinkt, wenn auch nicht absolut gesehen. 1970 wurden für Nahrungsmittel im Durchschnitt noch 25,6% des Einkommens verwendet, für Kleider 10,1%. 1979 betrugen diese Werte nur noch 21,5 und 6,9%. Diese Entwicklung könnte unter anderem mit dem steigenden Lebensstandard zusammenhängen. Im gleichen Zeitraum stiegen die Ausgaben für Wohnung (von 9,3 auf 16,1%), Gesundheit, Freizeit und Kultur. Charakteristisch für die beiden letzten Jahrzehnte ist die allgemeine Verbreitung des Autos und von Haushaltsgeräten wie Kühlschrank, Staubsauger, Waschmaschine und Geschirrspülmaschine. Ferner sind Radio- und Fernsehapparate allgemein üblich geworden. Dieser Trend hat auch die Warenverteilung wesentlich mitbestimmt. Obwohl viele Händler auf ihrer Selbständigkeit beharren und diese Gruppe auch noch die Hälfte des Warenumsatzes bestreitet, hat sich auf dem Markt inzwischen doch eine Umstrukturierung eingestellt, und zwar durch die Zusammenschlüsse von Grossisten und Einzelhändlern zu Ladenketten wie auch durch die Bildung von Verbänden der Einzelhändler unter sich. Heute begünstigen die großen Investitionen, die zur Schaffung von Einkaufszentren nötig sind, die Konzentration des Handels und vor allem der Finanzen. Diese neuen Einkaufszentren nehmen deshalb gleichzeitig die Funktion des Groß- und des Einzelhandels wahr.

Geschliffenes Kristallglas – es gibt kaum etwas Vollkommeneres, erfüllt es doch höchste Ansprüche an Eleganz und Stil.

In der Gegenwart hält von seiten der großen Verteilerorganisationen die Tendenz zur Erweiterung des Warenangebots immer noch an, so daß auf die Käuferwünsche noch besser eingegangen werden kann. Viele Einzelhändler haben sich diese Praxis zu eigen gemacht und bieten in ihrem Spezialbereich ein großes Sortiment an, was ihnen damit wiederum gegenüber dem Supermarkt Vorteile verschafft. Besonders in den Branchen Möbel, Haushalts- und Eisenwaren, Bastelmaterial, seit kurzem auch Gartenzubehör, Textilien, Sport- und Freizeitartikel werden die neuen Verkaufspraktiken der Lebensmittelbranche eingeführt.

Abschließend kann festgestellt werden, daß die Existenz eines anpassungsfähigen, lebendigen Handels nicht nur für die einzelnen Franzosen in Stadt und Land angenehm, sondern auch für die Wirtschaft im allgemeinen und für Aspekte im Zusammenhang mit der Sozialstruktur wichtig ist.

Die Zukunft

Das Schicksal Frankreichs ist eng an das einer Welt geknüpft, die seit Menschengedenken sehr gefährlich lebt. Ihre Fortschritte und Krisen bleiben auf die Bevölkerung dieses Landes nicht ohne Auswirkungen. Trotz der weltweiten wirtschaftlichen Rezession versuchen die Franzosen, ihr zerbrechliches Glück zu bewahren. Ihr Erfindergeist, die Gabe, sich die moderne Technik zunutze zu machen, die Wettbewerbsfähigkeit ihrer Wirtschaft, eine jahrhundertealte humanistische Tradition – alle diese Anzeichen von Lebenstüchtigkeit stimmen zuversichtlich. Schon jetzt zeichnen sich Schwerpunkte der Neuorientierung für das Land ab, die als wichtige Marksteine für das ausgehende 20. Jahrhundert gelten können: die Emanzipation der Frau, die Reduktion der Arbeitsstunden zugunsten der Freizeit, die Aufwertung der verschiedenen Regionen auf kultureller, politischer und administrativer Ebene (Dezentralisierung). Zu Beginn dieser neuen Ära ist die französische Gesellschaft einer grundlegenden Veränderung unterworfen und auf der Suche nach besseren Lebensbedingungen. Dabei soll niemand mehr gezwungen sein, aus wirtschaftlichen Gründen seine Heimat zu verlassen.

Was hat Frankreich von dieser turbulenten Welt zu erwarten, die mit Siebenmeilenstiefeln dem dritten Jahrtausend entgegeneilt? Diese Frage stellen sich viele Politiker, Intellektuelle und auch viele Bürger, die um die Zukunft des Landes besorgt sind. Auch wenn es natürlich noch nostalgisch gestimmte Franzosen gibt, die ihr Land entsprechend einem Bild der Vergangenheit als Maßstab für die ganze Welt sehen möchten, muß man zur Kenntnis nehmen, daß Frankreich mit den andern europäischen Staaten enger verbunden ist denn je und daß es nach Bevölkerungszahl und Rüstungsstand nicht mehr zu den eigentlichen Großmächten zählt. Wegen seiner geographischen Lage, seiner Geschichte und vor allem wegen seiner kolonialen Vergangenheit bleibt es darüber hinaus auch in der Zukunft mit der internationalen Völkergemeinschaft verknüpft, die auf gefährliche Art zusammenlebt und weitgehend vom Materialismus beherrscht wird. In einer harten, gleichgültigen Welt, die Hunger und Kriege duldet und angesichts der Gefahr einer atomaren Katastrophe zunehmend an sich selber zweifelt, sträubt sich Frankreich dagegen, weiterhin mit jenem alten Sendungsbewußtsein aufzutreten.

Das Land ist seit 1966 nur noch politisch, aber nicht mehr militärisch Mitglied der NATO; immerhin ist es de facto Verbündeter der Vereinigten Staaten. Es hält sich aber etwas darauf zugute, daß es unabhängiger sein will als die meisten anderen europäischen Länder und seine Ideale und Interessen nicht aufgibt. Die vornehmste Aufgabe Frankreichs besteht darin, zusammen mit seinen Partnern an einem vereinten Europa weiterzubauen. Eine solche Zielsetzung berechtigt zu der Annahme, daß Europa am Vorabend des Jahres 2000 eine größere politische Rolle spielen wird als bisher. Frankreich, das den Nord-Süd-Dialog zwischen den reichen und den armen Ländern angeregt hat, bleibt seiner humanistischen Grundhaltung treu. Diese äußert sich nicht zuletzt auch in den Bemühungen um eine realistische Entspannungspolitik.

Als Bündnispartner seiner Nachbarn schließt sich somit Frankreich einerseits den europäischen Integrationsbestrebungen an und festigt andererseits zugleich seine eigene Position in der Welt. Daneben muß es sich auch darum bemühen, sein kulturelles und geschichtliches Erbe zu bewahren.

Die Ausstrahlungskraft des regen kulturellen Lebens im Land reicht immer noch weit über die Grenzen hinaus. Dies liegt vor allem in seiner Politik begründet, namentlich in den Kontakten, die es mit seinen ehemaligen Kolonien pflegt und ganz allgemein mit den französischsprachigen Völkern in aller Welt unterhält. 80 Millionen Menschen sprechen Französisch als Muttersprache, 150 Millionen sind dieser Sprache kundig, und man schätzt ferner, daß 175 bis 200 Millionen Menschen mit dem Französischen ständig in Berührung kommen.

Wie wird das heitere und lebensfrohe Frankreich mit der harten Logik einer Welt fertig, die nur das unerbittliche Kräftemessen kennt? Diese bange Frage stellen sich viele Männer und Frauen, die ahnen, daß die Zukunft ihres Landes von der Ungewißheit der internationalen politischen Lage abhängt.

Über die ganze Welt verteilt leben etwa 1,3 Millionen Auslandsfranzosen. Kulturelle Institutionen fördern den Einfluß Frankreichs in den Ländern, mit denen es diplomatische Beziehungen unterhält. Früher waren die Auslandsfranzosen hauptsächlich Missionare, Militärs und Kolonisten. Heute finden wir unter ihnen vor allem Ärzte, Entwicklungshelfer, Lehrer und Leute aus der Industrie. 2500 französische Professoren und Lehrer erteilen ihren Unterricht außerhalb Frankreichs in fast 1500 Schulen und Universitäten. Es gibt eine rege ausländische Presse, die in französischer Sprache erscheint, mit nicht weniger als 2000 Zeitungen und Periodika. Die «Alliance Française» entsendet in Zusammenarbeit mit dem Staat überallhin Referenten und Theatergruppen und organisiert Ausstellungen. Bestrebungen für eine stärkere Verbreitung des französischen Buches und Films sind ebenfalls im Gang. Das gilt auch für Radio- und Fernsehprogramme. So gehen denn die Kunstwerke der französischen Museen mehr und mehr auf Reisen (beispielsweise die Mona Lisa nach Tokio), und die Theater- oder Musikfestivals in Frankreich (Straßburg, Avignon, Aix-en-Provence, Prades) ziehen immer stärker ein internationales Publikum an. Fast die Hälfte der Kunstschätze französischer Herkunft befindet sich überdies, oft schon seit Jahrhunderten, in den großen Museen der Welt, vor allem in der UdSSR und

Mit seiner eleganten Statik ist der Eiffelturm, für die Weltausstellung 1889 errichtet, ein Symbol für die industrielle Entwicklung der letzten 150 Jahre, in denen Eisen und Stahl eine hervorragende Rolle gespielt haben. Noch läßt er aber die technische Revolution unserer Jahrzehnte auf dem Gebiet der Elektronik oder der Kunststoffe nicht erahnen.

in den USA. Übrigens zählt Paris zusammen mit New York und London zu den wichtigsten Zentren des Kunsthandels, und sein Ansehen als eine der kulturellen Hauptstädte der Welt zieht nach wie vor Intellektuelle, Künstler und politisch Verfolgte an. Es besteht auch kein Zweifel, daß das kürzlich eröffnete und in die Zukunft weisende Centre Pompidou in Paris – ähnlich wie das noch jüngere Barbican-Centre in London für England – eine Bestätigung französischer kultureller Eigenständigkeit darstellt, dies in einer Zeit, wo sich in den europäischen Staaten die Kunstentwicklung zunehmend auf die USA ausrichtet.
Auch auf wirtschaftlichem, naturwissenschaftlichem und sozialem Gebiet verfügt Frankreich über Schwerpunkte, die sein internationales Mitspracherecht für die Gegenwart und die Zukunft gewährleisten. Schon lange bewiesen die Franzosen einen starken Hang zur Grundlagen- und zur angewandten Forschung. Die moderne Technik, vor allem die Datenverarbeitung und die schnellen Nachrichtensysteme, formen das Weltbild der jungen Generation, das sich von dem der Älteren sehr stark unterscheidet.
Die Frauen organisieren sich, um den Platz zu erobern, der ihnen in der Gesellschaft zukommt, während die zusätzlich gewonnene Freizeit dem Bürger in verstärktem Maße erlaubt, seinen privaten Neigungen nachzugehen. Eine neue Epoche hat begonnen.

Großvater und Enkelkind – die Idylle hat eine tiefere Bedeutung: Das Alter sonnt sich in der Strahlkraft noch ungeformter, vitaler Kindheit.

Früchte des Fortschritts

Auf verschiedenen Gebieten scheint den Anstrengungen der Franzosen gegen Ende des 20. Jahrhunderts mehr Erfolg beschieden zu sein als früher; dies trifft vor allem für Industrie und Wirtschaft zu. Schon seit langem zeugen Parfums, Mode und vor allem die Haute Couture von der kreativen Begabung des Franzosen, und an der Geschichte des Autos, des Luftreifens, des Films und des Flugwesens ist er zumindest maßgebend mit Pionierleistungen beteiligt. Heute steht Frankreich in der Atom-, Ozean- und Raumfahrtforschung neben anderen Ländern weit vorn, und oft sind die Ergebnisse für die spätere wirtschaftliche Anwendung von großer Bedeutung. Die Forschung beschäftigt mehr als 80000 Wissenschaftler und etwa 150000 Ingenieure, Techniker und Verwaltungskräfte. 1985 wird der Anteil für Forschung und Entwicklung 2,5% des Staatsbudgets betragen.
Dies alles zeigt den Willen der französischen Forschung, jenes Prestige zu bewahren, das sie seit Anfang des Jahrhunderts dank Physikern wie Becquerel, Pierre und Marie Curie (Entdeckung des Radiums), Jean Perrin, Irène und Frédéric Joliot-Curie (Entdeckung der künstlichen Radioaktivität)

Der Hang zur Grundlagen- und zur angewandten Forschung war bei den Franzosen, die jetzt ins nachindustrielle Zeitalter eintreten, immer schon sehr ausgeprägt.

und Louis de Broglie, dank Mathematikern wie Henri Poincaré, Emile Picard sowie dem unter dem Pseudonym Bourbaki arbeitenden Mathematikerteam genießt. Verschiedene Fields-Medaillen und Nobelpreise, die nach Frankreich gingen, unterstreichen eindrucksvoll den guten Ruf der wissenschaftlichen Arbeit in dem mächtigen Centre National de la Recherche Scientifique (CNRS) oder in den spezialisierten Zentren wie dem Institut National de la Santé et de la Recherche Médicale (INSERM), dem Institut National de la Recherche Agronomique (INRA), dem Centre National d'Etudes des Télécommunications (CNET) und dem Commissariat à l'Energie Atomique (CEA).

Der Franzose mit seinem Hang zum analysierenden Denken (Descartes!) neigt auch zum Erfindertum. Nicht selten allerdings ruht sich dieser Erfinder auf seinen Lorbeeren aus und überläßt es anderen, sein Werk der Menschheit dienstbar zu machen. Frankreich ist recht häufig der Schauplatz origineller Projekte, die aber oft nicht weiter ausgebaut werden: Die Zukunftsstadt, das Musterschulhaus, das zweckmäßige Krankenhaus, das Überschallflugzeug, der landwirtschaftliche Musterbetrieb oder das hypermoderne Passagierschiff sind oftmals nicht über das Stadium des Prototyps hinausgediehen. Interessant ist in diesem Zusammenhang, auf die großen Schwierigkeiten hinzuweisen, welche die Einführung des Computers in den sechziger Jahren in Frankreich zu überwinden hatte. Das Überschallflugzeug Concorde, ein britisch-französisches Gemeinschaftsunternehmen, war für die Franzosen verständlicherweise mehr als eine Prestigefrage, zumal die USA nichts Vergleichbares vorzuweisen hatten. Aber wirtschaftlich gesehen muß es als Mißerfolg gewertet werden und überdies als finanzielles Fiasko. Viele Franzosen können sich auch nur schwer damit abfinden, daß ihr Land, einst führend in vielversprechenden Branchen wie der Videotechnik, solche Geräte heute aus dem Fernen Osten einführt, weil es der französischen Industrie nicht mehr möglich ist, sie zu einem wettbewerbsgünstigen Preis herzustellen.

Die Tatsache, daß viele Franzosen in ihrer Denkweise noch Vorstellungen aus der Vergangenheit mit sich tragen, hindert sie aber nicht daran, sich fortwährend den neuen Technologien anzupassen, die das Leben der meisten Bewohner der westlichen Welt verändert haben. Natürlich spielt die ideologische, politische und kulturelle Überlieferung immer noch eine entscheidende Rolle in der geistigen Entwicklung des französischen Volkes. Aber an der Schwelle des Jahres 2000 ist es unmöglich, den Einfluß, den die moderne Technik auf die Gesellschaft ausübt, zu ignorieren. Dabei ist vor allem an die neuen Kommunikationssysteme, die Einführung der Datenverarbeitung und die Entdeckungen auf dem Gebiet der Biologie zu erinnern.

Eine dem Kindergarten vergleichbare Institution ist die fakultative Ecole maternelle, die dem staatlichen Schulsystem angeschlossen ist. Sie vermittelt die Grundbegriffe des Zusammenlebens in Gruppen.

Der Computer ist zwar eine faszinierende Errungenschaft, aber er setzt einen Verzicht auf die alten, herkömmlichen Denkschemata voraus. Er kann der Menschheit zum Segen gereichen auf dem Gebiet der Arbeit, des Unterrichts oder der Freizeit, ja sogar im Bereich der Kunst. Er vermag dem einzelnen mehr Freiheit zu bringen, ihn aber auch besser zu kontrollieren. Nicht ohne Grund betrachten viele Franzosen mit Widerwillen die Erfassung der Bevölkerung in Computerkarteien, wie sie von Polizei und Verwaltung vorgenommen wird. Sie sind beunruhigt über diese mögliche Bedrohung der individuellen Freiheit.

Auch bereitet vielen Bürgern die Energiepolitik Kummer, die überall im Lande Atomkraftwerke entstehen läßt, von denen niemand wirklich weiß, ob sie nicht eines Tages Mensch und Umwelt gefährden. Sehr augenfällig ist auch der Einfluß der neuen Kommunikationsmittel und namentlich des Fernsehens: Nahezu jeder französische Haushalt besitzt ein eigenes Fernsehgerät. Eine Information, dank der Satellitentechnik in wenigen Sekunden und in erdrückender Bildfülle aus irgendeinem Winkel unseres Planeten übertragen, bleibt nicht ohne einschneidende Wirkung auf die Denkweise des Fernsehzuschauers.

Der Hang zur Riesenhaftigkeit ist einem Volk, das sich um Maß und Ausgewogenheit bemüht, im innersten Wesen fremd: Projekte wie diese Türme in Puteaux (oben), Prunkbauten der Industriegesellschaft aus den siebziger Jahren, sind von den humaneren Bestrebungen der achtziger Jahre abgelöst worden. Die Architekten renovieren die alten Häuser (unten) und tragen der Umgebung sowie den Bedürfnissen des Menschen wieder vermehrt Rechnung (beide Aufnahmen wurden in Paris gemacht).

Die Frauen im Vormarsch

Eine andere, weniger materielle, aber ebenso offenkundige Erscheinung der modernen Zeit sind die Empfängnisverhütungsmittel für die Frau. Pille und Legalisierung des Schwangerschaftsabbruchs haben den jungen Französinnen eine neue Macht verliehen. Vom Zwang zur unfreiwilligen Mutterschaft befreit und in höherem Maße als früher Herr über ihren eigenen Körper, fügen sich die Frauen auch leichter in die Arbeitswelt ein. Sie übernehmen Verantwortung, was manche Gegner der Emanzipation sogar befürchten läßt, daß die Frauen eines Tages schlicht und einfach die Macht ergreifen könnten. In Wirklichkeit bilden die Frauen weder eine soziale Klasse noch eine solidarische Einheit, und der Gedanke einer alleinigen Herrschaft des weiblichen Geschlechts kann als absurd abgetan werden. Wenn die Frauen in Frankreich – wenigstens bis zum Mai 1968 – für eine Politik, deren Spielregeln von Männern festgelegt wurden, wenig Verständnis zeigten, so behaupten sie doch heute mehr und mehr ihren Platz innerhalb einer traditionsbewußten Gesellschaft, von der sie lange ausgeschlossen blieben, ja fast verachtet wurden. 1980 stellten die Frauen über 18 Millionen Wählerstimmen. Die Regierungschefs, obwohl bisher stets Männer, fühlen sich jetzt verstärkt dazu verpflichtet, ihnen Verantwortung auch durch Ministerposten zu übertragen, und 1981 wurde erstmals eine Frau zum Präfekten ernannt. Ein Jahr zuvor gelang Marguerite Yourcenar als erster Frau die Aufnahme in die Académie Française.
Da die Frauen nicht länger auf den guten Willen der Männer angewiesen sein wollen, haben sie eigene Schritte unternommen. Zwar treten sie nicht geschlossen auf, aber allmählich finden sie Gehör. Ihre Arbeit hat viele finanziell, intellektuell und psychisch unabhängig gemacht, und ihre Stimme wird daher um so stärker sein. Dazu kommt noch, daß den Frauen im Bereich der Politik, der Wirtschaft sowie im sozialen und kulturellen Leben von Gesetzes wegen die Gleichheit zugesichert wurde. Die Zahl der Frauen, die das Familienleben mitbestimmen, wird schon allein durch die neuen Errungenschaften der Empfängnisverhütung und Geburtenkontrolle noch zunehmen. Die Zukunft des Landes und seiner bevölkerungsstatistischen Entwicklung hängt also mindestens ebensosehr vom guten Willen der Französinnen wie dem der Franzosen ab. Die neue Möglichkeit, dank der Pille nur gewünschte Nachkommenschaft zu zeugen, verleiht der modernen Frau eine Macht, welche die herkömmliche, nach außen abgekapselte Familie grundlegend verändert und viele Männer auch verwirrt: Diese, aus ihrer alten Rolle gedrängt, müssen zunächst ein neues Selbstverständnis finden. Als Herr und Familienoberhaupt in Frage gestellt, versucht der junge Franzose, sein inneres Gleichgewicht im Umgang mit dem Kind ein wenig wiederherzustellen. Diese Sehnsucht nach einer neuen Vaterrolle wird nicht nur von der Werbung der Frauen- und Familienmagazine, sondern auch von den großen Tageszeitungen geschürt. Natürlich läßt sich nicht innerhalb kürzester Zeit niederreißen, was während Jahrhunderten entstanden ist. Im Gegensatz zu den amerikanischen Feministinnen greifen die Französinnen die Männerwelt denn auch nicht so radikal an: Ihre Bewegung ist von der großen Hoffnung getragen, daß sich für alle Menschen – gleich welchen Geschlechts – die Freiheit verwirklichen lasse. Ein Bewußtseinswandel zugunsten einer neuen, menschlicheren Gesellschaft hat sich offensichtlich bereits vollzogen.

Die wiedergefundene Zeit

Die Auswirkungen des Fortschritts führen bei der jungen Generation zu tiefen seelischen Veränderungen, und zwar sowohl im Bereich des individuellen wie auch des familiären Lebens. Das bedeutet zugleich, daß sich die französische Gesellschaft viel schneller wandelt, als die nostalgischen Verehrer nationaler Größe es sich träumen lassen. Als Erben einer alten Zivilisation werden die Bürger dieses Landes endlich von einem neuen Zeitalter eingeholt, das ihnen erlauben sollte, besser und freier zu leben. Zu was ist denn sonst der Fortschritt nütze, wenn er es nicht ermöglicht, der Arbeit mehr freie

Canon
BANQUE

Zeit abzugewinnen, wenn er dem Menschen nicht hilft, sein Leben selbständig zu gestalten, um – das optimistische, ein wenig phrasenhafte Wort sei ausgesprochen – sein Glück zu finden? Der Kampf um die Mußestunden und Urlaubstage, der nicht notgedrungen eine utopische Freizeitgesellschaft anstrebt, knüpft an die Grundideen der Freiheit, Gleichheit und Brüderlichkeit an. In diesem Kampf geht es um den Alltag und das Leben jedes einzelnen. Die allgemeine Anhebung des kulturellen und intellektuellen Niveaus, wie sie durch die Verlängerung der obligatorischen Schulzeit verwirklicht wurde, bedeutet einerseits natürlich – aufs ganze Leben bezogen – eine Verkürzung der Zeit, die der junge Franzose im Berufsleben steht. Andererseits ist gerade das Bildungswesen das Schlachtfeld, auf dem am erbittertsten um Chancengleichheit für alle Bürger gerungen wird. Die gründlichere Ausbildung erlaubt dem jungen Franzosen nicht nur, sich vermehrtes Wissen anzueignen, sondern auch am geistigen und kulturellen Leben seines Landes stärker aktiv teilzuhaben.

Die zunehmende Senkung des Pensionsalters bewirkt eine Verlängerung des Ruhestandes. Auch das berechtigt zu der Annahme, daß die französische Gesellschaft fähig und bestrebt ist, die individuellen Werte zu erkennen und zu schützen. Pensionierung bedeutet keineswegs zwangsläufig gesellschaftliche Isolation – ganz im Gegenteil, sie kann kreativ genutzt werden, etwa um sich dem eigenen Hobby zu widmen.

Die Franzosen im Pensionsalter werden das Land naturgemäß auch in Zukunft immer beschäftigen als eine seiner Stärken, aber auch eines der großen Probleme. Wie sollte man nicht sympathisch berührt werden, wenn die Neupensionierten sich an den Universitäten einschreiben, das Sozialleben pflegen, sich zu solidarischen Organisationen zusammenschließen und versuchen, in eine moderne und oft zerrüttete Welt ein wenig mehr Brüderlichkeit zu bringen?

Schon besorgniserregender ist die unübersehbare Menge jener, die während des Baby-Booms nach dem letzten Krieg geboren wurden und um das Jahr 2000 vertrauensvoll den Stab an die um 1980 Geborenen weitergeben möchten – die dann nicht da sind. Wer soll dann das Rentenkapital für die ältere Generation erwirtschaften? Wer wird dann die ungeheure Last des überalterten Landes tragen? Die Pessimisten prophezeien das Schlimmste. Es hilft auch nichts, sich damit zu trösten, daß dies kein spezifisch französisches, sondern ein weltweites Problem ist. Die Optimisten versichern, daß eine aus mehr Frauen bestehende berufstätige Bevölkerung sowie Maschinen und der allgemeine Fortschritt die fehlenden Arbeitskräfte ersetzen würden. Vielleicht enthalten beide Ansichten einen wahren Kern. Man weiß, daß ein Land, das altert, seine Dynamik und geistige Regsamkeit einbüßt. Gleichwohl darf man beruhigt sein: Die Franzosen werden nicht aussterben. Selbst wenn man von einer sehr niedrigen Fruchtbarkeitsziffer ausgeht (1,8 Kinder pro Frau), wird die Gesamtbevölkerung im Jahre 2000 56 Millionen ausmachen.

Freizeit – dazu zählen auch der Urlaub und das Wochenende, mit andern Worten: Reisen, Wintersport, Aufenthalt auf dem Lande, in der Zweitwohnung, eben dort, wo man sich wohl fühlt. Freizeit ist nicht nur das stumpfsinnige Schleichen im Auto auf überfüllten Straßen zur Urlaubszeit, sondern auch Entspannung nach einer harten Arbeitswoche oder (im Urlaubsfalle) nach mehrmonatigem Arbeiten in der Firma. Die Zukunft wird eine Neugestaltung und Verminderung der Arbeitszeit bringen: In vielen Betrieben ist die 35-Stunden-Woche schon verwirklicht. Dasselbe gilt für die fünfte Woche bezahlten Urlaubs, die gleitende Arbeitszeit und die gestaffelten Ferien. All das gehört zum Reformprogramm der heutigen Gesellschaft.

Was nützt es, freie Zeit zu haben, wenn man sie in endlosen Autoschlangen zubringt, wenn man der Einsamkeit der Großstadt ausgeliefert ist oder das Land nach einem ebenso hübschen wie gefährdeten Fleckchen Natur absuchen muß? Solchen Mißständen soll die landesweite Raumplanung abhelfen. Das «provinzielle» Frankreich, das rund vierzig Städte umfaßt und wo immerhin der Großteil der Bevölkerung lebt, vermag dem übermächtigen Einfluß der Pariser Region immer besser standzuhalten. So wie die Bauherren des Mittelalters neue Städte gründeten, so sorgt heute der Staat für neuen Wohn- und Lebensraum. Evry, Cergy-Pontoise, Le Vaudreuil, Marne-la-Vallée und L'Isle Adam mit ihren industriellen, kommerziellen, sozialen und kulturellen Attraktionen sind zukunftsweisend. Die Schlafstadt hat ihre Daseinsberechtigung verloren, und es ist zu hoffen, daß Frankreich nicht weiterhin durch solche Siedlungen verschandelt wird. Die Betonklötze und monströsen Türme, deren Spitzen sich im Nebel verlieren, gefallen vielen Franzosen nicht mehr. Paris soll nicht zu einem zweiten Manhattan werden. Der Turm von Montparnasse ist schön auch deswegen, weil er einmalig ist. Aber die Wolkenkratzer der Défense in Puteaux oder die Blöcke des Part-Dieu in Lyon haben dem Bürger vor Augen geführt, was Maßlosigkeit bedeutet. Solche Riesengebilde waren vor allem für die Industriegesellschaft der siebziger Jahre kennzeichnend. In den achtziger Jahren haben die Architekten zu menschlicheren Dimensionen zurückgefunden. Auf dem Plateau Beaubourg – gegenüber dem Centre Pompidou – werden die alten Häuser renoviert, und damit bleibt auch das alte Straßenbild erhalten. Heute wird in Frankreich weniger abgebrochen und mehr wiederaufgebaut. Das besondere Augenmerk gilt jetzt Bauten für kulturelle Zwecke wie Bibliotheken, Veranstaltungssälen, Kinos, Theatern und Begegnungszentren.

Obwohl der Franzose zum Individualismus neigt, mißt er doch in neuester Zeit dem Gesellschaftsleben einigen Wert bei. In Gruppen, Vereinigungen und Zirkeln werden freundschaftliche Beziehungen gepflegt oder gemeinsame Interessen verfolgt. Sport, Freizeit, Lebensbedingungen, Verkehr, Pensionsalter, Jugend: All das sind Themen, die das Vereinsleben bereichern. Daneben treten immer mehr politisch motivierte Interessengruppen in den Vordergrund, namentlich Zusammenschlüsse von Konsumenten und Umweltschutzbewegungen. Diese setzen sich für ein Frankreich ein, wo es sich gut leben läßt, für die Erhaltung der herrlichen Wälder, der unberührten Schneehänge, der glitzernden Seen und der vielfältigen Tierwelt. Sie kämpfen für den Schutz gefährdeter Pflanzen und Tiere, wehren sich gegen die Verschmutzung der Umwelt. Insbesondere wenden sie sich gegen den Bau von Atomkraftwerken wie in Creys-Malville, Plogoff (dieses Projekt wurde aufgegeben) und La Hague.

Nicht selten spiegeln sich in den gesellschaftlichen Initiativen die kleinen und großen Sorgen des einzelnen: In jüngster Zeit sind – wenn auch erst in zaghaften Ansätzen – sogenannte «Rechtsberatungsstellen» entstanden. In ihren Möglichkeiten zwar begrenzt, aber voll guten Willens, bringen sie die Unzufriedenheit der Bürger zum Ausdruck angesichts einer Justiz, die in ihren Augen zu langsam arbeitet, zu undurchsichtig und zu teuer ist. Vielleicht steht eben die nötige Rechtsreform, die modernen Ansprüchen genügen soll, noch aus. Eine Erneuerung des Justizwesens drängt sich vor allem deshalb auf, weil einerseits die gesellschaftlichen Beziehungen komplexer geworden sind und andererseits den individuellen Ansprüchen mehr Rechnung getragen werden muß.

«Eine Justiz, die diesen Namen verdient, unbestechlich, nicht käuflich ... eine Justiz des Volkes und für das Volk» – diese Konzeption, wie sie uns der Historiker Michelet überliefert, geht auf die Französische Revolution zurück. Ohne Zweifel entspricht sie dem Geist dieser Freiheit und Gleichheit, welche die Franzosen trotz aller Schicksalsschläge beharrlich anstreben. Die staatsbürgerlichen Freiheiten, von der Verfassung garantiert, durch das Gesetz geregelt, oft in Frage gestellt und bedroht, aber immer als unantastbares Gut verteidigt, machen aus Frankreich einen Rechtsstaat. Aber noch gibt es Leute, die davon ausgeschlossen bleiben: Gefängnisinsassen, Einwanderern, Gastarbeitern und Geisteskranken werden nach wie vor die rechtlichen Garantien vorenthalten, die den anderen gewährt werden. Die britische Habeas-Korpus-Akte, die bestimmt, daß niemand ohne richterliche Verfügung inhaftiert werden darf, hat den Ärmelkanal nie

In dieser futuristisch anmutenden Rolltreppen-Passage fühlt man sich fast in eine Science-fiction-Kulisse versetzt; man erwartet Roboter statt Menschen: Die Entpersönlichung des einzelnen scheint in der Architektur Ausdruck zu finden.

überquert. Eine progressive Veränderung der Justiz wird sich über die heftigen Reaktionen derjenigen hinwegsetzen müssen, die – mit der Abwicklung der Rechtsgeschäfte betraut – ihre Vorrechte verteidigen wollen: Richter, Anwälte, Polizeibeamte. Jeder von ihnen ist davon überzeugt, daß er der am wenigsten entbehrliche Teil in dieser ewigen Auseinandersetzung ist, die sich im Spannungsfeld der Notwendigkeit einer staatlichen Ordnung und der Achtung vor der Freiheit des einzelnen entzündet.

Vorwärts, aufwärts, fernen Zielen entgegen, aber keineswegs – wenn es auch manchmal so scheint – ins Nichts: das ist die Situation Frankreichs.

Die Freiheit der Regionen als Lebensgrundlage des Staates

Frankreich ist heute in einer erfreulichen Wandlung begriffen. Sie vollzieht sich dank einer Gesellschaft, die fähig ist, Minderheiten zu akzeptieren und vermehrt auf den Menschen einzugehen (Fragen im Zusammenhang mit Frauen, Jugendlichen, Betagten, Homosexuellen, Gefangenen, Umweltschutz usw.). Diese Veränderung ist auch in einem größeren politischen Rahmen zu sehen, nämlich dem der Dezentralisierung und der zunehmenden Regionalisierung. Das ist eine der großen Aufgaben, die den verantwortlichen Politikern Frankreichs am Ende dieses Jahrhunderts zufallen. Wird der seit langer Zeit zentralistische Staat den Mut aufbringen, seine Entscheidungsgewalt regionalen

Behörden zu übertragen, ohne dabei auf seine führende Rolle zu verzichten? Nichts erscheint ungewisser, und groß ist die Furcht davor, daß der Regionalismus noch tiefergreifende Veränderungen zeitigt und schließlich in einen Föderalismus einmündet. Und was das Schlimmste wäre: All dies könnte Autonomiebestrebungen wecken. Standen die regionalen Ansprüche nicht über Jahrhunderte im Widerspruch zur französischen Zentralmacht? Erinnert Artikel 2 der Verfassung nicht daran, daß Frankreich eine unteilbare Republik ist? Zu lange haben Zentralisierung und Bürokratie ihrem Hang zu maßloser Übertreibung nachgegeben, als daß nicht die Mehrheit heute mit einer Reform einverstanden wäre. Selbst François Mitterrand, Staatspräsident und Hüter der Republik, schreibt in seinem Buch *Ici et maintenant:* «Einst benötigte Frankreich eine starke Zentralmacht, um Gestalt anzunehmen. Jetzt braucht es einen dezentralisierten Machtapparat, um nicht der Auflösung anheimzufallen. Der Anachronismus des Staates schürt die Fronde, unter der er leidet. Nie darf man vergessen, daß der Mensch in erster Linie danach strebt, seine Identität wiederzufinden, verloren wie er ist in den gewaltigen Umwälzungen des Jahrhunderts. Eher sprengt er die Mauern, als daß er erstickt. Das Land mit Entschlossenheit zu regieren, um seinen Zusammenhalt zu bewahren, dies ist die Aufgabe der verantwortlichen Organe. Jene aber werden ihr Ziel verfehlen, wenn sie sich nicht dazu entschließen können, die starren Institutionen zu lockern.»

Die allmächtigen Präfekten, einst Repräsentanten der «Grandeur» des Staates, sind durch Republikkommissare mit beschränkten Machtbefugnissen ersetzt worden; dafür haben die regionalen und lokalen Versammlungen auf Département- bis Gemeindeebene an Bedeutung gewonnen. Mit der Veränderung der administrativen und politischen Strukturen, der Steuerreform und der Raumplanung lassen sich die oft lautstarken regionalistischen Forderungen beschwichtigen. Diese Renaissance der Provinzen, der verschiedenen Kulturen und Sprachen aller «Randvölker» Frankreichs ist ein faszinierendes Abenteuer. Auf Korsika, in der Bretagne, im Baskenland, im Languedoc, im Elsaß und in Französisch-Katalonien nimmt die Anhängerschaft der regionalistischen Bestrebungen zu und bezeugt somit den Wunsch der Bevölkerung, ihre Eigenart zu manifestieren und vor allem in einer menschlicheren Welt zu leben.

Frankreich – kein utopischer Traum

Mit dem Wort Mündigkeit wird man dem modernen Franzosen, der seinen uneingestandenen Skeptizismus mit einer tiefen Humanität verbindet, wohl am ehesten gerecht. Diese Mündigkeit mit all ihren Konsequenzen färbt natürlich auch auf die Kultur und die Gesellschaft ab.

Meisterwerke der Kunst, glänzende Erfindungen, eine ruhmreiche Geschichte, aber auch Widersprüche und Irrtümer zeugen von elementarer Lebenskraft und schier nie versiegenden schöpferischen Leistungen. Von einem glücklichen Frankreich zu träumen, das den revolutionären Grundsatz «Freiheit, Gleichheit, Brüderlichkeit» in allen Lebensbereichen irgendwann verwirklicht haben wird, ist für viele sicherlich kein utopischer Traum.

Für den Reisenden gehören zum Bild über Frankreich nicht nur Eindrücke der unverwechselbaren Landschaften mit ihren Siedlungen, sondern ebensosehr die Augenblicke der menschlichen Begegnung, die dem Erlebnis und dem Traum über Frankreich die seelische Tiefe und die typische Poesie des französischen Alltags verleihen.

Sonnenaufgang über Paris – nichts könnte den Neuaufbruch des Landes besser symbolisieren, das seine alten, liebgewonnenen Schwächen mit der Ungewißheit einer Zukunft vertauscht, die als Aufgabe zu sehen ist und keineswegs als Alptraum. ▷

Register

N

O

P

Q

R

S

T

U

V

W

X

Y

Z